物流信息化系列丛书

制造业物流信息平台研究

张彤 著

机械工业出版社

本书以制造业物流信息化为研究范围，以制造业物流信息平台为研究对象，从构建、运营、服务的角度对制造业物流信息平台进行理论与实证研究。依据制造业物流信息平台构建理论和技术体系，在制造业物流信息平台分析的基础上，设计制造业物流信息平台的体系结构、功能结构和安全机制，提出制造业物流信息平台的运营模式和服务模式，建立制造业物流信息平台运营保障体系，为制造业物流信息平台研究提供一个理论框架。在理论研究的基础上，以汽车零部件物流信息平台和钢铁物流信息平台为对象进行实证研究，为制造业物流信息平台理论研究提供具体的行业应用支撑。

本书结构合理，层次清晰，图文并茂，将基本理论、关键技术和实际应用紧密结合，形成了集制造业物流信息平台的理论、方法、实证于一体的研究。本书可以作为高等学校物流管理、物流工程、物流信息化等专业教学参考书，也可以作为物流企业和制造企业管理者、物流信息化研究人员的重要参考书。

图书在版编目（CIP）数据

制造业物流信息平台研究 / 张彤著 . — 北京：机械工业出版社，2017.3

（物流信息化系列丛书）

ISBN 978-7-111-56143-9

Ⅰ . ①制…　Ⅱ . ①张…　Ⅲ . ①制造工业 – 物流 – 信息化 – 研究 – 中国　Ⅳ . ① F426.4

中国版本图书馆 CIP 数据核字（2017）第 033670 号

机械工业出版社（北京市百万庄大街 22 号　邮政编码 100037）

策划编辑：连景岩　杜凡如　责任编辑：连景岩　杜凡如　徐　霆

责任校对：郑　婕　　　　封面设计：路恩中

责任印制：常天培

北京京丰印刷厂印刷

2017 年 4 月第 1 版第 1 次印刷

184mm × 260mm · 11 印张 · 256 千字

0 001—1 900 册

标准书号：ISBN 978-7-111-56143-9

定价：56.00 元

凡购本书，如有缺页、倒页、脱页，由本社发行部调换

电话服务　　　　　　　　网络服务

服务咨询热线：010-88361066　机 工 官 网：www.cmpbook.com

读者购书热线：010-68326294　机 工 官 博：weibo.com/cmp1952

010-88379203　金 书 网：www.golden-book.com

封面无防伪标均为盗版　　教育服务网：www.cmpedu.com

前言 //

在经济新常态下，我国制造业增速下滑，面临着严峻的挑战：一方面受到国内经济发展增速放缓、要素成本上涨和资源环境约束的影响，制造业已经丧失了成本优势，“制造大国”的地位岌岌可危；另一方面受到发达国家“再工业化”、全球制造中心转移影响，制造业难以突破低科技的“夹心”困境。在国内外双重压力下，我国制造业亟待转型升级。针对经济发展环境的变化和全球制造业发展格局，我国政府提出了“中国制造 2025”战略，将工业化与信息化深度融合，推进传统制造向智能制造转型升级。

国内外的研究与实践证明，物流业作为生产性服务业的重要组成部分，是基于制造业物流外包而派生出来的独立产业，与制造业存在着天然的、内在的产业关联性和互动性，对提升制造业核心竞争力，促进制造业转型升级具有支撑作用。制造业与物流业的联动发展是保证制造业转型升级的一个重要条件。

实现制造业与物流业联动发展，需要进一步整合和优化配置社会物流资源，加强制造业物流信息化建设，充分利用互联网优势，运用现代物流信息技术，建设制造业物流信息平台，以满足制造业物流供应链上各节点企业之间的互联互通，信息共享。因此建设制造业平台是制造业与物流业联动发展和全面实现制造业物流信息化的内在需要。我国正处在互联网高速发展的阶段，国家“互联网 +”政策的实施，平台经济的兴起，以及物联网、云计算、大数据等信息技术的发展，为建设制造业物流信息平台创造了良好的外部环境。

在这种背景下，本书以制造业物流信息化为研究范围，以制造业物流信息平台为研究对象，结合我国制造业与物流业联动和制造业物流信息化的要求，从制造业物流信息平台构建、运营、服务的角度，遵循从理论到实证的研究思路，对制造业物流信息平台进行了深入研究，以汽车零部件物流信息平台和钢铁物流信息平台为对象进行实证研究，旨在为我国制造业物流信息化提供有益的参考决策。

本书主要进行以下六个方面的研究。

1. 文献研究和现实问题研究

一方面对与制造业物流信息平台研究相关的研究内容进行文献研究，梳理和总结前人的研究成果，发现现有研究的不足，在前人研究的基础上寻找研究方向。另一方面运用行业数据和企业案例，对我国制造业物流和制造业物流信息化进行现状研究，发现现实中存在的问题，从问题出发寻找研究点。通过对已有研究成果和现实问题的分析，提出本书的研究问题。

2. 制造业物流信息平台理论和技术研究

从理论的角度，对制造业物流信息平台的构建理论——产业联动理论、供应链协同理论、系统集成理论进行深入的研究；从技术的角度，对制造业物流信息平台关键技术进行梳理和总结，根据制造业物流的特点和构建制造业物流信息平台的技术要求，提出制造业物流信息平台技术体系。从理论和技术两个方面为构建制造业物流信息平台研究奠定了基础。

3. 制造业物流信息平台构建研究

从设计的角度，按照软件开发的思路，以制造业物流信息平台的设计原则为指导，确定了设计的技术路线，在对制造业物流信息平台的需求、业务流程、物流信息分析的基础上，完成制造业物流信息平台总体架构、功能架构和安全机制的设计，并提出平台的标准与规范，在软件架构方面建立制造业物流信息平台的技术框架。

4. 制造业物流信息平台运营体系研究

从运营的角度，对制造业物流信息平台的运营机制、运营模式和运营保障等问题进行研究。根据平台的运营需求，对运营机制进行分析，设计可选择的运营模式，从安全运营的角度，为制造业物流信息平台构建一套运营保障体系。

5. 制造业物流信息平台服务模式研究

从服务的角度，考虑到制造业物流信息平台的用户大部分是中小企业，根据中小企业用户的实际情况，提出了基于 SaaS 服务模式的制造业物流信息平台的服务架构。分析中小企业应用 SaaS 服务模式所带来的收益，以及产生的安全问题，提出 SaaS 服务模式下安全问题的解决方案。

6. 制造业物流信息平台实证研究

从实证的角度，以汽车零部件物流信息平台和钢铁物流信息平台为对象，分别研究两个行业物流的运行特点和运行模式，运用制造业物流信息平台构建关键技术，分别设计和规划两类平台的体系结构和功能架构，并提出了两类平台的运营模式。为制造业物流信息平台理论研究提供具体的行业应用支撑。

本书是北京市教委社科面上项目“制造业物流供应链协同研究”（项目编号：SM201508580001）和北京电子科技职业学院人文社科重点课题“制造业物流信息平台研究”（项目编号：YZR2012014）研究成果。

在本书的写作过程中得到了北京交通大学系统工程与控制研究所所长王喜富教授、北京物资学院产业研究院常务副院长王成林教授的指导，两位教授在本书的结构和写作方面提出了很多宝贵的意见，在此深表感谢；同时感谢易通交通信息发展有限公司王赵芳工程师和首都信息发展股份有限公司张胜利工程师对本书的软件技术问题给予的帮助；感谢北京物资学院研究生李小毅、郑彩云和北京电子科技职业学院学生吴雅琪为本书所做的基础性工作；感谢家人的理解与大力支持。本书借鉴和参考了大量国内外的研究成果和有益经验，在参考文献中尽量予以列出，谨在此对相关学者表示诚挚的敬意和衷心的感谢，如有疏漏，也深表歉意。

由于作者水平有限，加上制造业物流信息化是一个多学科的交叉研究领域，信息技术日新月异，书中难免会有不妥和不足之处，敬请专家和读者批评指正！

张　彤

2016 年 10 月于北京

目录 //

第1章

绪论

制造业是我国国民经济的重要支柱产业。在经济新常态下，我国制造业增速下滑，面临着严峻的挑战：一方面受到国内经济发展增速放缓、要素成本上涨和资源环境约束的影响，制造业已经丧失了成本优势，“制造大国”的地位岌岌可危；另一方面受到发达国家“再工业化”和全球制造中心转移的影响，制造业难以突破低科技的“夹心”困境。在国内外双重压力下，我国制造业亟待转型升级。

针对经济发展环境的变化和全球制造业发展格局，我国政府提出了“中国制造 2025”战略，将工业化与信息化深度融合，推进传统制造向智能制造转型升级。物流业作为生产性服务业的重要组成部分，是提升制造业核心竞争力、促进制造业转型升级的有力支撑。制造业向智能制造转型，客观上要求制造业物流智能化，因此建设制造业物流信息化和制造业物流信息平台是当前我国制造业转型升级阶段的一项重要任务。

1.1 研究背景

1.1.1 我国制造业面临着严峻的挑战，亟待转型升级

（1）劳动力、土地、能源等要素成本上涨导致我国制造业成本优势不再

我国制造业凭借着低成本的竞争优势，发展成为全球制造大国，制造业产值已经占到全球比重的 20%。近年来，原材料、土地、劳动力、资金等投入要素成本不断上涨，压缩了制造企业的利润空间。波士顿咨询公司在 2014 年发布的《全球制造业版图重构》研究报告中称“新兴经济体的近十年工资增长较快，中国工资上升达 10%，土地成本也在提高。”例如，我国东部沿海地区工人月薪大约是 500 美元，接近东南亚发展中国家的两倍，印尼工人月薪约 300 美元，越南工人月薪只有 250 美元左右。中国全国平均工业用地价格为每平方米 400 元左右，随着东部沿海地区的城市化发展迅猛，土地供需矛盾日益凸显，直接提高了工业用地的土地价格，长江三角中心加工地区工业用地的平均价格已经超过每平方米 500 元。在融资成本方面，中小企业融资成本为 20%~50%，大企业的融资成本为 6.5%。我国实际利率不断攀升，2012 年以来银行短期理财产品和信托的平均利率在 5% 以上，中小企业私募债的平均融资成本在 10% 以上，民间短期借贷利率在 20% 以上。生产投入要素成本增加直接导致制造成本增加，使得我国长期以来“廉价生产要素投入”的优势消退。

（2）资源和环境约束导致我国制造业粗放式的发展方式难以为继

改革开放 30 多年来，我国制造业是粗放式的发展，其发展速度超过国家总体经济发展水平。2012 年我国制造业总产值已突破 3.7 万亿美元，超过美国 25%。其结果造成了资

源约束趋紧，环境污染越来越严重，生态恶化日趋严峻。在我国一些低端制造业发展集聚区，土地资源面临着枯竭，制造业发展所需要的石油、铁矿石等重要资源短缺，长期依赖进口，如铁矿石和铝的对外依存度超过 50%，铜达到 71%，钾盐超过 80%，石油近 60%。我国国内生产总值约占世界的 8.6%，但能源消耗占世界的 19.3%，单位国内生产总值能耗是世界平均水平的两倍以上，2010 年我国成为全球能源消耗最大的经济体。随着国家对环境和生态的高度重视，这种以消耗资源和环境污染为代价的经济增长方式难以为继。

（3）发达国家“再工业化”，使我国制造业陷入“夹心”困境

全球金融危机以后，以美国为代表的主要发达国家纷纷提出“再工业化”战略，推进国外制造业的回流，大批外资企业移出中国大陆。这次产业转移集中在高端消费品、精密制造业、汽车制造业和工程机械四个行业。据波士顿咨询公司的一项调查，在中国的美资企业中，67% 的橡胶和塑料制品企业、42% 的机械加工企业、41% 的电子制造企业、40% 的计算机制造企业、35% 的金属制品企业将企业从中国迁回美国；据英国制造业协会的一项调查显示，1/7 的英国制造商未来会将部分生产迁回本土。发达国家为了实现“再工业化”的战略目标，一方面出台了诸多相配套的政策和措施，另一方面对中国制造业的发展设置各种障碍，通过采取频繁制造贸易摩擦、阻碍中国制造业海外并购、强化外资控制等措施削弱中国制造业发展水平。发达国家“再工业化”致使我国制造业难以突破高成本、低科技的“夹心”困境。

（4）全球制造中心转移，使我国丧失“制造大国”的地位

近年来，东南亚地区凭借着廉价的劳动力和土地等要素资源和优惠政策，成为接纳国际制造业转移的新阵地。东南亚地区（如越南和印尼）劳动力价格较低，工业用地价格也具有明显优势，越南的厂房租金仅为中国的 1/3，柬埔寨土地价格只需 1 美元 / 平方米。东南亚国家还采取了较大力度的优惠政策吸引国际制造业转移，如越南为外资企业提供的税收政策为前 3 年免税，第 3~5 年税率为 5%，其后税率约为 10% 左右。根据联合国贸易和发展组织（UNCTAD）发布的世界投资报告（2012 年），2010 年流入东盟国家的外国直接投资翻了一番以上，而同期中国的增长率仅为 11%，2011 年降至不到 8%。全球制造业中心从中国转向东南亚地区，加之发达国家“再工业化”，大量外资企业移出中国大陆，对我国制造业造成“两头挤压”，严重影响制造业的发展。

（5）新的工业革命浪潮来袭，对我国传统制造业发展构成威胁

伴随着第三次工业革命的浪潮，发达国家纷纷抢占工业技术革命的制高点。美国大力实施国家创新战略，在新材料、新能源、生物技术和新一代信息技术等新兴领域发挥引领作用；德国推行工业 4.0 战略，凭借智能技术，充分依托信息技术、互联网与物联网技术的大力发展，通过网络与信息物理系统的融合，以个性化、多样化、复杂化的顾客需求为主要目的，充分利用智能制造、动态定价、价值分享协议等方式，将资源、信息、物品与人进行不断连接，尽可能地有效提供制造端直通用户端的“端到端解决方案”的一种全新的生产组织模式，进而大力促进制造业向智能化的转型。继德国工业 4.0 战略之后，欧洲也提出了欧洲新工业 4.0 的战略构想，把所有生产单位进行有机衔接，依靠信息物理系统、智能机器人、大数据、数据信息连通、分布式能源、虚拟工厂等工业 4.0 技术，促进企业产出个性化、本地化、大规模定制化和生产过程网络化、动态集群化，进而为实现商业模式创新与竞争领域的融合奠定坚实基础。日本加大了 3D 打印机等尖端技术的研发投入，大力推行生产工艺精益化，推广机器人为代表的智能制造，降低生产成本，提升竞争力。在第三次工业革命的带动下，发达国家在科技、信息、资本等方面的优势进一步强化，抢占了全球产业关键环节，主导新型装备、新材料的生产和供应，我国制造业在全球价值链分工中被锁定在中低端。

综上所述，面对国内外经济环境的变化和国际上发达国家与东南亚国家的“围追堵截”，我国制造业亟待转型升级。如何发挥物流业的推动作用，改变制造业价值链低端的处境，推动制造业向价值链高端迈进，实现制造业产业升级，成为理论界和企业界共同关注的问题。

1.1.2 制造业转型升级需要物流业有力支撑

发达国家工业发展的实践证明，在工业化发展中后期，需要借助服务业的力量尤其是生产性服务业，来推动制造业转型升级。国内外研究结果证实，生产性服务业是制造业升级的重要推手，两者具有互动升级的关系。Park 和 Chan 认为，制造业发展带动生产性服务业发展，生产性服务业发展又推动制造业升级，两者存在显著的正向关联关系（参考文献 [13]）。制造业企业把非核心的服务环节外包，降低服务环节的装置成本，有助于形成企业竞争力；服务环节外包有助于形成服务业的社会化、专业化和规模化，制造业与生产性服务业在供需环节上互动、融合，推动制造业升级。生产服务通过外包从制造业中分离出来，又嵌入制造业中，与制造业协同演进，相互依赖、相互促进，实现产业升级。

物流业作为生产性服务业的重要组成部分，是基于制造业物流外包而派生出来的独立产业，与制造业存在着天然的、内在的产业关联性和互动性。因此物流业对制造业转型升级具有支撑作用。通过物流业与制造业联动发展，引导制造企业实施流程再造，整合、分离、外包物流业务，实行专业化运作，优化供应链资源配置，有利于降低物流成本，提高运作效率，提升制造企业核心竞争力，推动制造业转型升级。

我国政府一直高度重视制造业与物流业的联动发展，2009 年 3 月，国务院颁布了《物流业调整与振兴规划》，将“制造联动发展工程”列为九大重点工程之一；2014 年 9 月，国务院颁布了《物流业发展中长期规划（2014—2020 年）》，将物流业社会化、专业化发展作为重点任务，要求物流业与制造业进一步融合发展，加快物流业转型升级。在国家政策的支持下，制造业与物流业联动发展的实践活动日趋活跃。全国现代物流工作部际联席会议办公室主编了《全国制造业与物流业联动发展示范案例精编》，收录了 131 家全国制造业与物流业联动发展的示范企业的案例，从这些案例中可以看出，物流企业与制造企业合作，根据制造企业的物流需求提供物流服务，取得了良好的经济效益，实现了物流企业与制造企业共赢。但是也发现了存在的问题：一方面多数制造企业将仓储、运输等物流服务或者供应链上的某一环节的物流服务进行外包，致使物流企业提供的物流服务以单一功能物流服务为主，一体化的供应链物流服务并不多见；另一方面制造企业与物流企业信息资源融合度较低，不能形成信息联动。因此制造业与物流业还没有形成全方位的联动机制，物流业对制造业产业升级的支撑力度有待提高。

1.1.3 国家战略背景下制造业转型升级要求物流信息化和智能化

针对经济发展环境的变化和全球制造业发展格局，2015 年我国政府提出了“中国制造 2025”战略，将工业化与信息化深度融合，推进传统制造向智能制造转型升级。

智能制造主要体现在两个方面：一是以工业机器人为代表的智能制造设备；二是以信息化、网络化等专业服务为代表的智能制造服务。物流服务作为制造业价值链中的关键环节，智能制造必然会要求支撑生产的物流体系也要智能化，要求制造业物流向智能物流转型。智能物流是通过互联网、物联网以及服务联网，整合社会物流资源，发挥现有物流资源效率，使需求方能够快速地得到匹配的物流服务。由此可见，制造业转型升级客观上要求物流信息化和智能化，其中物流信息化是物流智能化的基础，制造业物流信息化是实现制造业转型升级的关键。

1.1.4 “互联网+”政策助力制造业与物流业的信息化发展

互联网的出现改变了人们的生活方式和消费习惯，也改变了传统制造业与物流业的发展模式。2015 年两会上，李克强总理提出了“互联网+”行动计划。“互联网+”被写入政府工作报告，由此“互联网+”行动计划上升到国家战略层面。

“互联网+”的实质就是传统行业与互联网深度融合，充分利用与互联网相关的移动互联网、云计算、大数据、物联网等技术，实现行业的信息化。

“互联网+制造业”是制造业与互联网的融合发展，是对“中国制造 2025”的重要支撑，是现代工业发展的必由之路，也是实现制造业信息化的重要途径。2016 年 5 月 4 日，李克强总理在国务院常务会议上强调：“中国已经是工业大国，但是距离工业强国还有不小距离，这就需要加快推进制造业与互联网的深度融合进程。”

“互联网+物流”是物流业与互联网的融合，互联网加快了物流资源的整合，促进了物流供需的连接，实现了物流信息化。2016 年 7 月 20 日，李克强总理在国务院常务会议上指出，“推进互联网+物流，既是发展新经济，又是提升传统经济”“要推动互联网、大数据、云计算等信息技术与物流的深度融合，推动物流业乃至中国经济的转型升级，这是物流业的供给侧改革”。

由此可见，“互联网+制造业”与“互联网+物流”得到了国家的高度重视，这就为实现制造业与物流业的信息化发展提供了良好的政策环境。

1.1.5 平台经济兴起，建设制造业物流信息平台正当时

平台经济是以互联网等现代信息技术为基础，基于平台向多边主体提供差异化服务，从而整合多主体资源和关系并创造价值，使多主体利益最大化的一种新型经济。随着信息技术的加速创新和互联网的普及应用，平台经济正在迅猛发展。在“互联网+”背景下，平台经济更加活跃，据统计，全球最大的 100 家企业中，有 60 家企业的 50% 以上的收入来源于平台类业务。近年来，物流行业也建立了一大批物流信息平台，如传化、天地汇、车旺、货车帮、易流等。这些物流信息平台不仅建立网站、搭建平台、开发 APP，还运用移动互联网思维，利用信息化技术创新物流服务模式和物流服务产品，引导或促成双方或多方客户进行物流交易，创造价值，寻求平台主体利益最大化，是平台经济的一种典型形态。纵观这些平台多是以仓储、运输、货场资源为主的物流信息平台。

要实现制造业物流信息化还需要建设面向制造业供应链的物流信息平台。制造业物流信息平台是物流信息平台的一个类型，具有平台经济的特征。因此在平台经济下，建设制造业物流信息平台是最好的时机。加之信息技术不断发展与成熟，为构建制造业物流信息平台提供了重要的技术手段、技术工具、技术支撑和技术保障。

综上所述，在当前国内外经济形势下，我国制造业亟待转型升级，物流业与制造业联动发展支撑着制造业转型升级。在“中国制造 2025”战略背景下，制造业由传统制造向智能制造转型，需要智能物流体系支持智能生产过程，因此制造业物流信息化和智能化成为制造业转型的关键要素。制造业物流信息化的核心是整合制造业物流资源，运用信息技术实现制造业供应链企业系统对接，使制造企业、物流企业以及供应商和终端客户之间互联互通，信息共享，建设制造业物流信息平台是实现制造业物流信息化的重要途径。这种背景下，本书以制造业物流信息化为研究范围，以制造业物流信息平台为研究对象，从理论和方法的角度，对制造业物流信息平台的构建、实施和运营进行系统研究，以制造行业物流信息平台构建和运营为例进行实证研究，旨在为我国制造业物流信息化提供有益的参考决策。

1.2　研究思路和研究方法

1.2.1　研究思路

通过对文献和现实问题的分析，提出以制造业物流信息平台为研究对象，按照“制造业物流信息平台构建 - 运营 - 服务”研究思路进行理论与实证的研究。在对制造业物流信息平台的构建理论和技术体系研究的基础上，按照信息平台的构建思路，对制造业物流信息平台进行分析。在此基础上研究制造业物流信息平台体系结构和功能结构，进一步研究制造业物流信息平台的运营体系和服务模式，为制造业物流信息平台研究提供一个理论框架。

在理论分析和研究的基础上，本书以汽车零部件物流信息平台和钢铁物流信息平台为对象进行了实证研究，为制造业物流信息平台理论研究提供具体的行业应用支撑。

1.2.2　研究方法

本书涉及管理学、信息科学、软件工程学等多学科的交叉研究。其研究主要途径，一是通过文献资料和理论、技术学习进行研究，二是通过调研对具体的制造业物流信息平台建设项目进行研究。

本书在吸收前人研究成果和实际调研的基础上，对制造业物流信息平台的构建、运营和服务展开研究，主要采取以下研究方法。

（1）理论研究与实证研究相结合

本书借鉴了产业联动理论、供应链协同理论、系统集成理论对制造业物流信息平台进行了理论研究，在此基础上，对具体行业物流信息平台进行实证研究，以验证理论模型的运行。

（2）比较分析和归纳分析相结合

在本书的写作过程中，笔者查阅了大量的文献资料和统计数据，对文献和数据进行分类、比较、归纳、提炼，总结现有研究中的不足和现实中存在的问题，提出本书的研究问题，这两种方法的结合为本书的选题奠定了基础。

（3）系统构建模型法

本书运用 SOA 架构方法，采用 B/S 结构，运用以物联网为主的信息技术构建制造业物流信息平台的体系结构，分析了制造业物流信息平台的构建要素；运用结构分层法构建了制造业物流信息平台的运营保障体系。

（4）跨学科理论和技术研究法

本书以经济学、管理学、信息科学、软件工程学等多学科为基础，以产业理论、供应链理论、物流理论和信息技术为支撑，对制造业物流信息平台的构建、实施和运营进行了深入研究。

1.3 研究内容和研究框架

本书包括五大部分，分 12 章展开论述。

第一部分包括第 1~3 章，是确定研究主题，主要包括绪论、文献综述和现状分析。

第 1 章绪论。主要阐述本书研究背景、研究思路和方法、研究框架。

第 2 章文献综述。主要是对与制造业物流信息平台研究相关的研究内容进行梳理，总结前人的研究成果，发现现有研究的不足。

第 3 章制造业物流信息化现状分析。从制造业及其分类作为切入点，界定了制造业、制造业物流和制造业物流信息化的内涵，依托现有的数据，对制造业物流和制造业物流信息化的发展现状进行了分析，并对国内外大型制造企业物流信息化建设的典型案例进行了剖析。

第二部分包括第 4、5 章，是理论与技术研究部分，主要是对制造业物流信息平台构建理论与技术进行研究。

第 4 章制造业物流信息平台理论研究。首先界定了制造业物流信息平台的概念，进而阐述了构建制造业物流信息平台的三大理论：产业联动理论、供应链协同理论、系统集成理论。

第 5 章制造业物流信息平台技术研究。根据制造业物流的特点和制造业物流信息平台构建的技术要求，提出了制造业物流信息平台技术体系，全面研究了制造业物流信息平台技术体系中的架构技术、信息技术、集成技术和安全技术。

第三部分包括第 6~9 章，是制造业物流信息平台构建与应用研究部分，主要是对制造业物流信息平台分析，对制造业物流信息平台设计、运营体系和服务模式的研究。

第 6 章制造业物流信息平台分析。主要是对制造业物流信息平台进行需求、业务、信息和数据流的分析，为制造业物流信息平台的设计奠定了基础。

第 7 章制造业物流信息平台设计研究。按照软件系统开发的流程，确定了制造业物流信息平台设计的技术路线，进行了制造业物流信息平台体系结构、功能结构、安全机制的设计研究，以及制造业物流信息平台的标准与规范的研究。

第 8 章制造业物流信息平台运营体系研究。主要是对制造业物流信息平台运营需求进行分析，研究制造业物流信息平台运营机制、运营模式和运营保障体系。

第 9 章制造业物流信息平台服务模式研究。主要对 SaaS 服务模式以及基于 SaaS 模式的制造业物流信息平台的应用进行研究。

第四部分包括第 10、11 章，是制造业物流信息平台实证研究部分，主要是对汽车零部件制造业物流信息平台和钢铁物流信息平台进行实证研究。

第 10 章汽车零部件物流信息平台研究。主要是以汽车零部件物流信息平台为实证对象，研究汽车零部件物流信息平台的体系结构、功能架构和运营模式。

第 11 章钢铁物流信息平台研究。主要是以钢铁物流信息平台为实证对象，研究钢铁物流信息平台的体系结构、功能架构和运营模式。

第五部分包括第 12 章，是全书结尾部分。内容是结论与展望。对本书中的研究结论及不足进行总结，进而提出未来的研究方向。

本书的基本研究框架如图 1-1 所示。

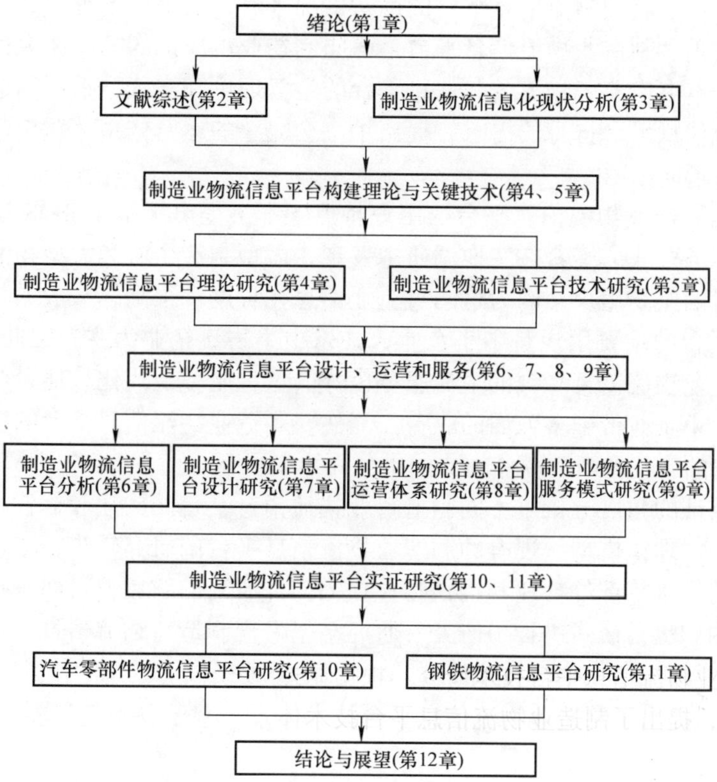

图 1-1　本书的研究内容与基本框架

1.4　研究创新

在参考借鉴国内外相关理论的基础上，本书对制造业物流信息平台进行了理论、方法和实证的研究。与已有的文献相比，可能在以下几个方面有所创新：

第一，将价值链嵌入的制造业与物流业联动理论用于制造业物流信息平台的构建，丰富了制造业物流信息平台构建理论。制造业物流信息平台是以制造业供应链为主线，在整合供应链信息资源的基础上，通过信息技术手段实现信息集成与信息共享，实现供应链物流信息协同。其构建的前提是制造业与物流业的联动。本书从价值链嵌入的角度，运用嵌入性理论分析物流服务嵌入制造业价值链的机理，创新性地提出了基于价值链嵌入的制造业与物流业联动发展的理论，并将这一研究成果作为制造业物流信息平台的构建理论加以应用，丰富了制造业物流信息平台的构建理论。

第二，创新和拓展了物流公共信息平台应用领域。目前国内出现了多种物流信息平台，但是面向制造业供应链的一体化物流信息平台并不多见。本书创新性地运用 SOA-

BPM 组合架构及其实现技术，构建了制造业物流信息平台的体系结构。进而根据平台的功能需求和非功能需求设计了平台功能架构、安全机制和标准体系，由此构建了一个完整的制造业物流信息平台体系，拓展了物流信息平台的应用领域，也为实现制造业物流信息化提供了有力的支撑。

第三，在借鉴物流公共信息平台运营的基础上，提出了一套完整的制造业物流信息平台的运营体系。从已有的物流信息平台的运营情况来看，效果并不理想，究其原因是平台运营体系不够完善。制造业物流信息平台是面向制造业供应链的一个庞大信息系统，更具有运营的难度。本书借鉴了物流公共信息平台的运营理论和实践，根据制造业供应链的需求和制造业物流信息平台自身的需求，提出了一套完整的运营体系，对制造业物流信息平台运营实践具有指导作用。

第四，根据制造业物流信息平台的用户特点，本书提出了基于 SaaS 模式的制造业物流信息平台的服务模式。笔者在实地调研中发现，大型制造企业和大型物流企业并不是物流公共信息平台的主要用户，因为这两类企业信息化程度都很高，一般的物流交易通过各自系统完成。平台的主要用户是中小企业，并以中小物流企业为主，因此提出了 SaaS 服务模式作为制造业物流信息平台的主流服务模式。这种服务模式比较适合中小企业信息化的需求，能为中小企业带来多方面的收益。当然，制造业物流信息平台的服务模式也会随着平台用户企业的变化和新的商业模式的出现而不断更新。

第五，从实证的角度分析了不同制造行业物流信息平台的构建和运营，以此验证制造业物流信息平台的理论模型。现有的制造业物流信息平台的研究较少，本书选择了物流信息化程度较高的汽车零部件行业和钢铁行业作为实证研究的对象，对两个行业的物流信息平台的体系结构和运营模式进行了研究。研究结果发现制造业物流信息平台的理论模型可以运用于这两个行业，为制造业物流信息平台理论研究提供了具体的行业应用支撑。

第 2 章

文献综述

与本书研究问题相关的国内外研究成果主要集中在制造业与物流业联动发展研究、制造业物流信息化研究以及物流信息平台研究三个方面。本章围绕第 1 章提出的研究问题，对上述三个方面的主要研究成果进行梳理与总结，旨在理清本研究与已有研究的继承与拓展关系，为研究的开展奠定理论基础。

2.1　制造业与物流业联动发展研究

制造业与物流业联动发展属于制造业与物流业关系的一个组成部分，而物流业又是生产性服务业的重要组成部分，因此在已有的文献中，对于制造业与生产服务业关系的研究比较成熟。

国外学者大都认为物流活动归属于生产性服务活动，从行业层面研究物流服务业时更多的是探讨生产性服务业与制造业的关系。随着第三方物流企业的大量涌现及其快速发展，专业化物流服务作为一个新的专业化分工领域，已经发展成为一个新兴产业部门和国民经济的一个重要组成部分，有关物流服务业与制造业关系的研究逐渐也成为国外研究者关注的焦点。Karmarkar 认为，随着制造业结构形式逐渐变革，服务作为中间投入要素已经越来越多地融入制造业。制造业企业活动的外置又将带动服务业的发展，服务业与制造业进入了一个高度相关、双向互动的新阶段（参考文献 [6]）。OleMortensen 和 OlgaW.Lemoine 总结了供应链与第三方物流进行整合的相关文献以及运作一体化的概念，对七个制造商与第三方物流服务商之间的合作关系进行了对比研究（参考文献 [10]）。

在我国，制造业与物流业的联动问题一直受到了全社会的高度关注，尤其是 2009 年国务院颁布的《物流业调整和振兴规划》将制造业与物流业联动发展列为九项重点工程之一，制造业与物流业联动发展成为学者们的研究热点。学者们主要是从机制、模式和实证三个方面进行了广泛的研究，形成了一批高质量学术研究成果。

2.1.1　制造业与物流业联动发展机理研究

对制造业与物流业联动发展机理的分析主要集中于探讨两者之间内在的理论层面的解释。刘娟从产业经济学角度探讨了两者之间的协调关系（参考文献 [86]）。丁俊发运用产业梯度转移理论分析了第二产业的物流服务外包是“第三产业化”的重点（参考文献 [35]）。刘一霖以第三方物流为例，对第三方物流业与制造业的协同创新理论进行研究（参考文献 [87]）。王晓艳从经济学、管理学的角度指出制造业与物流业联动发展的理论基础是产业关联理论、制造企业管理理论、物流管理理论、供应链管理理论、交易费用理论、博弈论、组织管理理论以及战略联盟理论等（参考文献 [137]）。王佐从物流业发展的本源出发，指出制造业与物流业联动发展的机理在于制造业企业资源配置方式的选择，以及对物流管理是采用自营还是外包的交易成本权衡（参考文献[141]）。王珍珍和陈功玉指出，制造业与物流业联动发展的内涵包括制造业与物流业之间的完善合作、制造业与物流业发展的层次性以及制造业与物流业之间的竞争合作关系（参考文献[142]）。彭本红用共生理论分析了现代物流业与先进制造业的互动关系，借用协同学序参量演化方程探讨了两者演化的机理，指出两者之间的合作是一种互惠互利的合作方式（参考文献[102]）。王珍珍和陈功玉运用演化博弈理论对制造业与物流业之间的竞争合作机理进行了深入的分析（参考文献[144]）。

2.1.2 制造业与物流业联动发展模式研究

制造业与物流业联动发展模式的研究主要探讨了制造业和物流业之间的利益分配模式和组织模式。胡蔚波从制造企业角度比较了物流联盟模式和制造企业自营物流模式的优劣，证明了制造企业对物流联盟模式需求的必然性，提出了制造企业构建物流联盟的三种模式，即供应链物流联盟、行业物流联盟、地区物流联盟（参考文献[58]）。王见喜指出，物流业与制造业联动发展的模式有四种：基于资源未整合的物流外包模式、基于资源整合的物流外包模式、基于3PL-HUB的物流外包模式、战略联盟模式（参考文献[122]）。郭淑娟等总结了制造业与物流业联动发展的合作模式包括一次性合作模式、短期合同合作模式、基于实物运作的合作模式、基于管理活动的合作模式和物流战略合作模式（参考文献[46]）。朱琳指出，物流业与制造业协同发展的模式包括体系支持模式、战略支持模式、战略重塑模式以及体系重塑模式（参考文献[193]）。吴群指出，制造业与物流业之间的关系包括依托共生模式、平等共生模式、互补共生模式、嵌入共生模式以及辅助外生模式（参考文献[152]）。

2.1.3 制造业与物流业联动发展实证研究

制造业与物流业联动发展的实证研究主要是运用定量方法进行研究，包括计量经济模型、灰色关联模型、投入产出分析法、数据包络测算等方法。

（1）计量经济模型方法

侯红昌、韦琦通过协整理论分析了制造业和物流业联动的发展水平（参考文献[57，147]）。甘卫华等运用时间序列模型对制造业与物流业关系进行了分析，得出了两者基本符合Logistic增长规律的结论（参考文献[43]）。葛金田等运用“格兰杰因果检验”验证了制造业与物流业联动发展的长期稳定关系（参考文献[45]）。王健等选取政策环境、制造业企业规模、城市化水平三个调节变量，分析物流业发展对制造业效率的影响（参考文献[124]）。柴国君等运用计量分析方法对内蒙古制造业与物流业的产业联动关系进行实证研究，指出两者之间的动态联动关系（参考文献[16]）。

（2）灰色关联模型方法

灰色关联模型是用于分析制造业与物流业联动发展现状的最普遍的方法。袁克珠研究了长三角区域物流与制造业的相关性，得出长三角区域物流与制造业发展不相匹配的结论（参考文献[173]）。王珍珍等对我国制造业不同子行业与物流业之间的协调度进行测算，指出了从1995~2007年间行业的协调度存在着M型的演化规律（参考文献[143]）。陈智刚等对云南制造业与物流业的关系进行了定量分析（参考文献[17]）。陈春晖、刘丹对福建省制造业与物流业之间的联动发展关系进行了实证研究（参考文献 [18，88]）。王珍珍等对我国八大综合经济区制造业与物流业联动发展协调度进行了实证研究（参考文献 [145]）。

（3）投入产出分析方法

投入产出分析方法被广泛运用于制造业与生产性服务业关系的研究中，因此也被用于分析制造业与物流业的关系。王文等运用投入产出分析法对生产性物流服务与制造业之间的关系进行了分析，直接反映物流服务对制造业竞争力的直接贡献和完全贡献的分析方法（参考文献 [129]）。苏秦等以 C-D 生产函数和投入产出表为基础，深入分析了中国制造业九大振兴产业与物流业的联动现状，研究了目前大多数国家制造业与物流业之间处于非均衡的融合状态，认为制造业对物流业融合度较大，而物流业对制造业的融合度较小（参考文献 [110]）。

（4）数据包络测算法

数据包络法（DEA）主要运用于分析制造业与物流业联动发展中效率的测算。樊敏以提升物流产业效率为切入点，运用 DEA-BCC、DEA-Malmquist 生产力指数以及 VER 模型，对长三角、辽中南、武汉和成渝的城市群物流产业运作效率及联动效率加以实证分析（参考文献 [39]）。崔晓迪运用 DEA-GRA 模型对天津市制造业与物流业的联动状况进行了实证研究（参考文献 [28]）。杨杰和宋马林对我国 2003~2007 年物流服务业与制造业的效率值进行了测算，进一步指出了加强物流服务业与制造业互动的必要性（参考文献 [162]）。

2.2 制造业物流信息化研究

在现有的文献中，对制造业物流信息化的研究并不多。随着国家提出“中国制造 2025”战略，以及制造行业推行智能制造，相应的研究逐步增多，但是形成比较系统的研究成果的不多见。从现有的文献来看，制造业物流信息化研究主要集中在以下几个方面。

2.2.1 制造业物流信息化发展策略研究

国内的一些学者从制造业物流信息化发展状况入手，研究制造业物流信息化发展中存在的问题，提出解决方案。王颐中总结了制造企业物流信息化建设的概况，并指出我国制造业企业迫切需要改善物流和供应链管理，提高运作效率和水平，其关键是采用先进的信息技术，加快物流信息化建设（参考文献 [138]）。尹传忠等分析了我国制造业物流信息化的特点、存在的问题，基于主制造商通过供应链协同提升整个上下游企业及物流服务业信息化水平，阐明我国制造业物流信息化的发展思路，以机械行业为重点，提出了我国制造业物流信息化的发展措施（参考文献 [171]）。史春乐分析了我国制造业物流效率低下的现状制约了制造业的发展，提出了建设制造业物流信息化的必要性，由此提出相应的建议（参考文献 [107]）。赵群等详细阐述了物联网在制造业信息化发展中的应用及其带来的重要影响，提出了基于物联技术的我国制造业信息化发展趋势（参考文献 [188]）。

2.2.2 制造业物流信息化评价研究

余林在对国内外物流信息化的研究现状进行总结分析的基础上，分析了物流信息化和绩效评价的相关概念，根据建立物流信息化绩效评价指标体系的原则和借鉴平衡计分卡，结合制造业物流自身的特点选取了财务和非财务指标，建立了一套新的物流信息化绩效评价指标体系，并提出了提高制造业物流信息化绩效的对策和建议（参考文献 [172]）。汪长斌等通过对我国汽车产业物流信息化的现状及存在的主要问题进行分析，提出了汽车产业物流信息系统的架构，从战略地位、基础设施、信息资源、应用系统、人力资源和保障系统六个方面构建了汽车产业物流信息化评价的指标体系，并运用层次分析法对该指标体系进行了评价分析，最后针对我国目前环境提出了一些发展汽车产业物流信息化的对策与建议（参考文献 [118]）。

2.2.3 某些制造行业物流信息化的研究

国内有些学者对某些制造行业的物流信息化建设进行了研究。在制造行业中研究较多的是汽车行业，并取得了较丰富的研究成果。毛佳等人较早地提出了汽车物流信息化，针对汽车物流的实时管理信息系统的开发、设计进行了研究（参考文献 [100]）。李向文在研究汽车物流信息化的功能、汽车物流信息管理系统的开发需求分析及开发模式的基础上，以汽车整个生命周期为逻辑主线，分析各个环节的物流和物流技术应用，提出了汽车物流信息平台建设方法和平台的体系结构（参考文献 [74]）。还有一些学者对其他制造行业物流信息化建设也进行了研究。胡宝宝从 IT 制造业物流信息化现状出发，结合 EPC 物联网的特点，从业务体系、业务流程、物流信息技术、物流信息化管理模式等多个维度，深入研究了 EPC 物联网对 IT 制造业物流的影响，构建了基于 EPC 物联网的 IT 制造业物流信息化管理方案，提出了纳入 EPC 物联网因素的综合评价指标体系（参考文献 [59]）。黄晓恩等人根据装备制造业的生产特点，阐述了如何通过合理利用第三方物流、加强物流信息化建设，来实现装备制造企业与区域物流服务的最大化（参考文献 [63]）。

2.3 物流信息平台研究

随着信息技术的发展，信息技术已经广泛地应用到物流领域，促进了物流信息化的发展。物流信息平台作为物流信息化的一个重要内容，被理论界高度关注，成为一个研究热点问题。

国外学者对物流信息平台的研究是从单个企业物流信息系统模型研究发展到了对物流信息平台的研究。Abrahamson 等人对物流信息平台做了描述与界定，认为物流信息平台是物流信息系统中非常重要的一部分，是物流信息管理与控制中心，良好的物流信息平台运作能有效提升企业灵活性（参考文献 [8]）。随着互联网的广泛应用，网络安全和信息安全问题日益凸显，为了提高物流安全性，特别是在国际物流领域，保障物流安全成为信息技术应用的主要任务，因此物流信息服务平台安全问题成为研究热点。

国内学者对物流信息平台主要进行了物流信息平台构建、物流信息平台建设和运营以及物流信息平台应用三个方面的研究。

2.3.1 从物流信息平台开发技术角度研究物流信息平台的构建

随着科技的发展和物流信息化水平的不断提高，尤其是物联网的发展，许多学者正在积极探讨和研究将 WebService 技术、通信技术、识别技术、跟踪技术、集成技术以及云计算技术等应用于物流信息平台的开发和建设中。郭显堂和蔡文学提出了应用 ebXML 技术构建公共物流信息平台，在对公共物流信息平台的功能需求分析的基础上，设计了基于 ebXML 的公共物流信息平台的技术框架（参考文献 [47]）。张华娣指出基于 SOA 的物流企业信息化网络平台总体框架由应用层、服务接口层和业务层三个层次构成，并对三个层次模块的功能进行了详细的分析（参考文献 [177]）。倪帅提出了基于 B/S 模式的公共物流信息平台系统的总体架构，并分析了具体模块的主要功能（参考文献 [101]）。邓子云等应用基于 ESB 的 SOA-BPM 系统集成平台运用协议转换技术、通用的 XML 报文处理技术、数据交换技术三个关键的技术解决了协议解耦、路由分发和接口汇聚三个主要的问题，为基于 SOA-BPM 组合架构来构建系统集成平台提供了思路（参考文献 [30]）。杨晓峰等提出了基于 SOA 建设第三方物流信息系统集成平台的建设方案，设计了一个实现异构业务系统的集成和数据交换的系统模型（参考文献 [163]）。董萍萍指出目前物流信息系统开发面临的两大问题：一是用户的需求与软件开发过程脱节，导致软件实施的周期长、成本高；二是软件不能随着企业环境和业务的变化进行及时调整，导致软件维护成本高、与新环境集成困难。针对上述问题，基于 XML 技术的开放式组件化信息平台开发，为解决物流信息系统问题提供了解决方案（参考文献 [31]）。

随着物联网技术、云计算、大数据技术在物流领域的应用，运用先进的信息技术设计与开发物流信息平台的研究如雨后春笋，层出不穷。具有代表性的研究成果是北京交通大学王喜富教授及其研究团队的研究成果。王喜富对物联网环境下物流业务体系和技术体系进行了深入的研究与探讨，将物联网技术应用于物流信息平台的设计中，提出了基于物联网的物流信息技术平台架构模型，对基于物联网的物流信息平台运营模式进行了积极探索（参考文献 [132]）。王喜富系统研究了大数据背景下智慧物流信息平台的大数据技术、云计算技术、物联网技术以及 SOA 架构及其实现技术等构建技术，提出了智慧物流信息平台的体系架构，基于宏观、中观、微观三个视角创新性地提出了智慧物流商物管理平台、智慧物流供应链管理平台和智慧物流业务综合管控平台，为进一步研究智慧物流信息平台奠定了理论基础（参考文献 [135]）。

2.3.2　从区域物流信息平台建设角度研究物流信息平台建设和运营

近年来，我国物流公共平台建设步伐加快，一些省市的物流公共信息平台已经运行或正在建设中。由于物流信息平台在我国还属于新生事物，许多学者根据地域经济对物流的需求，就物流信息平台的建设问题展开了研究。孔丽娟、高文海借鉴国内外物流信息平台建设的经验和教训，在对河北省区域物流信息化现状调查分析的基础上，指出了制约河北省物流发展的关键问题，并提出了相关的政策与建议（参考文献 [71]）。唐成伟、王华、董昕灵在分析南京都市圈现代物流业发展现状的基础上，探讨了物流发展对信息化的需求，从提高区域物流信息化水平的角度出发，提出了南京都市圈物流信息平台规划模型（参考文献 [112]）。汤银英等根据南宁市公共物流信息平台建设指导思想，探讨了物流公共信息平台的三种运营模式及其保障措施和实施策略（参考文献 [114]）。赵晓云、王耀球从区域物流信息平台对区域物流业的影响力出发，运用模糊综合评价法构建模型，对这种影响力进行量化的分析，以此直观地理解影响力的作用和大小（参考文献 [189]）。徐炜针对我国次发达地区发展现状和物流信息化现状，分析了次发达地区物流业发展的需求，设计了次发达地区区域物流信息平台结构，并对平台所应具备的功能进行了详细的阐述，确保区域物流信息平台更符合次发达地区的实际需求（参考文献 [158]）。黄永斌从理论上全面系统地阐述了我国区域物流信息平台的构建和运行机制和保障机制，以宁波区域物流信息化为例进行了实证研究（参考文献 [64]）。李蜀湘从物流园区的角度探讨了基于 SAAS 模式的物流信息平台的构建和实施（参考文献 [75]）。李信利着眼于山东临沂地区，以商贸物流信息平台为研究对象，对临沂商贸物流信息平台开发设计、运营管理进行了全面的论述，提出了基于共生理论的商贸物流信息平台的整合与优化（参考文献 [80]）。

2.3.3 从运输方式和行业角度研究物流公共信息平台的应用

宋亚萍将 SOA 技术引入现代铁路货运物流信息平台建设中，提出了现代铁路货运物流信息集成系统的新架构（参考文献 [108]）。韩晓鸣从电子商务在铁路集装箱物流运输中应用的角度，提出将铁路集装箱物流中各种环节的信息资源纳入公共平台，将海运和铁路运输联运的信息服务、SaaS 服务、订舱服务等作为信息服务的创新产品，在铁路集装箱物流公共平台建设上分步推进（参考文献 [53]）。韩超针对目前港口信息平台建设的问题，提出了建设物联网信息平台的设想，依托物联网的全新技术，构建了物联网港口信息平台总体架构，并以大连港“智慧港口”建设为例进行了实证分析（参考文献 [54]）。沈羚茵等从第四方物流（4PL）的角度，基于 WebService 技术进行了航空物流信息平台构建的研究（参考文献 [106]）。李修海从医药行业特点出发，探讨在电子商务时代医药行业电子商务模式应用和第三方物流信息平台构建（参考文献 [76]）。宋红梅针对钢铁行业的特点和钢铁物流园区信息平台建设的需求，构建钢铁物流园区信息平台（参考文献 [109]）。胡海涛针对烟草行业工商物流资源管理的问题，提出了烟草工商物流资源整合模型，并运用 SOA 技术构建烟草工商物流协同信息平台，从而实现了烟草供应链信息资源整合（参考文献 [60]）。

2.4 文献述评

总结以上三个方面的国内外研究文献，我们可以看到在这些领域中学者们做了大量的研究工作，并取得了丰硕的成果，但是还存在着研究不足。

在制造业与物流业联动发展的研究方面，国内外学者运用经济学和管理学的理论深入研究了制造业与物流业联动发展机理和发展模式，并运用定量分析方法对具体国家和地区两者的联动发展进行了实证研究，为深入研究制造业与物流业发展问题做出了重要的贡献。但是现有的研究还局限于制造业与物流业两个产业之间关系，没有将制造业与物流业的联动发展放在产业价值链环境中，从供应链信息协同以及协同手段的角度研究制造业与物流业的联动发展。

在制造业物流信息化的研究方面，有些学者从绩效评价的角度对制造业物流信息化进行研究，构建了一系列评价指标，也有学者从行业的角度出发研究某些制造行业物流信息化的问题。但是总体上来看，大多数的研究还是停留在制造业物流信息化现状与对策研究，定性研究较多，定量研究和实证研究较少，其研究成果略显薄弱。

在物流信息平台的研究方面，国内外的学者运用经济学、管理学和信息科学等跨学科理论从物流信息平台的关键技术、设计与实现、建设与运营等多角度进行了深入的研究，同时也有些学者从运输方式和行业发展的角度研究物流信息平台的建设，取得了丰硕的研究成果。但是面向制造业供应链的物流一体化物流信息平台研究还不多见。

综上所述，本书是在继承前人研究的基础上，拓展了一个新的研究视角。从制造业供应链信息协同的视角，研究制造业供应链上物流信息资源的整合与集成，运用计算机网络技术、通信技术和物联网技术，构建制造业物流信息平台，实现制造业供应链上下游企业互联互通，实现制造业供应链信息协同，推进制造业物流信息化的发展。

2.5　本章小结

本章对制造业与物流业联动发展、制造业物流信息化、物流信息平台三个方面的研究进行了梳理，在梳理的过程中发现，对于制造业与物流业联动发展研究比较全面和深入，但是缺乏从价值链的角度研究制造业与物流业联动发展，进而研究制造业供应链信息协同的问题。对制造业物流信息化的研究比较少，仅有的研究也多停留在宏观层面，政策性或对策性研究较多，能够集理论、方法和实践于一体的研究文献较少。对物流信息平台的研究起步较早，研究成果也较多，也出现了一些针对行业物流信息平台的研究，但是面向制造业供应链的物流一体化的物流信息平台研究则没有看到。基于对现有研究成果的分析，本书将研究对象定于与制造业物流信息平台，从构建、运营、服务的角度对制造业物流信息平台进行理论与实证的研究。

第 3 章

制造业物流信息化现状分析

制造业是推动人类社会不断向前发展的基础产业。发达的制造业和先进的制造技术，已成为衡量一个国家和地区综合经济实力的重要标志，对国民经济具有强劲的拉动作用。

在制造业中普遍存在着“90% 定律”，即制造企业的加工生产时间只占全部生产流程总时间的 10%，各种物流时间占 90%；工业产品中生产成本占 10%，采购和物流成本占 90%；工业产品中生产利润只占总利润的 10%，销售和物流带来的利润占总利润的 90%。这三个 90% 就足以说明物流服务在整个制造业价值链中的作用。随着制造业的快速发展，制造业物流需求快速增长，规模快速扩大，占社会物流总额比重提高，制造业物流业务正朝着供应链一体化方向发展，制造业物流信息化正在向高层次发展。

3.1 制造业及其分类

制造业（manufacturing industry）是指将制造资源（物料、能源、设备、工具、资金、信息与技术等），按照市场要求，通过制造过程转化为可供人们使用和利用的工业品与生活消费品的行业。

根据《国民经济行业分类》（GB/T4754—2011），国家统计局于 2013 年 1 月发布了《三次产业划分规定》，制造业（不含金属制品、机械和设备修理业）作为第二产业 C 门类 13~42 大类，包括了农副食品加工业在内的 30 个大类，见表 3-1。

表 3-1 制造业分类

类　别	大类	类　别	大类
农副食品加工业	13	化学纤维制造业	28
食品加工业	14	橡胶和塑料制品业	29
酒、饮料和精制茶制造业	15	非金属矿物制品业	30
烟草制品业	16	黑色金属冶炼和压延加工业	31
纺织业	17	有色金属冶炼和压延加工业	32
纺织服装、服饰业	18	金属制品制造业	33
皮革、毛皮、羽毛及其制品和制鞋业	19	通用设备制造业	34
木材加工和木、竹、藤、棕、草制品业	20	专用设备制造业	35
家具制造业	21	汽车制造业	36
造纸和纸制品业	22	铁路、船舶、航空航天和其他交通运输设备制造业	37
印刷和记录媒介复制业	23	电气机械和器材制造业	38
文教、工美、体育和娱乐用品制造业	24	电子及通信设备制造业	39
石油加工及炼焦、核燃料加工业	25	仪器仪表制造业	40
化学原料和化学制品制造业	26	其他制造业	41
医药制造业	27	废弃资源综合利用业	42

从制造业的发展来看，制造业经历了传统制造业和现代制造业两个阶段。传统制造业是以劳动密集型产业为主，主要依靠廉价劳动力、大规模手工制作等进行产品的加工和生产。随着科学技术进步，现代数字化制造技术得到了飞速发展，极大地提高了制造业劳动生产率，制造业进入了现代制造业的发展阶段。现代制造业是指采用高技术和先进适用技术对原材料进行加工和再加工，以及对零部件装配的工业。与传统制造业相比，现代制造业以技术密集型产业和知识密集型产业为主，更加强调以知识和技术为投入元素。因此现代制造业是应用现代技术、现代生产组织系统和现代管理理念所进行的，以现代集成制造为特征、知识密集为特色、高效制造为特点的，技术含量高、附加值大、产业链长的产业组织体系。

3.2　制造业物流及其现状分析

3.2.1　制造业物流的概念和特征

物流（国家标准物流术语 GB/T18354—2006）是指物品从供应地向接收地的实体流动过程，即根据实际需要，将运输、装卸、搬运、包装、流通加工、配送、信息处理等基本功能实施有机结合。物流管理的目的是对物流系统进行规划、管理、控制，选择最优物流方案，寻求降低物流费用、提高物流效益的途径。

在专业化分工不断深化和科学技术快速发展的推动下，制造业物流活动逐渐从制造企业的生产过程中分化出来，形成了一种专业化的、由独立的经济组织承担的新型经济活动，并出现了专门从事物流服务的“第三方物流”企业。

（1）制造业物流的概念

制造业物流是指制造企业由原材料采购、产品生产、成品储存、产品运输、产品销售、售后服务等一系列生产销售活动所产生的物品流动、信息流通、资金移动的过程，是确保原材料转换成成品的必要支持过程。

制造业物流根据供应链可分为供应物流、生产物流、销售物流、废弃物的处理与回收物流。在整个制造业中，物流并不是制造企业的核心竞争力，但它始终贯穿于制造业采购、生产和销售全过程，支撑着制造业的高效运转。

（2）制造业物流的特征

由于制造业物流是贯穿于制造业供应链的全过程，它具有以下特征：

第一，制造业物流与制造业生产过程密切相关。制造业物流与生产流程、生产工艺紧密结合或融为一体，如汽车和家电生产中，各种自动化生产装配线上的坯料、工件、配件、组装件的运达和配送，大型机械制造业、冶金联合企业生产中的铁和钢等各种轧材在生产流程中的搬运、流转等，此时物流已与生产工艺融为一体，物流系统的流量、流速及作业质量都直接与生产的速率及质量相关联。

第二，制造业物流模式多样化。制造企业采用的物流模式主要有企业自营物流、物流外包、第三方物流等，每一种物流模式各具不同优势和适用性。

第三，制造业物流与社会物流分工协作。制造企业物流与社会物流是分工与协作的关系，在集成供应链模式下，制造企业物流与社会物流在物流系统的规划、决策、计划、实施、控制、管理等方面表现出一体化的趋势。

3.2.2　制造业物流系统

制造业系统活动的基本结构是投入—转换—产出，即原材料、燃料、人力、资本等的投入，经过制造或加工使之转换为产品或服务，物流活动便是伴随着企业的投入—转换—产出而发生的。相对于投入的是企业外输入物流，相对于转换的是企业内生产物流或企业内转换物流，相对于产出的是企业外销售物流或企业外服务物流。制造企业物流过程就是从企业外部输入的原材料、燃料等物料，从一个生产单位（仓库）流入另一个生产单位（加工车间），按照规定的生产工艺进行加工、储存、销售的全过程。制造业物流系统是由采购物流、生产物流、销售物流以及物流信息系统组成的系统。制造业物流系统如图 3-1 所示。

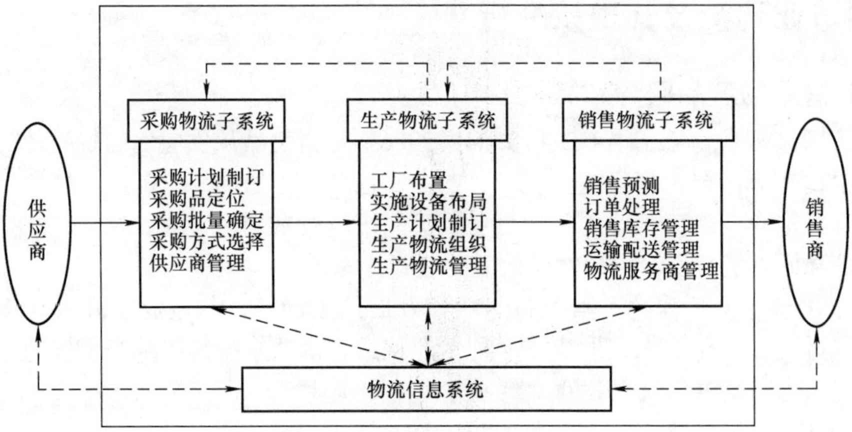

图 3-1　制造业物流系统

（1）采购物流子系统

采购物流指原材料、零部件、燃料、辅助材料等一切生产物资从供应商处订货开始，通过运输等中间环节，直到生产制造企业收货入库为止的物流过程。制造企业中的采购物流活动是为了保证企业生产正常、高效地进行。

供应链环境下的企业采购是一种“按需采购”，即根据企业生产经营的需求制订采购计划，进行物料采购的作业活动。企业的采购活动要满足用户对物料的柔性化需求，做到在确保采购质量的前提下，以适当的采购价格，按照用户所要求的数量，从选定的供应商处将物料准时地交付。

制造企业采购作业活动要求采购物流子系统应该具有准时交付的能力。由于市场需求处于不断变化之中，同时呈现出多样化和个性化的特征，企业在生产过程中需要根据市场变化不断调整产品的规格、品种，这就增加了采购活动的复杂性，要确保采购活动能够做到准确无误。原材料的准时交付是生产连续性和稳定性的重要保证，准时交货能力取决于供应商的生产与运输条件。

（2）生产物流子系统

生产物流是制造企业所特有的物流过程，它与生产工艺流程同步，一般是指原材料、燃料、外购件投入生产后，经过下料、发料，运送到各加工点和储存点，以在制品的形态，从一个生产单位流入另一个生产单位，按照工艺流程在各个加工点之间不停顿地移动、流转，始终体现着物料实物形态的流转过程。

制造企业中的生产物流活动是与整个生产工艺过程伴生的，是生产供应过程的一个组成部分。因此要求生产物流子系统具有良好的适应能力和缓冲能力。

① 生产物流子系统具有较强的适应能力。随着制造企业生产模式向“客户定制化生产”转变，生产产品的品种是根据市场需求确定的，因此要求生产物流子系统中的各要素和各个环节能够随着市场要求的变化而迅速更新、重新组合，达到“以变应变”。

② 生产物流子系统具有较强的缓冲能力。随着生产线上各种生产的不确定性，要求生产物流子系统中各要素和各环节能够吸收或减弱市场需求的变化对系统的影响，根据市场的变化迅速改变系统的输入和输出，从而保证生产物流子系统的连续性、均衡性和稳定性。

（3）销售物流子系统

销售物流是指企业为保证自身的经营利益，伴随着销售活动，不断地将产品所有权即物品实体转给用户的物流活动过程。销售物流是包装、储存、运输、配送等诸环节的统一，具有很强的服务性。在订单拉动模式下，客户需求和客户订单信息是企业生产的依据，销售物流已成为企业有效组织生产的重要基础。同时销售物流是连接生产企业和客户的桥梁，是提高客户满意度、提升企业形象的重要领域。

由于销售物流在企业物流中发挥着重要作用，要求销售物流子系统应该具有较强的订单处理能力和及时快速的运输配送能力。

① 销售物流子系统具有较强的订单处理能力。提高订单处理的速度与准确性，可以缩短订货周期，提高供货的准确率，确保优质的客户服务，提升企业快速响应市场需求的能力。

② 销售物流子系统具有快速的运输配送能力。销售物流子系统做到及时快速的物流配送，是保证企业生产顺利进行的前提。

3.2.3　制造业物流发展历程

我国制造业物流的发展大致经历了三个阶段：自营物流阶段、初级物流外包阶段、制造业与物流业融合阶段。

（1）自营物流阶段（20 世纪 50 年代到 70 年代末）

这个阶段企业长期受到“大而全，小而全”的经营观念的影响，采取自营物流模式，生产企业内部组织机构中设立一个物流部门，负责组织、管理、协调企业的物流活动。自营物流会带来较大的投资风险，占用企业大量的资源，增加企业的负担，因此降低了制造企业的竞争力。

（2）初步物流外包阶段 (20 世纪 70 年代末到 90 年代）

这个阶段是计划经济向市场经济过渡的阶段，制造型企业开始探索市场经济环境下新的经营方式，出现了物流业务外包，但是外包的业务主要局限于储存、运输等基本物流服务。在这个阶段企业物流管理的许多经典理论被应用于生产，如采用 IT、ERP（企业资源计划）等来组织企业生产和加强管理。

（3）制造业与物流业联动发展阶段（20 世纪 90 年代至今）

这个阶段制造业之间竞争日渐激烈，谁能适应市场需求的变化、快速响应客户需求就能在竞争中取得胜利，物流系统的集成和整合成为制造型企业的战略重点。制造企业物流逐渐从企业内部剥离出来，形成具有相当规模的社会物流需求。第三方物流企业作为专业的物流服务商，在为制造企业提供物流服务的过程中，不断地与制造企业深度融合，形成制造业与物流业的联动发展。

3.2.4 制造业物流发展现状

随着制造业的快速发展，制造业物流需求快速增长，规模快速扩大，占社会物流总额比重提高，制造业物流业务正朝着供应链一体化方向发展，制造业物流信息化正在向高层次发展。

（1）制造业物流规模不断扩大，物流需求结构不断优化

近年来，中国制造业的转型升级主导了物流需求的释放，也直接影响着制造业物流市场的规模和需求结构。伴随我国经济的快速发展，社会物流总额不断增加，制造业物流规模逐步扩大，制造业物流总额在社会物流总额中所占比重不断扩大，物流需求结构不断优化，制造业物流中的新兴产业增速较快。

近十年中国社会物流总额和工业品物流总额及占比情况见表 3-2。

表 3-2　2008—2015 年中国社会物流总额和工业品物流总额统计表

年份	2008	2009	2010	2011	2012	2013	2014	2015
社会物流总额（万亿元）	89.9	96.65	125.4	158.4	177.3	197.8	213.5	219.2
社会物流总额增速（%）	13	7.4	15	12.3	9.8	9.8	6.9	5.8
工业品物流总额（万亿元）	79.86	87.41	113.1	143.6	162.0	181.5	196.9	204
占社会物流总额比例（%）	88.8	90.5	90.1	90.2	91.4	91.8	92.1	93.1

资料来源：国家统计局《中国物流年鉴》《中国物流运行情况通报》

由此可见，工业品物流在社会物流总额中占绝大部分比重，并且还在不断扩大，成为拉动社会物流总量发展的决定性力量。

2015 年，我国社会物流总额 219.2 万亿元，按照可比价格计算，同比增长 5.8%，增速比上年回落 2.1 个百分点，其中工业品物流总额 204 万亿元，同比增长 6.1%。高技术产业物流需求增速最快，同比增长 10.2%，比工业物流需求快 4.1 个百分点，占比为 11.8%，比上年提高 1.2 个百分点。其中航空、航天器及设备制造业增长 26.7%，电子及通信设备制造业增长 12.7%，信息化学品制造业增长 10.6%，医药制造业增长 9.9%。2016 年前三季度的物流数据同样也呈现出了 2015 年的发展态势。2016 年 1—9 月份，全国社会物流总额为 167.4 万亿元，按可比价格计算，同比增长 6.1%。其中工业品物流总额 155.6 万元，按可比价格计算，比上年同期增长 6.0%；一季度增长 5.8%，二季度增长 6.1%，三季度增长 6.0%，前三季度工业品物流需求增速持续在 6% 以上，总体需求比较平稳。由于制造产业逐步向中高端迈进，工业品物流需求结构也发生了明显的变化，一方面高耗能行业的物流需求增速持续下滑，另一方面高技术产业物流需求加速增长。物流数据表明了制造业转型升级对物流业产生的影响。

（2）制造业物流外包不断扩大，现代物流已经成为制造企业物流外包的主流

随着物流专业化、社会化的发展，制造企业将物流业务外包给专业的物流服务供应商，可以降低物流成本，对市场快速响应，从而提高企业的核心竞争力。

我国制造企业物流外包水平一直偏低，与世界先进制造企业相比有较大的差距。据统计，发达国家制造业物流外包的比例大于 70%。在世界 500 强企业中，有 400 多家在华投资，90% 的外资企业选择了物流外包。而我国制造企业在发展过程中长期受到"大而全"和"小而全"的观念束缚，在物流运作和管理上仍习惯于选择自营物流的模式，外包物流的比例只有 61%，总体水平偏低，主要的物流外包业务是运输、仓储等传统物流业务。近年来制造业物流外包开始向现代物流业务转变，物流外包的方式仍然以签订合同为主。

根据国家发展与改革委员会和南开大学现代物流研究中心于 2014 年 1—4 月对我国工商企业物流业务外包的总体情况的调查数据显示，被调查的制造企业已经将物流业务中运输与配送业务、仓储保管业务、采购管理业务、包装与产品加工业务、产品装配与安装业务外包给专业物流服务商，大部分企业的外包业务在 10% 以下，其中物流信息系统设计的外包比例较高，40.2% 的企业将 70% 以上的该项业务进行了外包。由此可见现代物流外包业务已经成为主流。制造企业物流业务外包的情况见表 3-3。

表 3-3　企业物流业务外包的情况　（单位：%）

业务外包占比 企业占比	外包业务占比 10% 以下	外包业务占比 11%~30%	外包业务占比 31%~50%	外包业务占比 51%~70%	外包业务占比 70% 以上
外包干线运输或物流配送业务的企业占比数	17.2	13.7	24.2	7.0	37.9
外包仓储保管业务的企业占比数	50.0	15.6	15.2	7.8	11.3
外包采购管理业务的企业占比数	66.8	8.2	8.6	0	16.4
外包包装与流通加工业务的企业占比数	54.3	0	36.3	9.4	0
外包产品装配与安装业务的企业占比数	63.3	18.4	9.0	0	9.4
外包库存管理业务的企业占比数	61.7	7.8	7.8	0	22.7
外包物流信息管理业务的企业占比数	64.8	5.9	0	5.9	23.4
外包物流信息系统设计业务的企业占比数	40.2	0	19.5	0	40.2

在制造业物流外包的过程中，制造企业与物流企业进行合作，建立合作伙伴关系。从现行的企业合作方式来看，主要是以签订合同、战略联盟、参股方式为主。2013 年制造企业与物流服务商的合作方式中，有 90.6% 的企业是通过签订合同与物流服务商建立合作关系，只有 17.2% 的企业是通过与物流服务商结成战略联盟的方式建立合作关系。但是值得注意的是，在 2009—2013 年期间，采用这两种合作方式的企业的比例在不断下降。具体情况见表 3-4。

表 3-4　企业与物流服务商建立合作关系的情况　　（单位：%）

年份	2009	2010	2011	2012	2013
签订合同与物流服务商建立合作关系	93.1	94.6	92.7	92.3	90.6
以战略联盟方式与物流服务商建立合作关系	22.4	25.3	24.0	20.6	17.2
以参股方式与物流服务商建立合作关系	4.8	5.9	6.7	1.4	4.3
以其他方式与物流服务商建立合作关系	0.2	0.4	1.1	1.4	2.0

（3）物流成本总体偏高，制造企业物流成本有所回落

根据我国发布《物流术语》国家标准（GB/T18354—2001），物流成本是物流活动中所消耗的物化劳动和活劳动的货币表现。物流成本是企业进行自身的生产或经营活动时，从采购原材料开始，经过企业的生产加工，到生产出产成品对外销售，以及销售后回收发生的废品等一系列活动发生的耗费。

物流成本主要有三个指标：社会物流总费用、社会物流总费用占 GDP 比率、物流成本占销售收入比例，这三个指标分别从宏观和微观两个层面反映物流费用规模和物流费用支出水平。

从宏观上来看，社会物流总费用指报告期内国民经济各方面用于社会物流活动的各项费用支出的总和，包括运输费用、保管费用、管理费用。根据《2015 全国物流运行情况通报》显示，2015 年社会物流总费用 10.8 万亿元，同比增长 2.8%，增速比上年同期回落 4.1 个百分点。其中，运输费用 5.8 万亿元，同比增长 3.1%，增速回落 3.5 个百分点，占社会物流总费用的比重为 51.0%；保管费用 3.7 万亿元，同比增长 1.6%，增速回落 5.4 个百分点，占社会物流总费用的比重为 35.5%；管理费用 1.4 万亿元，同比增长 5.0%，增速回落 2.9 个百分，占社会物流总费用的比重为 13.5%。社会物流总费用与一国的经济发展规模密切相关，一般而言，经济规模越大则社会物流总费用就越多。我国经济经过近 30 年的高速发展，已经成为世界第二大经济体，

社会物流总费用占 GDP 比率是创造单位增加值所投入的物流费用。创造单位增加值投入的费用越低，说明物流活动的产出效率越高。我国社会物流总费用占 GDP 的比重一直在 18% 左右，近两年略有下降。根据《2015 全国物流运行情况通报》显示，2015 年社会物流总费用与 GDP 的比率 16.0%，同比下降 0.6 个百分点。但是仍然高于世界发达国家（美国为 8.5%，日本为 8%），也高于经济发展处于同水平的金砖国家（印度为 13.0%，巴西为 11.6%），如图 3-2 所示。

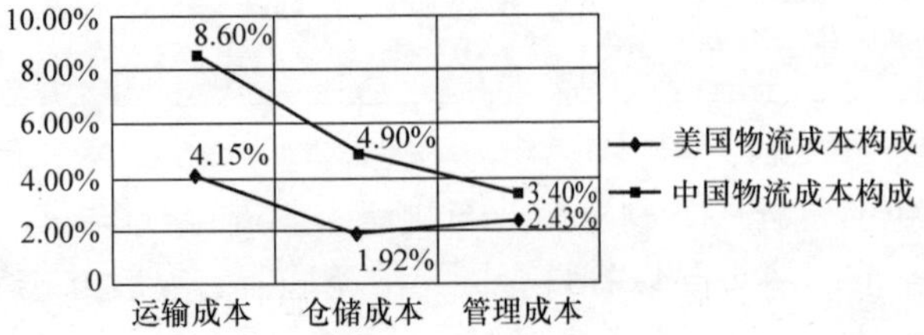

图 3-2　2015 年中美各项物流成本占 GDP 比例的对比

近十年我国社会物流总费用持续增长，与全国 GDP 的占比有所下降，表明我国物流规模在不断扩大，物流成本有所下降，物流效率有所提高。近十年中国 GDP 增速情况以

及社会物流总费用与 GDP 的占比情况见表 3-5。

表 3-5　2006—2015 年中国 GDP 增速和社会物流总费用与 GDP 占比情况

年份	2006	2007	2008	2009	2010	2011	2012	2013	2014	2015
GDP（亿元）	216314	265810	314045	340903	401513	473104	519470	568845	643974	676708
GDP 增长率（%）	12.7	14.2	9.6	9.2	10.4	9.3	7.7	7.7	7.3	6.9
社会物流总费用（亿元）	39585	48909	56842	61703	71469	84213	93504	102392	106000	108000
占 GDP 比例（%）	18.3	18.4	18.1	18.1	17.8	17.8	18	18	16.6	16

资料来源：国家统计局《中国物流年鉴》《中国物流运行情况通报》

从微观上来看，物流成本占销售收入比率则是反映每销售单位价值的商品所发生的物流费用占销售收入的比例，这个比例越低，说明物流效率越高。据国家发展与改革委员会经济运行调节局和南开大学现代物流中心的调查数据，2014 年工商企业的物流成本占销售收入的比例均值为 9.3%，较 2013 年略有下降。在被调查的工商企业中，22% 的企业物流总费用占销售收入的比例低于 5%，35% 的企业物流总费用占销售收入的比例在 5%~10%，35% 的企业物流总费用占销售收入的比例在 10%~15%，10% 的企业物流总费用占销售收入的比例高于 15%。被调查的工商企业的物流成本占销售收入的比例以及企业分布情况见表 3-6。

表 3-6　被调查的工商企业的物流成本占销售收入的比例以及企业分布情况

	物流成本占销售收入的比例（%）	企业分布情况（%）
项　目	＜ 5	22
	5~10	35
	10~15	33
	＞ 15	10
合　计		100
均　值	9.3	

（4）电子商务的发展为制造业物流带来商机

电子商务作为通信、网络和 IT 技术高速发展的结晶，利用强大的数字信息网络和高速的通信网络将传统企业、供应商和客户紧密地联系在一起，改变着世界的经济格局。近年来，我国电子商务蓬勃发展，市场规模迅速扩大。中国电子商务研究中心发布《2015 年度中国电子商务市场数据监测报告》显示，2015 年中国电子商务交易额达 18.3 万亿元，同比增长 36.5%，增幅上升 5.1 个百分点。其中，B2B 电商交易额 13.9 万亿元，同比增长 39%；网络零售市场规模 3.8 万亿元，同比增长 35.7%。

随着电子商务的发展，制造企业通过电子商务网站销售产品的数量明显增多。据国家发展与改革委员会经济运行调节局和南开大学现代物流中心的调查数据，在被调查的工商企业中，43.4% 的企业已经开始通过电子商务网站销售产品，56.6% 的企业还没有通过电子商务网站销售产品，其中 23.8% 的企业已准备通过电子商务网站销售产品。在已经开展电子商务进行销售产品的企业中，利用第三方物流公司完成配送的企业远远超过采取自营物流完成配送的企业。具体数据见表 3-7。

表 3-7　企业采用的电子商务平台和配送模式的情况

企业采用的电子商务平台及配送模式	企业占比（%）
自建电子商务平台，自营物流配送	8.3
自建电子商务平台，由第三方物流公司完成配送	29.3
借助其他电子商务平台开展业务，自营物流配送	5.9
借助其他电子商务平台开展业务，由第三方物流公司完成配送	63.7

3.2.5　制造业物流发展的趋势

（1）制造业物流向供应链物流一体化方向发展

在供应链竞争时代，基于部门的传统物流活动已经开始向上下游一体化的集成化物流系统转变，制造业物流向供应链物流一体化发展。以典型的制造业供应链为例，供应链物流描述了从上游的物料采购到下游的产品配送，包括退货、回收等过程中的物流活动，在每一个供应链阶段，对物流服务都提出了系统目标。如图 3-3 所示。

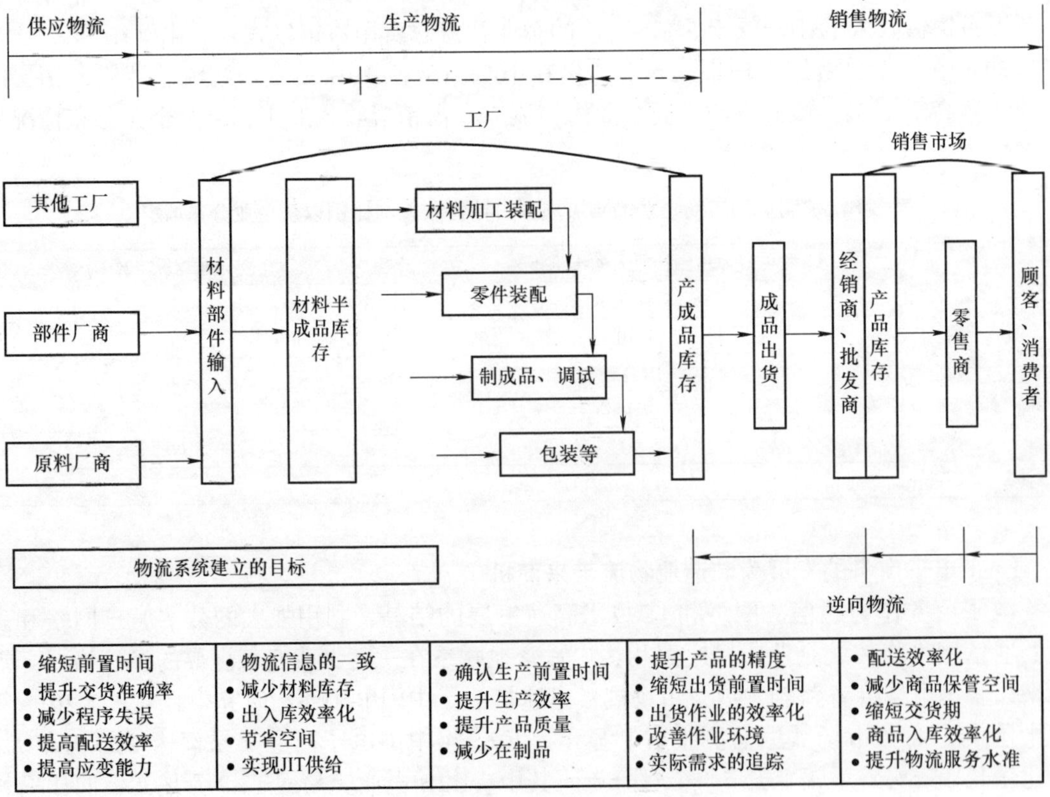

图 3-3　供应链物流图

正是由于物流服务的日益复杂化和精益化，由专业化物流服务商（Logistics Service Provider，简称 LSP）来提供服务（物流外包）已经成为企业的重要战略选择之一。在制造业物流外包的环境下，需要制造企业与物流企业建立供应链一体化运作体系，通过信息互联互通和业务融合互动，加强供应链上下游企业的战略合作，形成制造业物流供应链协同。

（2）制造业与物流业将进一步协同发展

物流服务作为制造业价值链上的非核心业务环节，从制造业中分离出来。随着专业化水平和运营效率的不断提高，根据制造业价值链各个环节的需求，物流服务又重新嵌入制造业价值链中，与制造业价值链动态匹配。物流业作为制造业物流服务的供给方，通过物流服务嵌入制造业价值链中，与制造业之间形成相互依赖、相互促进的互动关系。高效的物流业是提升制造业效率和产品竞争力的前提与基础，制造业效率的提升释放出新的物流服务需求，有助于物流服务创新和模式转换，提高物流服务集约化和柔性化，促进物流业的发展。

借鉴发达国家的经验，美国、德国等发达国家的产业结构主体很早就由制造业转移到了服务业，生产性服务业已经占到第三产业的 70% 以上。快速发展的生产性服务业反过来又渗透到制造业中，推动制造业的内涵提升和结构升级。因此制造业与物流业协同发展是未来很长时间内制造业物流发展的主题。

（3）智能制造与智能物流深度融合推动制造业物流发展

在“工业 4.0”的推动下，我国制造业正在向智能制造转型升级。智能制造主要体现在两个方面：一是以工业机器人为代表的智能制造设备；二是以信息化、网络化等专业服务为代表的智能制造服务。物流作为制造业价值链中的关键环节，智能制造要求物流系统更加柔性化、智能化。智能物流是现代物流的基础，它利用集成等技术，使物流系统模仿人的智能，拥有思维、感知、学习、推理判断和自行解决物流问题的能力。因此智能制造与智能物流的融合发展将成为制造业物流的发展趋势。

首先，智能化物流系统将融入智能制造工艺流程，使智能制造与智能物流实现系统集成。在工业 4.0 工厂的框架内，智能物流是连接供应和生产的重要环节，也是构建智能工厂的基石。未来智能工厂的物流控制系统将负责生产设备和被处理对象的衔接工作，在系统中起着承上启下的作用。智能物流以物联网为基础，利用射频识别、光电感应、红外感应器、超声波感应、激光扫描器、机器视觉识别等信息传感设备，将被处理对象与互联网连接，实现智能制造与智能物流的有效融合。

其次，智能物流装备服务将更趋向市场化和专业化。它主要表现在三个方面：一是对智能物流装备正常运行的保障性服务，如设备的定期维护、故障排除、远程网络监控运营服务等。二是对物流运作或管理的支持服务，如设备运行质量分析、物流各环节绩效与运行情况分析等。三是技术改进和系统升级服务，可以定时提供整个技术改进和信息系统及控制系统的升级服务。

此外，智能物流仓储系统也进入快速发展的时期。智能物流仓储系统是以立体仓库和配送分拣中心为主体，利用立体货架等，检测阅读系统，实现快速消费行业的需求。随着物联网、机器人、仓储机器人、无人机等新技术的应用，智能物流仓储系统已成为智能物流方式的最佳解决方案。据不完全统计，截止到 2015 年度，全国已累计建成自动化立体仓库 2600 多个。电子商务的兴起也促进了智能物流云仓系统的蓬勃发展。智能物流云仓系统是以智能物流硬件设备与 WMS 软件系统的集成为特征，依托仓储设施实现在线交易、交割、融资、支付、结算等一体化服务。依托智能制造建立的智能物流云仓系统，将成为制造业物流的主体。

3.3 制造业物流信息化现状分析

3.3.1 制造业物流信息化的内涵

物流信息化是指企业运用现代信息技术对物流过程中产生的全部或部分信息进行采集、分类、传递、汇总、识别等一系列处理活动，以实现物流信息的辅助市场交易功能、业务控制功能、工作协调功能、支持决策和战略功能。

物流信息化主要包括物流设备信息化和物流管理信息化。物流设备信息化是指将物流信息技术嵌入到物流设备中，使得物流运作的各个环节实现自动化和智能化，以提高物流作业效率；物流管理信息化是指将物流信息技术应用于物流管理的各个方面，包括企业内部管理的信息化和企业之间协作的信息化。

制造业物流信息化是物流信息化的重要基础。制造业物流信息化可以从两个层面来理解，一是从制造企业内部的角度实现制造企业物流信息化，将物流信息技术应用于制造业物流中，通过信息技术与制造技术相结合，建立集成化的物流管理信息系统，利用信息系统控制制造企业产、供、销各个环节的物流运作，解决制造企业内部的信息采集、传输、共享，以及各个相互独立的信息系统之间互联互通的问题，实现业务流程信息化和部门之间信息的同步沟通、共享。二是从供应链的角度实现制造业供应链物流信息化，利用网络技术使得企业信息系统与其上下游企业的信息系统对接、与外部社会物流、政府监管部门网络连接，形成以供应链为基础的物流信息平台，实现外部的资源共享、信息共用，真正实现企业内外物流信息的“一体化”。

3.3.2 制造业物流信息化的发展状况

（1）物流信息技术在制造企业广泛应用

随着制造业与物流业联动发展，制造企业物流信息化程度不断提高，物流信息技术在制造业得到了广泛应用。2013 年被调查的企业中，有 70.3% 的企业采用了条码技术，36.3% 和 22.7% 的企业采用了 GPS（GIS）和 RFID 技术。在 2009—2013 年，采用 RFID 技术的企业明显增加。由此可见企业互联网的环境不断改善。企业采用物流信息技术的情况见表 3-8。

表 3-8　企业采用物流信息技术情况　（单位：%）

信息技术类别 \ 年份	2009	2010	2011	2012	2013
条码技术	67.4	72.5	78.7	76.9	70.3
全球卫星定位系统（GPS）与地理信息定位系统（GIS）	32.6	38.9	41.3	45.1	36.3
射频识别技术（RFID）	14.3	16.2	15.3	18.2	22.7
电子数据交换系统（EDI）	37.2	37.3	37	38.8	19.7
电子订货系统	18.6	19.1	25.3	27.6	14.8
自动分拣系统	14.0	14.1	11.7	7.7	10.5
其他信息技术	17.2	15.7	14.3	15.4	10.5

（2）ERP 系统和物流仿真软件在制造企业广泛应用

除了物流信息技术在制造业中有着广泛的应用，ERP 系统和物流仿真软件在制造业物流信息化中的应用也逐步被制造业企业所重视。

目前制造企业实现信息化的主要途径是实施 ERP 系统。ERP 系统是建立在信息技术基础上，以系统化的管理思想，为企业提供决策运行手段的管理平台，它实质上是运用信息技术对物资流、资金流和信息流进行高度集成化管理的过程，是集成供应链管理的精髓。我国 ERP 产业发展迅速，ERP 市场规模逐年增加，由 2008 年的 37.8 亿元增长到 2011 年的 70.9 亿元，增幅达到 188%。企业在实施 ERP 系统过程中，提升了制造业物流信息化水平。

物流仿真软件主要应用于生产制造领域和供应链管理。生产物流仿真系统的作用是实现生产的物流平衡、能量平衡、产能平衡、时间平衡。通过反复仿真的结果得到物料运输和处理的统计特性，了解运输设备利用率是否合理，调度策略是否得当，发现和预测生产中的瓶颈和关键路径，以实现生产各单元工序在总体上的配合与协调，达到生产系统结构优化和功能优化的目的。物流仿真软件需要与 ERP 系统结合，目前，实现 ERP 系统与物流仿真软件综合应用的主要支撑技术已日益成熟，一些大型制造企业开始综合利用 ERP 软件与物流仿真软件来解决生产制造和物流运作中的实际问题。

3.3.3 制造业物流信息化发展中存在的问题

尽管制造业物流信息化取得了较大的发展，但是仍然存在着一些问题，主要表现在以下几个方面。

（1）制造业与物流业信息资源融合度较低

目前大多数物流企业与制造企业都建立了各自的信息系统。但是物流企业与制造企业的信息资源相对独立，信息系统不能很好地融合，信息资源不能有效交换与共享，存在着严重的“信息孤岛”和信息不对称现象。物流业与制造业不能形成信息联动，降低了物流业对制造业服务的响应能力，制约了制造业与物流业联动发展。

（2）制造业物流信息化整体程度偏低

从制造业整体来看，制造业物流信息化程度仍然偏低。调查数据显示，我国大型制造企业现场物流采用看板管理的占 25%，采用 JIT 配送的企业比例占 11%，采用原材料直送工位的占 44%，采用精益化物流管理的占 6%，采用条码信息系统的占 13%，采用企业集成化物流系统的比例为 13%。大部分中小企业物流信息化还处于空白状态。这种局面将会严重影响制造业资源整合。

（3）制造业物流信息平台建设较缓慢

近两年，物流信息平台建设如火如荼，但是物流信息平台仅仅局限于行业和区域，如物流信息化程度较高的制造行业，包括烟草、钢铁、汽车、电子、服装、饮料等行业相继建设了物流信息平台。但是，以供应链为基础整合供应链上下游资源的，高效、敏捷的制造业物流信息平台和供应链集成平台建设还不多见。

（4）制造业物流信息标准化水平偏低

制造业信息化标准与物流业信息化标准不统一，物流信息标准化水平整体较低，如产品编码标准、企业之间物流信息数据交互标准、物流信息平台标准等没有完全统一，企业在进行标准选择和执行过程中得不到政府、行业协会及专业机构的有利指导。企业信息标准化工作的滞后影响了制造业物流信息化发展进程。

3.3.4 制造业物流信息化的发展策略

根据我国制造业物流信息化的现状，我国制造业物流信息化的发展应采取以下措施。

（1）建立政府协调机制和行业交流机制

制造业物流信息化涉及工业管理部门、物流管理部门和信息化管理部门，政府部门要牵头建立各个相关部门的协调机制，协调和引导制造业、物流业、信息技术服务业的合作联动，推动制造业和物流业信息化的共同发展。此外，还要发挥行业协会的桥梁作用，在行业企业之间、企业与政府之间、制造业与物流业之间架起沟通的桥梁，加强行业之间的交流，建立制造业与物流业战略联盟，形成行业之间良好的沟通机制。

（2）制订制造业和物流业统一化标准

制造业与物流业信息化标准不统一，制约了我国制造业物流信息化发展。因此需要制订物流业与制造业统一的信息采集、信息传递规则，制订物流信息技术标准和信息资源标准，建立信息采集、处理和服务的交换机制。

（3）促进物联网与企业现有资源融合

物联网技术在应用过程中，会涉及企业原有的信息网络和管理系统，物联网要与企业内部信息网络和各类管理系统进行交互。物联网在不同程度上与企业局域网、企业监控网进行交融。企业局域网是基于互联网建立的，可以成为物联网网络层的一部分，为物联网提供局域内的信息传输，实现企业内部的信息传递与共享。物联网要与局域网完全融合，将局域网内的信息接入到物联网内，配合物联网智能技术实现更强大的功能；企业监控网运用各类传感设备，通过企业局域网对企业生产过程进行监控，它是物联网的一种应用形式。物联网在不同层面上与企业 ERP 系统、SCM 系统、CRM 系统进行交融。ERP 系统可以融合到物联网架构的应用层，结合企业策略来管理物联网的底层设备，实现生产管理的智能化；物联网可以融合到 SCM 系统的各个环节，通过应用物联网技术，实现供应链一体化管理；CRM 系统中运用物联网技术进行客户信息、业务流程和服务流程管理。

（4）加快制造业物流信息平台建设

建设制造业物流信息平台是全面实现制造业物流信息化的关键环节。制造业物流信息平台建设可以有效整合行业资源，实现行业资源交互和共享。同时制造业物流信息平台的构建也为企业使用物联网奠定了基础。建成的制造业物流信息平台需要实现三项功能：一是制造企业与物流企业、供应商、企业客户的信息系统对接，实现供应链物流协作与运作；二是通过数据接口对接更多的信息平台，如区域物流信息平台、行业物流信息平台、政府公共服务平台等，发挥平台的集成作用；三是发挥平台信息汇集与发布功能，为供应链上下游合作者及公众提供可视化的“一站式”服务。

（5）加快复合型物流人才培养和引进

制造业物流信息化发展需要具备制造业、物流业和信息化三个领域知识和技能的复合型人才，人才匮乏是较大的制约因素。因此需要加强对复合型物流人才的培养和引进，通过高等院校培养一批理论基础扎实的专业人才；通过人才招聘，引进一批精通制造业物流和物联网技术的复合型人才；通过企业内部培训、专家咨询的方式，解决现有人员跨领域知识不足的问题。总之，通过多渠道引进和培养复合型物流人才，满足制造业物流信息化发展的需要。

3.4　国内外大型制造企业物流信息化案例分析

随着制造企业工业化和信息化的融合逐步加深，推动了物流信息化的发展，许多制造企业纷纷采用物流信息技术，构建物流信息系统和物流信息平台，进行了物流信息化的建设。以下为国内外典型的制造企业物流信息化建设的情况。

3.4.1　丰田公司

丰田汽车公司是世界十大汽车工业公司之一，是日本最大的汽车公司。自 2008 年开始，丰田汽车公司逐渐取代通用汽车公司而成为全世界排行第一位的汽车生产厂商。在 2016 年公布的世界 500 强企业中，丰田汽车公司位于第八名，实现营业收入 2365.9 亿美元，利润 192.6 亿美元。丰田汽车公司的成功为汽车行业树立了榜样，被业界大加称赞，也成为学术界研究的焦点。

丰田汽车公司的成功被归结为“丰田模式”。丰田模式是以“精益管理”为核心的丰田生产体系（TPS），TPS 系统的实践和理论超越了工厂范畴，将供应链囊括其中，通过一系列重要措施，以保证供应链的高效运转。

在高效的供应链运转中，企业信息化起到了强大的支撑作用。丰田汽车公司的信息系统主要有汽车研发、仿真系统、生产制造系统、全球化供应链系统、售后服务系统等。信息系统对全球市场、生产厂商以及总部管控提供支持。丰田汽车公司在信息化建设中推行信息标准、规范、制造系统的统一，建设 IT 的管控体系，在全球各个工厂部署统一的制造系统，在世界各个国家和地区部署集中的 CRM 系统同集团总公司相连接的全球采购平台，在集团本部部署中央数据中心收集全球各地厂商、客户、市场的数据信息。通过这种分布和相对集中的模式部署信息系统和数据中心，实现丰田的“一体化运营、标准化生产、集中管控”的全球战略。

丰田汽车公司一直推行“精益物流”，成套件的配送系统（Set Parts Supply，简称 SPS）是丰田为了提高混流生产线的效率而提出的一种精益物流的生产方式。SPS 物流是将正确的零部件在恰当的时间配送至指定的工位后，装配人员以最短的行走路线，不需要判别即可取件，消除不必要的非增值动作。

（1）SPS 的工作原理

SPS 系统由汽车零部件配送过程和拾取过程组成。

① 零部件的配送过程。SPS 将供应商配送的零部件按照车型信息成套拣选后，在指定的时间按照生产顺序的要求，通过 SPS 配送小车把每辆车上需要装配的零部件送至指定的装配工位，如图 3-4 所示。

② 零部件的拾取过程。装配人员只需要移动很短的距离或简单转身就能拿到零部件，把“零件辨别和拾取”从“装配线旁料架”中剥离出来，如图 3-5 所示。

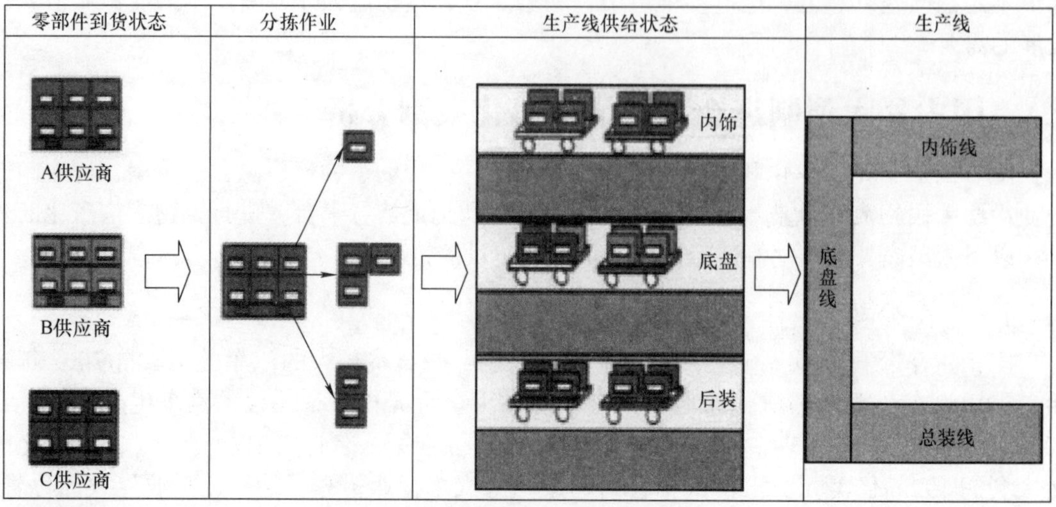

图 3-4　零部件的配送过程

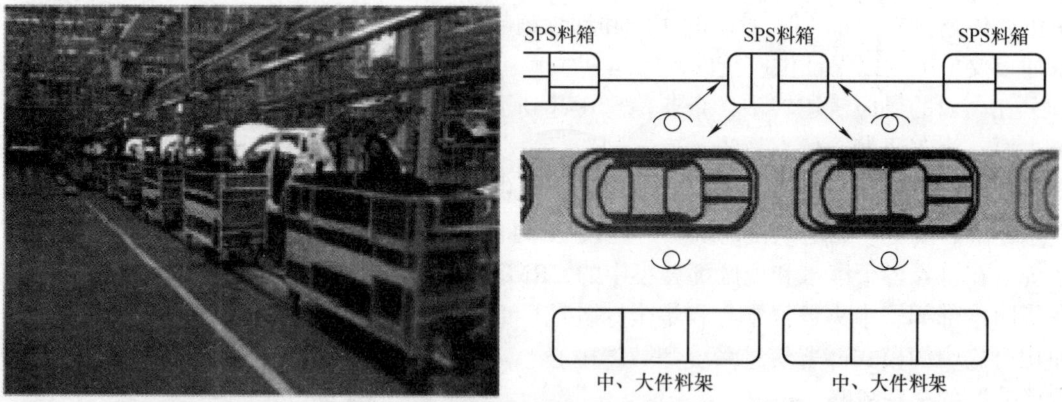

图 3-5　零部件的拾取过程

（2）SPS 系统的实施依靠物流信息技术的支持

① SPS 运行流程包括信息传递、拣料配料、配送上线和空箱回收四个主要部分。其运行的步骤如下：第一，将生产线的排产信息输入 SPS 系统；第二，根据电子拣配系统（DPS）或零部件指示票的信息指令，进行零部件成套分拣或排序；第三，根据配送指令，采用 AGV 牵引小车或人工配送等方式在正确的时间将 SPS 料箱（台车）配送至正确的工位；第四，根据配送指令，采用 AGV 牵引小车或人工等方式将空料箱（台车）取回。SPS 系统的运行过程是物流和信息流在总装生产线上的运动过程，如图 3-6 所示。

② SPS 系统是汽车零部件的数据集成系统。为了正确地计算总装生产线各环节物流面积、人员、车辆、SPS 载体需求量，需要建立准确、详细的 SPS 数据库。该数据库主要包括车型比例、单车使用量、包装规格、包装收容数、零部件图号、零部件尺寸、重量、供应商信息、库位地址信息、工位地址信息、响应时间信息等数据，如图 3-7 所示。

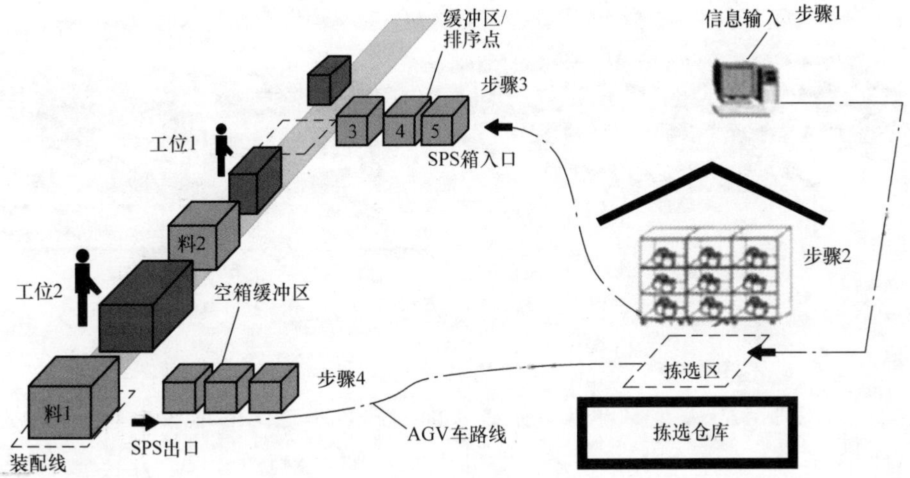

图 3-6　SPS 运行流程

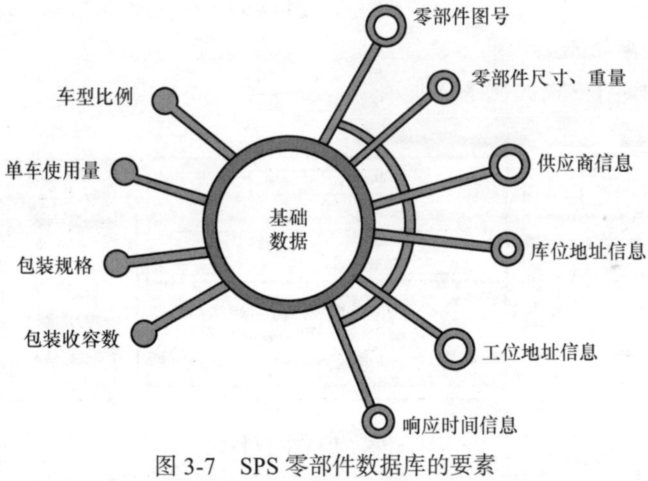

图 3-7　SPS 零部件数据库的要素

③ SPS 系统中的零部件拣配和供给依靠物流信息技术的支持。在 SPS 系统中，零部件的拣配主要采用电子拣配系统（DPS）和指示票两种方式。采用 DPS 方式，货架上每个部品旁边有一盏灯，系统根据订单清单数据发出信号，分拣作业人员直接根据电子标签所显示的数量及时、准确地完成分拣作业。采用此种方式自动化程度高，可以大幅度提高工作效率，减少差错率。采用指示票方式，SPS 区域设置打印机，作业者根据打印出来的指示票选取部品，再进行人工确认。这种方式需要借助人工确认，投入工时较多，容易出错，因此目前多采用电子拣配系统进行拣配。SPS 的零部件拣配方式如图 3-8 所示。

在 SPS 系统中，零部件从拣配区配送到生产线边的主要动力源有 SPS 台车、AGV、传送带、拖车等。SPS 零部件与生产线同步移动过程中的动力源主要借用生产线动力、传送带、再造动力滑轨等。

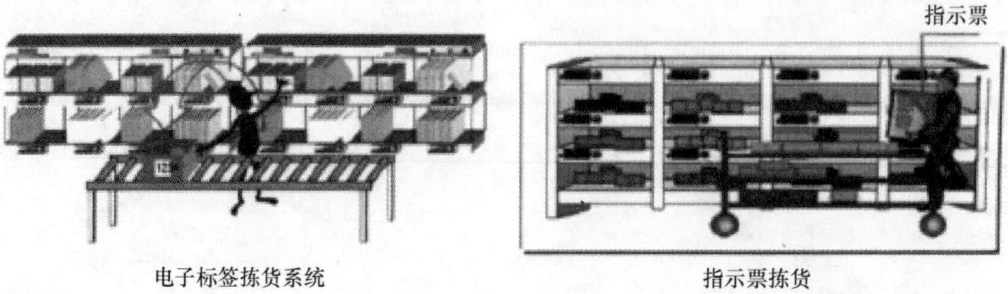

图 3-8　SPS 的零部件拣配方式

根据装配区域不同，SPS 零部件供给方式主要包括以下几种类型：

类型 1：内饰分为 A 车 B 车，分别置于前后两台车之间的地板链上面，通过板链动力随板链同步运行。每组 SPS 台车（A 车和 B 车）配载一台份零件。

类型 2：底盘分为 A 车和 B 车，分别置于车体左侧的前部与后部，通过插销固定在板链上，通过板链动力随板链同步运行。

类型 3：台车置于两台门架之间，随机运线同步行进，地面有导轨辅助料车稳定行驶，每辆 SPS 台车配载相邻四扇门的零件。

SPS 的零部件供给方式如图 3-9 所示。

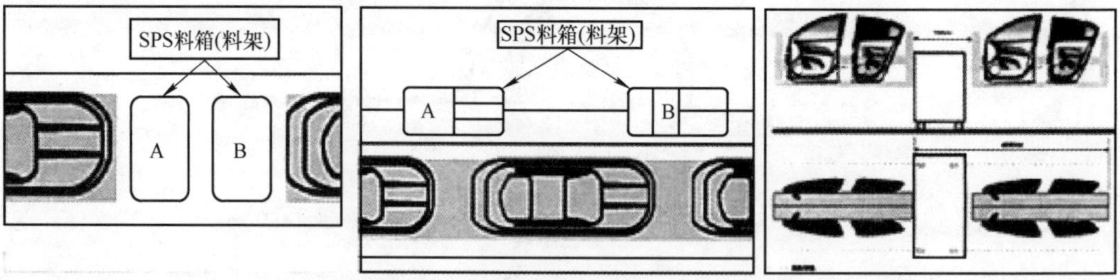

图 3-9　SPS 的零部件供给方式

丰田汽车公司开创的 SPS 系统有效地解决了汽车混装生产线中的物流配送难题，推动了汽车生产物流向智能物流的发展。目前 SPS 系统已经在全球范围内的汽车企业推广使用，国内广汽丰田、一汽丰田、上汽通用、吉利汽车等汽车制造企业已经开始实施。

3.4.2　耐克公司

耐克（NIKE）公司是全球著名的体育用品制造商，公司生产的体育用品包括服装、鞋类、运动器材等。耐克公司从 1999 年开始使用 EDI 方式与其供应商联系，直接将成衣的款式、颜色和数量等条件以 EDI 方式下单，并将交货期缩短 3~4 个月。2000 年初，耐克公司开始在其电子商务网站直接进行产品的销售，并提供产品详细信息和店铺的位置，UPS 为 NIKE 提供物流服务。

耐克公司以其高品质的产品和高超的营销策略在全球取得了巨大的成功，夺得了运动产品霸主地位。1980 年，NIKE 进入中国。1996 年，耐克公司正式在中国成立了全资子公司，2011 年在江苏太仓建立了耐克中国物流中心。该中心建筑面积达 20 万平方米，拥有超过 10 万个货品托盘，年吞吐能力超过 2.4 亿件次，同时可满足 79 个集装箱货车装卸货。总长达 9km 的传送带、顺序拣货机、无线射频扫描仪、自动化仓库管理系统等诸多物流技术与装备，让这座仓库在分配效率、吞吐力、弹性力三项指标上均达到了全球最高水准。

耐克中国物流中心拥有智能化的物流系统。所有货品都嵌入了电子标签，并逐一扫描，工人们根据电子显示屏上的信息来分拣配送货品，其信息通过专门数据端口与耐克全球连接，每天都会有完整的共享数据反馈给相关部门。海量的数据信息、强大的数字化采集和处理能力让所有商品分拣和管理井然有序。

3.4.3　戴尔公司

戴尔公司是以生产、设计、销售家用以及办公室计算机而闻名，同时也涉足高端计算机市场，生产与销售服务器、数据储存设备、网络设备等产品的全球性大企业，目前年营业额超过 500 亿美元。众所周知，戴尔公司一直坚持“直销模式（direct model）”，即去除中间人直接向客户销售产品，使得公司能够以更加低廉的价格向客户提供各种产品，并保证送货上门。在“直销模式”下，戴尔公司建立了一套与客户联系的渠道，由客户直接向戴尔发订单，订单中可以详细列出所需的配置，再由公司“按单生产”。中间环节的省略使戴尔公司能够快速响应客户需求，物流变得更加简洁。在戴尔公司的内部，从产品设计、开发、接受订单，到生产装配、检验，再到送货和技术服务，形成了一套不同于其他企业的“快速反应系统”。在接到订单后能够做到按照客户要求 36 小时内完成生产装配，从接受订单到产品送达客户手中的时间不超过 5 天；一旦缺货，即通知供应商 4 小时内送货入库。这一过程实现了低库存，优化了整体供应链运营。

戴尔公司高效的供应链运营离不开物流信息的有效传递。为了更好地满足客户的需求，进行产品研发，戴尔公司和 Agile 软件公司联手开发了名为 Agile.Anywhere 的产品研发管理软件，构筑了产品信息数据库，建立了一个统一的产品设计系统平台。通过该软件各生产基地和战略合作伙伴的授权人员可以查到产品的明细表、产品更改情况和供应商的信息，还可以控制、查询产品更改的执行情况，提高了产品开发、改进的速度。

资料显示，戴尔公司每两个小时对全球每个生产工厂的生产线做一次计划。他们能够根据实际的需求订单来及时安排原材料送货，避免了在厂区设置库存。戴尔公司采用先进的生产计划软件 i2 和 V3 来实现物流信息的传递。

戴尔利用 i2TradeMatrix 平台，在供应链中进行同步计划与控制，保证在适当的时候补充适当的库存满足生产的需要。戴尔公司的 i2TradeMatrix 平台如图 3-10 所示。

V3 系统是订单分配系统，它主要的功能是安排入厂、出厂和库存管理。接到订单后，系统迅速将客户订单安排到具体生产线，同时通过 Internet 给供应商下达指令，将所需要的零部件派送到指定生产线。供应商的物流中心（SLC/HUB）通常设立在戴尔工厂的附近，因此供应商能够在 90 分钟内将所需要的原材料派送到工位。V3 系统与 DSi2（DELL 的供应商需求计划）系统通过整合，对装配线的生产能力进行了优化配置，将库存从 20 天降到 6 天。

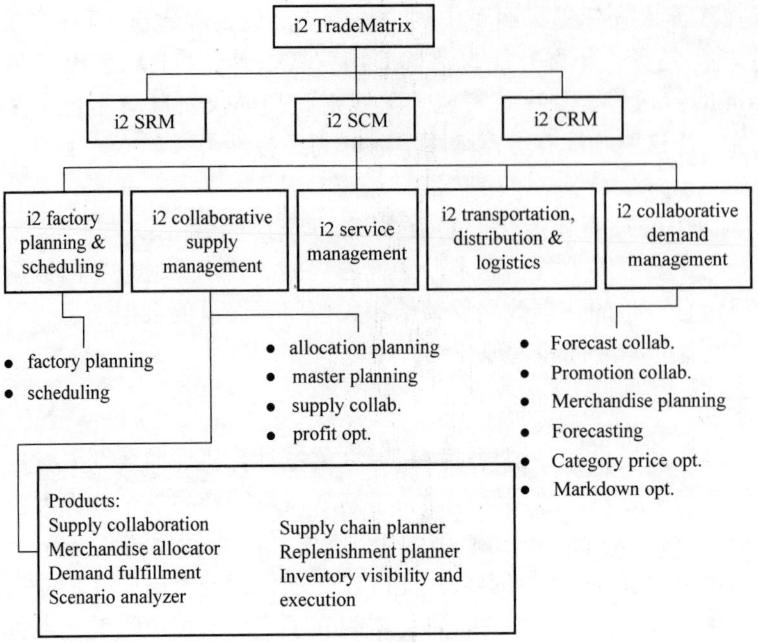

图 3-10　i2TradeMatrix 平台

i2TradeMatrix 平台是一个统一的管理平台，集成了供应商关系管理系统、供应链管理系统、客户关系管理系统，能够支持订单和生产信息传递、需求和销售信息传递，确保供应链的信息共享。

3.4.4　海尔集团

海尔集团创立于 1984 年，经过 28 年创业创新，从一家资不抵债、濒临倒闭的集体小厂发展成为全球大型家电第一品牌。2015 年，集团全球营业额 1887 亿，近十年收入复合增长率达 6%，利润 180 亿，同比增长 20%。海尔线上交易额达到 1577 亿，同比实现近 2 倍的增长，尤其互联网金融发展迅速，其平台交易额达到 700 多亿。海尔集团目前已从传统制造家电产品的企业转型为面向全社会孵化创客的平台。在互联网时代，海尔致力于成为互联网企业，颠覆传统企业自成体系的封闭系统，变成网络互联中的节点，互联互通各种资源，打造后电商时代基于用户价值交互的共创共赢生态圈，实现攸关各方的共赢增值。

在互联网 + 的背景下，海尔建立了“互联网 + 工业、互联网 + 商业、互联网 + 金融、互联网 + 居所、互联网 + 文化”等新型的商业模式。

（1）海尔构建了互联工厂

海尔的互联工厂拥有多项全球领先的技术，将用户的多种需求与高品质的产品完美融合，实现了用户个性化需求直达工厂实时互联。在智能化生产过程中，海尔首创了全自动智能化运输系统。该系统可以根据订单执行情况，自动识别生产线需要的物料并配送到位。自动化运输系统是通过线体和信息化技术，做到无人输送，所有工件不落地，智能精准分拣配送，杜绝错漏装和周转造成质量损伤，确保交给用户的产品是高质量的产品，形成了智能化的生产物流。

（2）海尔构建了智慧物流平台

海尔打造“互联网 + 商业”的商业模式，从传统的商业流通渠道转型为价值交互的双边平台，以物联网和物流服务为核心，构建物流服务社会化、专业化、信息化的流通平台。海尔已建立了集订单信息流、物流、资金流“三流合一”的 BI、GVS、LES、PLM、CRM、B2B、B2C 等系统，实现了全集团业务统一营销、采购、结算，并利用全球供应链资源搭建起全球采购配送网络，辅以支持流程和管理流程，以人单合一为主线实现了企业内外信息系统的集成和并发同步执行，实现内外协同——端到端流程可视化，从提供产品到提供服务，形成核心价值链的整合和高效运作模式。为了实现电子商务与物流配送一体化，提高第三方物流服务的订单执行效率，做到配送管理的全流程可控和监控，海尔搭建了智能、实时感知、互联的开放物流平台。运用智慧物流技术，改变了传统的运输配送管理，从派工送货变成在线抢单、获取用户资源的智能终端，改变了传统仓库的功能，从仓储管理变成 TC 超市，成为物流银行的网点，改变了物流的业务模式，从传统的第三方物流变成开放的物流平台，建立物流生态圈，实现了物流的自动化、可视化、可控化、智能化、网络化。

3.4.5 东风汽车

东风汽车有限公司是以汽车产业的核心——“整车与动力”为主业，主要从事东风系列轻型商用车、东风康明斯系列柴油发动机的开发、设计、制造和销售业务。东风汽车一直重视信息化建设。为了更好地发挥自身优势，实现整车物流管理的信息化，东风汽车有限公司实施了整车物流管理解决方案。

整车物流解决方案是在东风汽车公司 ES/1Logistics 产品的强大物流管理系统基础上，运用 ES/1 开发平台开发的整车物流管理解决方案。该方案以整车仓储自动化管理、智能运输管理为中心，涵盖汽车的生产管理、库存管理、销售管理和财务管理，并可向 ES/1Logistics 和 ES/1Manufacturing 任意扩展，形成汽车行业的供应链管理整体解决方案。

（1）建立了自动化仓储管理系统

所有车辆采用条码管理，车辆入库和出库管理全部通过条码扫描实现。车辆入库扫描后依据规则设定系统自动产生和打印入库建议单，驾驶员完全依据入库建议单指定的库位即可入库，无须人工干预，入库建议自动根据设定库位优先级来寻找库位，保证车辆放置紧凑有序；车辆出库是根据先进先出原则，系统自动根据车辆入库时间先后顺序给出所要出库车型的出库建议，驾驶员根据出库建议按顺序领取车钥匙并提车，出库时扫描出库单条码和整车的条码，自动对应收货单位和所提车辆信息。

（2）建立了智能运输管理系统

运单管理可以跟踪每辆车的在途情况，以及检查车辆实际到达目的地和返回公司的日期是否符合系统计算出的日期要求。

（3）建立了电子化的订单管理系统

采用适合汽车行业的重复生产模式来管理生产作业的进度计划，并通过此计划自动生成车型与底盘号的对应关系，不需要人工维护。

通过全方位的条码扫描替代人工录入来管理所有仓库库存，实现根据规则自动建议入库位置、自动建议出库位置，达到最大化利用仓储空间和避免库区内倒车的管理效果，并通过库间倒车跟踪和长途运输跟踪来控制车辆运输时间和避免车辆损失，从而大大提高汽车行业整车物流的管理水平，减少庞大的管理费用。

3.4.6 联想集团

联想集团是一家在信息产业内多元化发展的大型企业集团，是富有创新性的国际化的科技公司。从1996年开始，联想计算机销量一直位居中国国内市场地位；2004年，联想集团收购IBM公司PC（Personal computer）事业部；2013年，联想计算机销售量跃居世界第一，成为全球最大的PC生产厂商。2014年10月，联想集团完成对摩托罗拉移动的收购。2015年中国民营企业500强榜单显示，联想控股以2894.76亿元的营业收入位居榜首。

IT行业的特点及联想的快速发展，促使联想不断加强与完善信息系统建设，以信息流带动物流。联想集团在原材料采购、产品生产制造到产品配送的整个物流过程中，信息流贯穿始终，带动物流运作，物流系统构建在信息系统之上，物流的每个环节都在信息系统的掌控之下。信息流与物流紧密结合是联想物流系统的最大特点，也是物流系统高效运作的前提条件。

经过多年努力，联想集团已经形成了一套完整的物流信息系统，在采购、生产、成品配送等环节实现了物流与信息流实时互动与无缝对接。联想北京生产厂自动化立体库采用了计算机零部件自动入库系统，供应商按联想综合计划系统提出的要货计划备好货后，送到联想生产厂自动化立体库，立体库自动收货、入库、上架。

联想集团北京生产厂生产线管理控制室的控制系统对联想计算机生产线的流程进行控制，并根据生产情况及时向供货商或生产厂的自动化立体库发布物料需求计划。上述流程说明，联想集团通过高效率的信息管理系统与自动化的仓储设施，实现了在信息流带动下的高效率的物流作业。

3.4.7 中原石化

中国石化中原石油化工有限责任公司（简称中原石化）是由中国石油化工集团公司与河南省人民政府合资建设、中国石化股份公司控股的大型石化企业。公司共有10套生产装置，乙烯产能30万吨/年，丙烯17万吨/年，聚乙烯产能26万吨/年，聚丙烯产能17万吨/年。公司的主要产品为线性低密度聚乙烯产品、聚丙烯产品、纯苯产品、甲基叔丁基醚(MTBE)产品、氢气产品，以及碳六、碳九、混合苯2#等副产品。

（1）建设一套完整的管理信息平台

中原石化已经建设了一套完整的管理信息平台，该平台主要包括：

① 以ERP系统为核心的经营管理系统，可以有效支撑公司经营管理工作开展，实现信息、物流、资金三流合一，业务高效协同运作。

② 以MES系统为中心的生产运营系统，全面覆盖生产执行、设备监管、安全环保、质量跟踪、调度指挥等各个专业领域，为高效、科学优化组织生产活动，提供有效的信息化手段。

③ 建有桌面管理系统、网管系统、防病毒系统等基础设施与运维平台，确保作为企业神经系统的各个信息系统稳健运行。

（2）加强危险品的信息化管理

为了对危险品收发货过程进行管控，中原石化对原有系统进行升级改造，加强了危险品的信息化管理，实现危险品的全过程业务协同、高效顺畅、透明化、精细化、痕迹化。

① 建设危险品的信息化管理的出发点。从信息完整性考虑，本着细化完善的原则，对不同环节的工作细化记录、保留留痕；从操作方面，本着简化、集成、减负的原则，通过程序开发统一操作平台和操作界面，最大限度实现不同岗位的单点操作、集成共享；从管理应用方面，本着信息及时、准确、清晰展示、灵活检索筛选、关键预警的原则，方便多视角查询利用；在项目组织方面，组织各相关单位充分做好前期业务情景及改进模式讨论、梳理，充分做好应用测试验证。

② 建设危险品收发货全程统一平台。建设在线管理平台的作用，一是信息内容细化增加 30 余项，贯穿公司 5 个部门 8 个现场工作岗位的工作环节，实现信息化、痕迹化、透明化，提高了业务衔接的紧密度、工序规范度和工作效率。二是危险品车辆厂内运行状态、业务执行进程、执行人员实时更新、受控，进、出厂及厂内滞留时间明了，增强了安防管控能力。三是建立报表界面，改进、完善查询功能，信息便捷共享、口径统一，替代各个操作层面多套手工台账，精简部门间统计、核对、纠偏和报表传递工作，提高月结工作效率。四是兼备单据详情视图，线上线下单据信息同步确认、流转，防舞弊、双保险。五是细化在线分工和权限控制，各司其职。六是为采购收货、计划执行跟踪和流转周期分析提供可靠依据，便于业务管理与组织精细化。七是为收发货执行岗位“单车核算”过程监督提供实时、必要的计量数据支撑（卸车前对比审验装车单和厂内计量的车辆计量毛重，卸车后比对计量皮重，以防作弊或未卸空），利于事中控制。八是为监察部门和管理层提供了掌握现场的窗口和工具，风险防控更加有效。

③整合贯穿系统、业务和信息流。通过系统间集成开发，将 MES 系统、ERP 系统、衡器系统三方面业务信息和数据实时共享、单点录入、统一标准、精确匹配，真正形成以业务和管理为核心主线的一体化管理。它解决了 MES 系统进出厂计量信息滞后、明显影响生产平衡的问题，同时实现了 ERP 系统中物料收发货信息实时更新，保证了账实相符，避免信息断链相互影响的问题，提高 ERP 生产日跟踪和成本核算的及时准确，填补了储运部门装卸车核算信息的缺口。

在线流程化管理可以做到：第一，在线流程化、痕迹化、实时记录，实现了操作规范化和管理精细化，使得业务规范管理制度、内控制度得以具体落实；第二，业务流程清晰，业务进程可量化，信息透明，为提高原料收货计划的有序组织、运转周期的科学分析、统筹协调供货调配、及时跟踪业务进程提供有效支撑；第三，实时体现厂内危险品车辆的进程、数量，安全系数和可掌控度大大提高，使得危险品车辆安全管理具体化。

中原石化通过物流信息化手段，对危险品进行全过程的监管，保证了危险品的仓储、分装、运输等物流活动的安全性，有效控制经营风险。

3.4.8　蒙牛集团

蒙牛乳业集团是中国生产牛奶、酸奶和乳制品的领头企业之一，企业总资产达 76 亿元，乳制品年生产能力 500 万吨，主营业务收入持续增长，2014 年突破 500 亿元，如图 3-11 所示。

随着生产规模的不断扩大，自 2002 年起，蒙牛乳业集团开始采用自动化立体仓库，提高仓储容量与物流管理水平，在全国范围内共拥有 20 多座立体仓库。其中，2007 年投入使用的六期工厂的物流系统项目，以规模巨大和高度自动化受到业界的广泛关注。

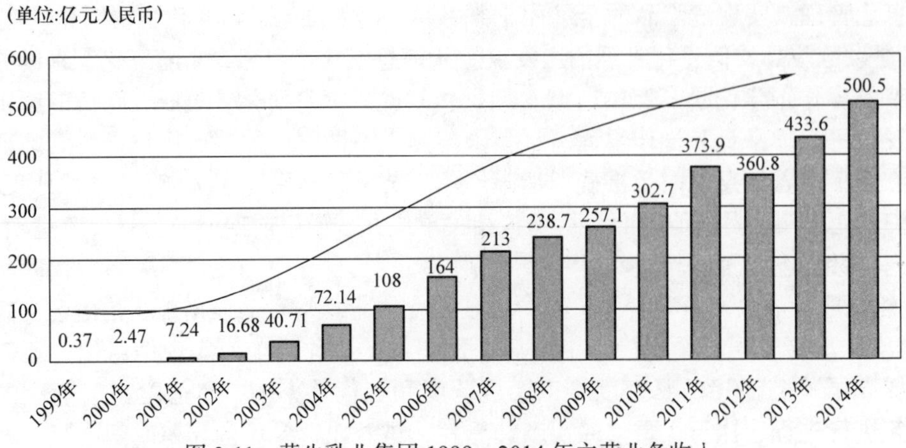

图 3-11 蒙牛乳业集团 1999—2014 年主营业务收入

2007 年，蒙牛乳业集团在总部建设了国内规模最大，科技含量最高，集生产、科研、培训于一体的大型现代化液体奶生产厂。该项目主体工程投资 10 亿元，主车间 4.77 万平方米，拥有 22 条生产线，日产鲜奶 2000 吨，由中央控制系统指令各种设备，自动完成从收奶到产品出库的全过程。与六期工厂项目相配套的物流系统，集成了自动仓库系统 AS/RS、空中悬挂输送系统、码垛机器人、环行穿梭车、直线穿梭车、自动导引运输车 AGV、自动整形机、自动薄膜缠绕机、液压升降台、货架穿梭板、连续提升机以及多种类型的输送机等众多自动化物流设备，是迄今国内乳业自动化程度最高、最先进的物流系统。

蒙牛六期物流系统主要服务于常温液体奶的生产、储存、发货，按照功能设计划分为生产区、入库区、储存区和出库区等，由计算机统一对整个物流流程实行自动化管理。六期项目共设置 22 条生产线，包括 10 条利乐 22 型机（3 条苗条型、7 条标准型）和 12 条康美机（5 条苗条型、7 条标准型），生产能力为 1800 吨 /20 小时，出库量为 5000 吨 /22 小时。按照规定，来自灌装车间的产品入库量约为 110 托盘 / 小时，出库需分拆量为 30 托盘 / 小时。

在物流系统规划过程中，蒙牛集团不仅对处理量提出了很高的要求，更重要的是要求实现从牛奶生产到成品最后出库装车发运全过程的无人化作业，其中包括成品入出库、原辅料及包材的输送等所有物流作业环节。为实现从生产到出库流程的无人化作业，蒙牛六期的物流系统由成品全自动立体库及输送系统、内包材自动化立体库及输送系统、辅料自动输送系统以及贯穿这三个子系统的计算机管理系统组成。其中，成品自动立体库及输送系统从生产车间内的产品封箱后起，至出库区穿梭车后辊筒式输送机（装车前），实现成品存储与出库操作，以及空托盘的存储；内包材自动化立体库及输送系统从内包材经人工码垛后用叉车将托盘运至入库输送线起，至所有内包材被送到生产车间的使用点（包括空托盘回库），内包材库存放的是和牛奶直接接触的包材（包括纸卷和纸盒），对库房内的洁净度有一定的要求，采用自动化立体库储存，内包材库还具有包材外调和空托盘外出的功能；辅料自动输送系统系人工将辅料放置到自动搬运悬挂车起，至辅料被准确送到车间辅料位置。辅料库位于生产车间外马路对面，空中长廊底标高 5 米，空中长度 30 米，为驶入式库房，用于存放纸箱和吸管；计算机监控和管理系统可以实现对成品自动化库、内包材自动化库和辅料库的统一管理。

蒙牛六期物流系统在信息管理控制系统和物流设备应用方面有如下创新：

① 在控制系统方面，实现了生产物流与多库存储物流的统一调度管理。物流中心高度自动化要求对成品自动化库、内包材自动化库、辅料库进行多库统一调度和管理，建立了包括仓储物流信息管理系统、自动化库房控制与监控系统和自动化库房控制执行系统等在内的信息控制系统，实现了生产物流与包装的自动化控制，生产与存储的统一管理调度，以及多库存储与生产物流的统筹管理等。

② 在物流设备应用方面，运用了多种先进高效的自动化设备，包括自动化程度较高的 AGV 和空中悬挂输送系统。例如在内包材出库环节引入了 AGV，从根本上实现了真正的自动化搬运。据了解，在其他项目的立体库中，内包材搬运作业多由计算机控制堆垛机使货物下架，由轨道出库。相比之下，AGV 的应用使运输系统实现了完全的智能化，大大提高了工作效率，降低了人力成本。

3.5　本章小结

本章以制造业及其分类作为切入点，界定了制造业、制造业物流和制造业物流信息化的内涵，分析和研究了制造业物流和制造业物流信息化的发展现状及其趋势，并对国内外大型制造企业物流信息化建设的典型案例进行了剖析。

制造业物流是从采购到生产，再到最终将产品销售出去这一过程中所涉及的所有物流活动的总和。制造业物流系统是由采购物流子系统、生产物流子系统、销售物流子系统以及物流信息系统组成的系统。

我国制造业物流经历了自营物流、初级物流外包和制造业与物流业融合三个发展阶段。目前制造业物流已经成为拉动我国社会物流总额增长的主要力量，制造业物流规模不断扩大，需求结构不断优化，物流外包比例不断扩大，物流成本总体偏高。未来制造业物流将向着供应链物流一体化的方向发展，制造业与物流业将进一步协同发展，智能制造与智能物流深度融合将推动制造业物流智能化发展。

制造业物流信息化是物流信息化的重要基础。制造业物流信息化涵盖制造企业物流信息化和制造业供应链物流信息化。从我国目前制造业物流信息化的发展来看，主要是物流信息技术和物流系统在制造企业的应用，并未形成完整的制造业供应链物流信息化。因此在制造业物流信息化发展过程中需要整合物流企业和制造企业的资源，加强制造业物流信息平台的建设。

第4章

制造业物流信息平台理论研究

本章从相关概念的界定入手，对制造业物流信息平台的构建理论进行研究。制造业物流信息平台是面向制造业供应链的物流公共信息平台，它基于产业联动理论、供应链协同理论、系统集成理论进行构建。因此上述三大理论成为制造业物流信息平台的构建理论。

4.1 基本概念界定

4.1.1 物流公共信息平台的概念和内涵

(1) 物流公共信息平台的概念

根据2008年发布的国家标准《物流公共信息平台应用开发指南》(GB/T 22263.2—2008)，物流公共信息平台是指基于计算机通信网络技术，提供物流信息、技术、设备等资源共享服务的信息平台。具体地说，物流公共信息平台是运用现代的信息技术、计算机技术、通信技术，整合物流行业相关的信息资源，系统地采集、加工、传送、储存、交换企业内外的物流信息，从而达到整个社会物流信息的高效传递与共享。

物流公共信息平台的本质在于为企业提供单个企业无法完成的基础资料收集，并对其进行加工处理；为政府相关部门公用信息的流动提供支撑环境。通过共用信息平台保障物流信息的畅通，能够整合现有企业物流信息资源，优化行业物流运作，从而实现社会物流系统整体效益的最大化。

(2) 物流公共信息平台的内涵

我们可以从以下两个方面来理解物流公共信息平台的内涵：

第一，物流信息平台担负信息系统中公用信息的中转功能，承担数据采集的各子系统按一定规则将公用数据发送给信息平台，由信息平台进行规范化处理后加以存储，根据需求规划或者子系统的请求，采用规范格式将数据发送出去。它使得相互分离独立的、异构的数据集成在一起，降低应用系统的安装和运营费用，而且可以提供增值服务。

第二，物流信息平台是数据资源库（企业或行业可以获取的集成的、综合性数据，分散于相关企业或行业中）、数据资源指南（数据定位与排序）、公用数据结构、数据共享机制的结合体。

物流公共信息平台是一个物流信息化、网络化和物流信息网络建设实践相结合的产物，是物流网络的前端窗口，因此它具有公共性、开放性、共享性的特点。

4.1.2　制造业物流信息平台的概念和内涵

（1）制造业物流信息平台的概念

“制造业物流信息平台”目前还没有明确的定义。我们可以从以下三个角度来界定制造业物流信息平台的概念。

① 从字面的角度，制造业物流信息平台是由制造业物流、信息、平台三个词语构成。

第一，制造业物流是制造企业由原材料采购、产品生产、成品储存、产品运输、产品销售、售后服务等一系列生产销售活动所产生的物品流动、信息流通、资金移动的过程，是制造业物流信息平台产生的原因，是平台需求的来源，是平台业务的主体，是平台服务的对象，是平台存在的核心。

第二，信息是指音讯、消息，在通信和控制系统中信息是一种普遍存在的形式，它具有可识别性、传载性、共享性、重用性、时效性、能动性的特点。信息是制造业物流信息平台的技术手段，是平台服务的载体，是平台的本质与灵魂。平台上所有的有形产品和无形服务都是信息的物化，信息蕴含了平台建设、运营的方法论，信息技术是平台建设的基础。

第三，平台是一类特殊的系统，特指计算机硬件或软件的操作环境，也泛指进行某项工作所需要的环境或条件。制造业物流信息平台实质上是存在于虚拟的互联网络空间的一个物流服务交易的场所，这个空间引导和促使制造企业与物流企业、制造企业与供应企业、制造企业与销售企业进行物流服务交易。

② 从制造业物流的角度，制造业物流信息平台是供应链物流集成平台。

制造业物流实质上是供应链物流，它贯穿制造业供应链的全过程，与制造业生产过程密切相关，是与社会物流分工协作。制造业物流信息平台是在供应链协同的基础上，集成制造业供应链成员各方的信息，进行信息传递与共享，是制造业物流供应链集成平台。

③ 从物流公共信息平台的角度，制造业物流信息平台属于物流公共信息平台的范畴。

制造业物流信息平台是物流公共信息平台的一个分支，具有物流公共信息平台属性，具有整合供应链各环节的物流信息、物流监管、物流技术和物流设备等资源，面向供应链用户提供信息服务、管理服务、技术服务和交易服务的特点。

综上所述，本书认为：制造业物流信息平台是面向制造业供应链全过程，运用计算机网络技术、通信技术和物联网技术，连接供应链上下游企业，整合制造业供应链的物流信息资源，对供应链的物流信息进行采集、加工、传输、储存、交换的公共信息平台。

（2）制造业物流信息平台的内涵

从不同的角度认识和理解制造业物流信息平台，是构建和运营平台的基础。

我们可以从五个方面来理解制造业物流信息平台的内涵：

①制造业物流信息平台是面向制造业供应链过程。

制造业物流贯穿整个供应链的全过程，供应链上下游企业需要通过一个开放的平台进行信息集成和共享。制造业物流信息平台是供应链成员共同使用的公共品，是一种基于信息技术的协调架构，通过信息技术和信息系统，实现供应链信息集成、物流服务交易的协调。

② 制造业物流信息平台是以整合制造业供应链信息资源为基础，消除信息孤岛。

信息资源整合的目的是提高信息资源社会化程度，实现信息资源共享。随着制造业信息化和物流信息化的推进，制造业供应链上的成员企业（无论是制造企业，还是物流企业）都建立了各自的信息系统，这些信息系统都是各自为政，局限于业务链条的延伸，企业之间的信息不能互通互联，形成了一个个信息孤岛。建立制造业物流信息平台就是要打破原有供应链上各相关企业之间的利益格局形成的业务壁垒，消除信息孤岛，实现商流、物流、信息流的有效传递和交互。因此制造业物流信息平台的基础在于资源整合。

③ 制造业物流信息平台是通过信息技术实现信息集成与信息共享。

制造业物流信息平台是以制造业供应链上企业为资源主体，借助信息化手段将链上的企业信息系统连接起来，对信息进行加工和集成，通过一系列物流标准和信息技术标准，实现信息的交互与共享。这是制造业物流信息平台与传统信息系统之间的最大区别。

④ 制造业物流信息平台具有开放性和中立性。

制造业物流信息平台实质上是一个公共信息平台，它连接制造业物流服务供应链的各个企业，企业之间的关系是聚依赖性、顺序依赖性和交互依赖性的集合，从而呈现出共生网络形态。而对于共生网络来说，开放性和中立性是吸引各类企业参与的重要因素。因此制造业物流信息平台表现为共生网络，具有开放性和独立性。

⑤ 制造业物流信息平台是以提供服务为目的。

制造业物流信息平台作为一个公共的、开放的、新型的信息技术应用形态，其价值取决于为用户所创造的价值和平台所拥有的用户数量。制造业物流信息平台的服务模式直接影响着用户使用平台所获得的收益。因此提供优质的、多样化的服务是制造业物流信息平台生存和发展的前提。

因此制造业物流信息平台是以制造业供应链为主线，在整合供应链信息资源的基础上，通过信息技术手段实现信息集成与信息共享，目的是为平台用户提供供应链全流程的物流服务。

4.2　产业联动理论

4.2.1　产业联动

（1）联动的概念和特征

字典里对“联动”的解释是：联是联结、联系、联合，动是变动、波动。因此，联动是指基于联结关系而发生的联合变动，即相互联系的主体之间，一个发生了变动会引起另一个随之发生改变。

联动具有两个特征：

① 联系。联系强调产业间的内在联系结构，是联动的基础。

② 互动。互动是一种对象之间由于相互作用彼此发生改变的过程。互动强调两个方面：第一，多个主体之间沟通与回应的主动积极性，需要每个对象都做出主动沟通和积极回应的行为，单方面的行为往往效能很有限；第二，以多个主体的各自既定条件为行为前提，互动的进程和效果直接受到双方各自基础条件的制约。

（2）产业联动的概念和特征

所谓产业联动，是指产业之间互补、合作与相互作用的关系或者以产业关联为基础，在产业链同一环节或不同环节企业之间进行的产业协作活动。

产业联动具有三个特征：

① 产业联动会形成具有中间性的网络组织，企业是产业联动的主体，产业联动体现出竞争与合作并存的关系。

② 产业联动中凸显出区域的特征，区域的产业集群是产业联动的重要载体。

③ 产业联动是一个动态、复杂的发展过程，是对产业联动经济效益和成本不断进行权衡的结果。

产业联动的本质是获得双赢的经济效益，通过产业联动可以促进产业链不同环节的沟通，加快产业链上产品、技术、知识的传递，从而提高产业链的运作效率。同时，通过产业联动，企业可以获取具有中间稳定的原料并提高产品的附加值，降低经营风险和交易费用。此外，产业联动为区域的产业扩张以及区域经济的可持续发展提供了基本思路。产业联动发展从数量上可以分为区域内部的产业联动发展和不同区域间相同产业或不同产业之间的联动发展。

4.2.2　基于价值链嵌入的制造业与物流业联动发展

（1）制造业与物流业联动关系

制造业与物流业联动是制造业与物流业互相介入对方企业的管理、组织、计划、运作、控制等过程，共同追求资源集约化经营与企业整体优化的协同合作方式。其内在关系表现为：物流业作为生产性服务业，是制造业重要的中间投入，二者存在着互为服务对象、互为生产要素的密切关系。制造业作为物流服务的需求方，将制造业供应链中的采购物流、生产物流、销售物流外包给物流业；物流业作为物流服务的供给方，为制造业提供功能性物流服务、增值性物流服务、个性化物流服务和集成性物流服务。制造业通过物流外包，提高了制造企业的核心竞争力，降低了物流成本；物流业通过为制造业提供物流服务，提高了物流专业化水平，二者之间相互制约、相互促进。制造业与物流业的联动关系如图 4-1 所示。

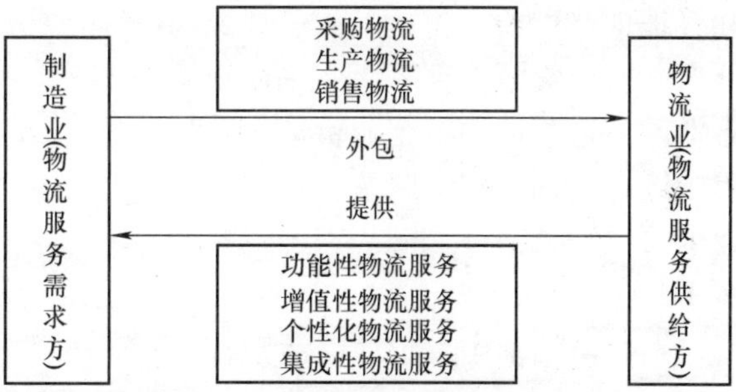

图 4-1　制造业与物流业联动关系图

（2）制造业与物流业联动发展

制造业与物流业联动发展属于产业联动的范畴。制造业与物流业联动发展是指以制造业与物流业的产业联动为基础，将制造业的物流业务与物流企业的物流运作联合起来，进行产业协作的活动，共同促进双方的发展。

制造业与物流业联动发展可以从以下四个方面来理解。

① 联动发展的主体是企业。产业联动可以指企业之间的联动，也可以指产业之间或区域之间的联动。虽然产业联动经常涉及企业、产业部门、地方政府等利益主体，产业政策也对产业联动行为有重要影响，能够产生阻碍或推动作用，但产业联动最终还是表现为企业之间的合作，或企业内部不同部门之间的协作。只有企业的产业联动才是深入、稳定和长久的合作关系。

② 联动发展的基础是产业关联和产业分工，其本质上是社会分工专业化的体现。制

造企业存在物流活动，物流企业运作物流业务，二者之间相互依存，存在大量的物资、信息、资金等方面的交换关系，形成一个价值增值过程。联动发展能够在两个产业之间产生较好的协同效应，促进产业分工的快速发展，提高产业链的运作效率，加速推进我国制造业与物流业的转型和升级。

③ 联动发展的动力是供应链运作方式。供应链运作方式是联动发展的主要动力。供应链的出现使得企业之间的竞争不再是单个企业的竞争，而是供应链之间的竞争，此制造企业越来越强调利用供应链运作方式提高自身的竞争力。物流企业与制造企业实施联动发展，有利于提高制造企业的运作效率，提升服务水平，提高供应链的整体竞争力。因此，物流企业要与制造企业共同决策，介入制造企业的供应链，提高联动的层次和水平，实施较好的协同效应。

④ 联动发展的目的是提高制造业的核心竞争力。高质量的物流服务能够降低企业的运营成本，提高制造业生产效率，提高物流业服务水平，最终使制造业与物流业协调发展。因此联动发展的本质是实现共赢。

（3）价值链理论和嵌入性理论

① 价值链理论。迈克尔·波特（Michael Porter）把企业的价值创造活动分为基本活动和支持性活动。其中，基本活动是通过实现产品的功能直接创造价值，包括进料后勤、生产、发货后勤、销售、售后服务等活动；支持性活动是通过专业化管理提高基本活动的效率间接地创造价值，包括采购、研究与开发、人力资源管理和企业基础设施等活动。这些活动在企业价值创造过程中既有区别又相互联系，构成了企业价值链（Value Chain），如图 4-2 所示。

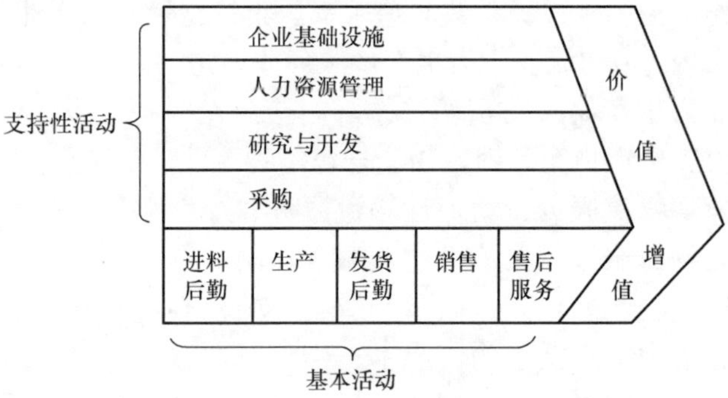

图 4-2　价值链构成

在经济活动中，价值链活动存在于各个环节中，产业链上下游的企业与企业之间存在着行业价值链；企业内部各业务单元之间的各种联系构成了企业的价值链，企业内部各业务单元之间存在着价值链。价值链上的每一项价值活动都会对企业价值目标的实现产生影响。价值链理论说明企业与企业的竞争是整个价值链的竞争，整个价值链的综合竞争力决定一个行业或者企业的综合竞争力。

② 嵌入性理论。这是新经济社会学研究的一个核心理论。Polanyi 提出“嵌入性”（Embeddedness）的概念，并用它来分析经济体系与社会体系的关系，提出了两大体系的嵌入性关系问题。Polanyi 的嵌入性理论对经济社会学研究产生了深远的影响。Granovetter 重新阐述了“嵌入性”的概念，研究了社会网络对经济行为的影响，认为经济行为适度嵌入在社会网络中，提出了适度社会化的嵌入性，并将其分为关系嵌入性（Relational Embeddedness）和结构嵌入性（Structural Embeddedness）两种类型。关系嵌入性是企业经济行为嵌入或缠结于与他人互惠而形成的关系网络中，并受其影响和决定，更注重彼此的互动过程，各成员通过与其他成员的联结，分享更多的信息和知识；结构嵌入性则是企

业作为网络节点在社会网络中的结构位置，企业嵌入形成网络密度的程度，更注重关注企业作为网络节点在社会网络中的结构位置。Granovetter 对嵌入性理论的完善与发展，为经济社会学研究提供了一个清晰的分析框架。

随着嵌入性理论研究的逐步深入，嵌入性理论已逐渐形成了较为完整的理论体系，越来越多地应用于社会学、经济学领域，研究的视角也逐步从社会、经济的宏观层面延伸到产业和企业的中微观层面。

在产业链上，物流企业与制造企业基于供需和互补性建立合作关系，两者存在着嵌入性。这种嵌入性体现在物流服务嵌入制造业的价值链网络中，物流企业与制造企业在价值链上产生互动以及由此形成相互促进的协同关系。

（4）物流服务嵌入制造业价值链的机理分析

机理有两种解释：一是指为实现某一特定功能，一定的系统结构中各要素的内在工作方式以及诸要素在一定环境条件下相互联系、相互作用的运行规则和原理。另一种是指事物变化的理由。

物流服务嵌入制造业价值链的机理是指物流服务嵌入到制造业价值链中的基本活动和支持性活动的基本原理。

物流服务作为制造业价值链上的非核心业务环节，从制造业中分离出来。随着专业化水平和运营效率的不断提高，根据制造业价值链各个环节的需求，物流服务又重新嵌入制造业价值链中，与制造业价值链动态匹配。物流服务以关系性嵌入和结构性嵌入两种方式嵌入制造业价值链中，如图 4-3 所示。

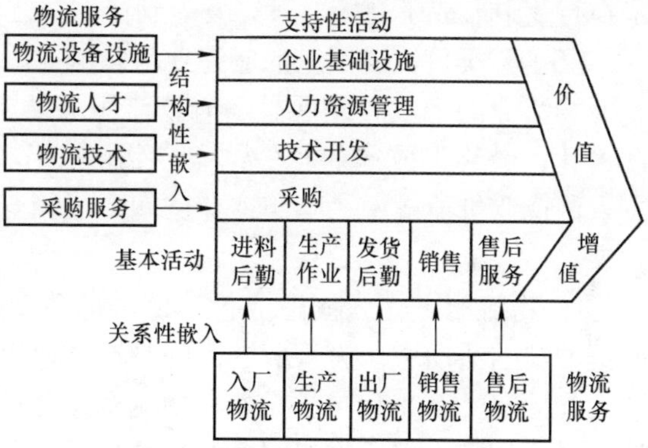

图 4-3　物流服务嵌入制造业价值链

① 物流服务关系性嵌入制造业价值链的基本活动。关系性嵌入主要是描述物流企业与制造企业在价值链上的相互关系。随着物流服务外包的不断扩大，物流服务已经嵌入制造业价值链的入厂、生产、出厂、销售、售后服务等基本活动中。在入厂环节，物流企业根据制造企业的使用需求，将原材料和零部件保质保量、准时送达企业；在生产环节，根据制造企业的生产需求，在企业内部进行产品和半成品的运输与配送、分拣、包装等物流活动；在出厂和销售环节，物流企业参与流通加工和产品的运输与配送；在售后服务环节，物流企业参与产品的储存和配送。

物流服务关系性嵌入制造业价值链的基础活动中，一方面，提供专业化的物流服务，实现时间效用、空间效用、形质效用三大物流效用功能，使制造业的生产经营活动更具有连续性和协调性；另一方面，物流企业在提供物流服务过程中，与制造业产业链上的企业之间形成社会网络关系，随着企业之间互动频率和互惠交换的增加，逐步建立起一种以信任机制为基础的紧密联系，社会网络关系更加稳固，信息交流更加顺畅，更容易形成战略合作伙伴关系。

② 物流服务结构性嵌入制造业价值链的支持性活动。结构性嵌入主要是描述物流企业

与制造企业在价值链上互动而形成的网络关系。物流企业是制造业价值链中联系生产和消费的纽带，与制造业价值链的其他企业建立起高密度的社会网络关系。

在制造业价值链上，制造企业与物流企业通过合作建立了社会网络关系，两者的合作是一个渐进的过程。起初制造企业与物流企业是相互独立的，物流企业只是提供单一功能的物流服务，不参与企业的组织管理。随着物流企业与制造企业之间合作的不断深入，物流企业为制造企业提供的物流服务逐步向集成性的物流服务方向发展，物流企业参与到制造企业的管理职能中。物流企业根据制造企业的物流需求，设计一体化物流方案，进行物流管理咨询与企业人员培训、物流工作的组织与协调，提供专业化的物流设备设施、物流技术和采购服务等。物流企业通过物流人力资本、物流技术资本和物流设备设施投入，为制造企业提供更专业化的物流服务，提高物流服务的供给水平，提高制造企业的生产效率，物流服务结构性地嵌入制造业价值链的支持性活动中。在这个过程中，物流企业与制造企业以及制造业价值链上的其他企业建立了社会网络关系，并在其构建的社会网络中逐渐占有优势地位，获得更多的社会资本。由于物流企业自身物流能力的差异，所提供的物流服务不同（如功能性物流服务、增值性物流服务、个性化物流服务、集成性物流服务），嵌入的组织管理网络密度也不同。

物流服务嵌入制造业价值链中，是从微观的企业之间业务流程和组织管理开始的，逐步在行业中形成了规模，最终发展到产业链之间的嵌入和产业之间的互动与融合。

（5）基于价值链嵌入的制造业与物流业联动发展

物流业的形成与发展是随着物流服务从制造业价值链中分离，不断社会化、专业化、规模化，最终形成产业化的结果。物流业作为制造业物流服务的供给方，通过物流服务嵌入制造业价值链中，与制造业之间形成相互依赖、相互促进的互动关系，在互动中共同发展。

① 物流服务嵌入制造业价值链，推动制造业发展。物流服务关系性地嵌入制造业价值链的基础活动中，为价值链上的制造企业提供物流服务。由于在价值链的每个环节集聚了大量的同类企业和同类业务，物流企业通过合并同类企业的同类物流业务，获得规模经济，降低物流成本；物流服务结构性地嵌入制造业价值链的支持性活动中，物流企业通过向制造企业输出物流人力资源、物流技术、物流设备设施，提供更专业化的物流服务，提高物流服务质量。两者共同作用的结果是提高制造业效率，增加制造业价值链利润，推动制造业发展。

② 制造业升级促使物流服务创新，带动物流业发展。制造业发展产生了巨大的物流需求，物流外包的数量和种类大幅增加，促使物流业扩大物流服务的规模，进行物流服务模式转变。物流服务规模不断扩大，规模效应愈加明显；物流服务种类不断增加，物流服务模式必须由功能性、单一性的服务向集成性、一体化的服务转变，提高物流业集约化和柔性化水平，拉动物流业发展。

随着制造业向智能制造转型升级，对物流服务也提出更高更新的要求，要求建立与智能制造相匹配的物流系统。这些要求包括物流服务网络要与制造业供应链网络相匹配，物流设施设备要满足制造业生产作业的标准化和自动化要求，物流信息系统要与制造企业生产管理系统对接，等等。在制造业转型升级的背景下，物流企业需要按照制造业智能化的要求优化现有的物流系统，进行物流服务创新，全面提升物流服务的网络化、物流环节和物流器具的标准化、物流系统的智能化，促进物流业向智能物流转型升级。

物流业的升级，带动物流服务专业化水平和服务效率的提高，高水平的物流服务嵌入制造业价值链中，又进一步支持制造业升级。因此制造业升级和物流服务外包与物流业升级和物流服务嵌入，形成了一个累计因果循环，如图 4-4 所示。

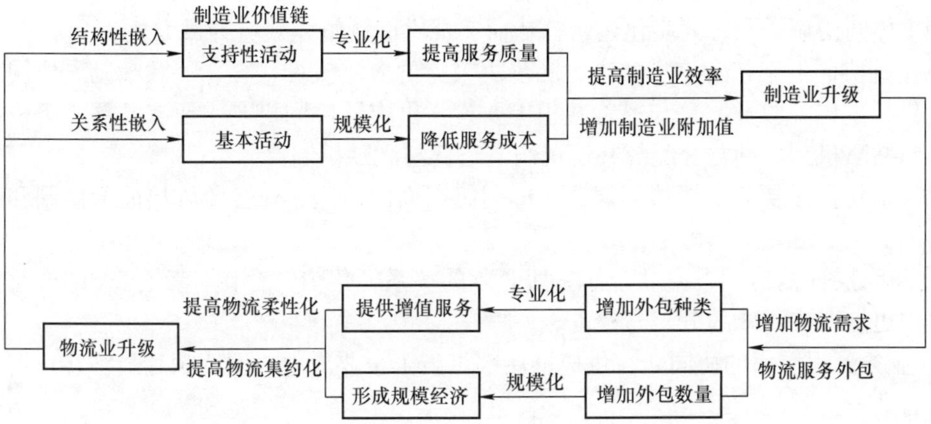

图 4-4　基于价值链嵌入的制造业与物流业互动升级

4.3　供应链协同理论

4.3.1　协同的内涵

“协同”一词在字典中有四种解释：第一，协调一致；第二，团结统一；第三，协助；第四，相互配合。无论哪种解释，“协同”一词都强调相互信任、相互协作，最终达到共赢。

“协同”概念最早由德国物理学家赫尔曼 · 哈肯（H.Haken）在 1971 年提出。在其创立的“协同论”中，“协同”是在外界的能量、物资交换的基础上，很多复杂的开放系统通过内部各个子系统或要素之间的相互作用，在宏观尺度上产生的有序的时间、空间或功能结构。

从协同学观点来看，“协同”即协调与合作。它是复杂系统内的多个子系统的相互协调、合作或同步的联合作用、集体行为。协同强调系统的整体性和相关性。自组织系统演化动力来自系统内部的两种相互作用：竞争和协同。子系统的竞争使系统趋于非平衡的状态，是系统进入自组织演化过程的前提。系统进入非平衡状态后，子系统间的协同作用会促使子系统中的某些作用因素趋势联合起来，并通过正反馈激励机制加以放大，从而使之占据优势地位，成为系统向高级有序演化发展的序参量，支配系统整体演化。

4.3.2　供应链协同

20 世纪 90 年代中期，咨询界和学术界正式提出供应链协同（Supply Chain Collaboration，SCC）概念。供应链管理专家 Anderson 和 Lee 在 1999 年 4 月发表的《协同供应链：新的前沿》中指出，协同供应链是新一代供应链发展的战略理念。我国亿博物流咨询公司总经理谢勤也指出，供应链协同是供应链管理的核心思想。

（1）供应链协同的内涵

随着供应链管理理论的兴起和研究的深入，学者分别从不同角度对供应链协同进行研究论述。从已有的研究来看，供应链协同目前仍没有一个统一的概念，但是学者们对其内涵达成了一些基本共识：供应链协同是供应链不同节点企业在信息共享的基础上，基于共同的战略目标，实施科学的经营管理流程，共同为客户创造产品和服务的行为。其核心在于不同主体间协调一致，同步化运营，从而实现供应链整体效益的最大化。

供应链协同框架包含信息共享、同步决策、供应链流程整合、一致激励、协同绩效体系、信任、承诺、收益共享与风险共担等要素。供应链协同机制主要有共同决策机制、信息沟通与共享机制、利益分配与补偿机制、信任与激励机制。

供应链协同主要有三个协同层次，即组织层面的协同、业务流程层面的协同和信息层面的协同。

① 组织层面的协同，由“合作—博弈”的关系转化为“合作—整合”，即彼此在供应链体系中更加明确清晰的分工与权责。

② 业务流程层面的协同。在供应链层次打破了企业界限，围绕满足最终客户需求这一核心进行业务流程的重组。

③ 信息层面的协同，通过信息技术实现供应链伙伴成员之间信息系统的集成，实现运营数据、市场数据等信息的实时共享与交流，从而实现伙伴间更快、更好地响应终端客户的需求。

（2）供应链协同的特点

① 信息共享。作为供应链协同的重点，信息共享能够为供应链节点企业之间快速决策、准确计划、精准控制做出了显著的贡献。共享的信息范围很广，基本上所有的数据都可以：原材料库存量、订单数据、预估材料需求、成品交付计划等。信息共享在企业的运营过程中所占地位是重中之重，所有的运营操作的关键环节都需要从企业的信息共享平台中获得，其中涉及：获取、加工、存放、扩散、订单情况、成本和绩效，通过互联网、ERP 系统等网络技术传送消费者需求信息、生产计划、工作流等实时数据。

② 协作激励。供应链核心企业在与其他节点企业进行合作时所共同承担成本、风险和共享利益的过程成为协作激励。协同节点之中的所有企业相互活动都必须依照同一个企业目标。在协同过程中，需要针对供应链的决策进行优化，同时共享真实可靠的数据信息。协作激励能够将所有企业的活动和效率都集合起来，这样一来，所有企业都为了一个共同的目的而加油鼓劲。

③ 协同决策。为了减少供应链中的总的运营成本，所有的节点企业所做出的合作和调配的过程就是供应链的决策协同。主要强调了时间、内容和之前所制定的决策是否具有相同性。在供应链企业中，通过开展会议、互联网等方式进行联系与协调工作，提高企业运营的效率，以实现决策协同为目的。

4.3.3 供应链信息协同

（1）信息协同

信息协同是指以业务和客户为中心，运用信息技术和管理技术有效地组织和利用伙伴成员之间的各种信息资源，实现信息的集成、实时共享和交流，消除伙伴成员之间的信息孤岛，快速、准确、高效地响应终端客户的需求。

信息协同主要包含两个方面的含义。

① 信息协同的实现需要以先进信息技术与管理技术为支持。

② 信息协同的最终结果是伙伴成员之间信息的实时共享与流动，消除信息孤岛，快速响应，最大限度地满足终端客户需求。

（2）供应链信息协同

供应链信息协同（Information coordination of supply chain）是指通过信息技术实现供应链节点企业间信息系统的集成，实现运营数据、市场数据等信息的实时、准确、高效共享和交流，从而使得供应链企业间能够更快、更好地响应终端客户需求。

供应链信息协同主要包含两个方面的含义。

① 充分利用当代信息技术实现供应链信息系统集成。信息技术是供应链实现信息协同的硬件基础，供应链信息平台是供应链信息协同的重要载体。

② 各种数据的实时共享和交流。在供应链上获得的各种信息，形成不同类型的数据，各类数据在供应链伙伴间进行畅通无阻的实时传递和交流，是供应链信息协同的前提条件。

（3）供应链信息协同的类型

供应链节点企业之间共享的信息主要包括：市场及客户信息、产品信息、供应商信息，以及各类管理信息等。根据信息的来源，供应链信息协同类型分为：供应信息协同、需求信息协同、物流信息协同、企业内部信息协同。供应信息协同指核心企业与其上游供应商充分共享信息，实现供应信息的协同价值；需求信息协同指核心企业与下游客户充分共享信息，实现需求信息的协同价值；物流信息协同是指供应链节点企业之间物料运输、仓储、配送等物流活动充分共享信息；企业内部信息协同是指核心企业内部的生产、销售、采购等职能部门间信息的充分交流与沟通，各职能部门基于信息进行高效的协调运作，提升企业运营效率。供应链信息协同类型见表 4-1。

表 4-1　供应链信息协同的类型

协同类型	协同目标	协同原因	协同内容
供应信息协同	密切与上游供应商之间协同合作伙伴关系，互利共赢	降低采购流程的不确定性、缩短采购周期	生产提前期、生产能力、响应时间、服务水平、产品设计要求、生产计划、产品品质
需求信息协同	更好地满足下游客户的需求，获得更多的客户价值	降低市场的波动性和需求的多样性给企业带来的损失	市场趋势、客户的产品及服务需求、客户关心的价值和成本
物流信息协同	通过跨功能的组织协调实现货物快速、准确地交付	提高物流效率，降低物流成本	运输信息、车辆信息、仓储信息、仓库信息、货物信息、物流费用信息
企业内部信息协同	实现企业内部各个职能部门之间的信息交流与沟通	提高企业运营管理的效率	生产计划信息、采购订单信息、供应商信息、销售信息

（4）供应链信息协同的特点

① 复杂性。供应链信息协同包括供应链节点企业之间的信息协同和企业内部各组织单元的信息协同，在不同层次不同主体所掌握的知识和业务类型都不尽相同，而且不同企业之间的信息传递类型也不同，不同组织人员受各自知识结构和个人偏好等因素影响，也会出现信息形式的不同。供应链信息协同的复杂性主要体现在承担信息的主体多样性和信息类型本身的复杂性。

② 交互性与实时性。供应链各节点企业、企业内部各组织、组织内部各成员之间，存在非结构化的信息交互。从供应链信息系统角度考虑，供应链异构系统之间、系统内不同模块之间信息交互频繁，不仅有静态和格式一致的数据，还有时效性很强的动态数据。供应链异地系统或异构系统传递数据量大，数据时效性高，需要系统实时快速反应。

4.3.4 物流信息协同

物流信息协同主要是指在物流系统中的物流信息协同和在整个供应链中的物流信息协同。

（1）物流系统的信息协同

将信息协同技术运用于物流系统中，能够使物流企业对整个物流过程进行实时监督与控制，对物流业务进行实时的协同管理，实现各物流业务之间信息交互与共享，保证各个物流环节之间的协调一致，使各物流环节之间、上下游物流环节之间协同运作。物流各环节之间的协同运作，能够满足物流企业高度集约化管理的信息需求，使物流企业能够提升客户服务水平，提高企业的运营效率。

（2）物流服务供应链的信息协同

供应链物流信息协同的最终目标是实现物流服务供应链总体资源配置的最优化。将信息协同技术应用于物流服务供应链，能够使物流企业、供应商、生产商、分销商、零售商和客户等业务主体，通过不同信息的集成与共享，实现物流服务供应链主体的协同和业务的整合与优化，从而实现物流服务供应链整体运作的最优化。

4.4 系统集成理论

系统集成的本质就是最优化的综合统筹设计，系统集成技术包括计算机软件、硬件、操作系统技术、数据库技术、网络通信技术等的集成。系统集成所要达到的目标是整体性能最优，即所有部件和成分合在一起后不但能工作，而且全系统是低成本的、高效率的、性能匀称的、可扩充和可维护的系统。

4.4.1 系统模型构建体系

（1）初始建模体系

初始建模体系是借鉴 GIM（GRAI 集成方法论）的建模框架和参考体系结构，GIM 建模框架的特色是通用性和开放性。它提供了在同一框架内定义多种参考体系结构的可能性，如图 4-5 所示。

系统集成模型的建模体系由视图、生命周期和抽象层次三维组成。其中，抽象层次维包括概念、逻辑和实现三个层次，生命周期维分为需求定义、详细设计和技术实施阶段。视图维由资源、信息、过程、服务四个视图组成。通过三维框架的引导，可以快速地对系统的各个方面进行建模。

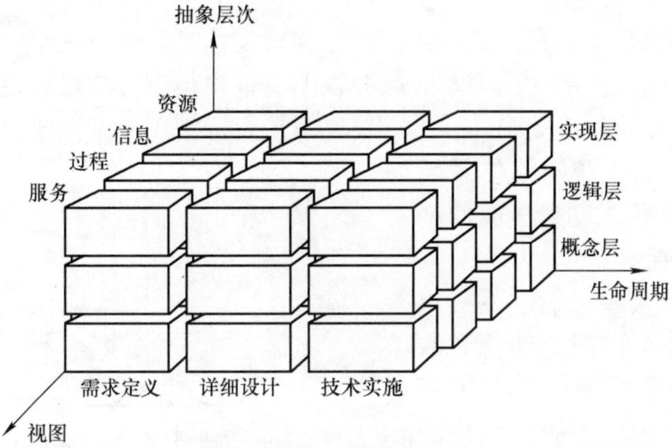

图 4-5　初始系统建模体系

（2）生命周期维与抽象层次维集成后的系统建模体系

① 概念层。概念模型是对现实世界中系统的抽象，它描述了系统的主要特征，是该系统本质的反映。但是，概念模型是用户观点的，应用领域知识和经验的，是从用户的角度对系统的结构、活动和功能的描述。概念模型是需求分析阶段的产物。

② 逻辑层。逻辑模型是系统内部逻辑结构的描述，从本质上说，它是系统概念模型的计算机观点的描述，是现实世界的信息处理过程在计算机世界的逻辑映射。逻辑模型描述了系统中信息的所有细节以及这些信息的相互关系，描述了对这些信息的操作以及信息的输入、输出和存储等过程。在系统集成建模中，逻辑模型常以过程和数据为基础，对相关的过程进行组合，通过过程之间的联系表达出集成系统的逻辑模型。逻辑模型是系统设计阶段的产物。

③ 实现层（物理层）。物理模型是系统的物理实现的描述。物理模型是面向计算机的模型，物理模型表达了系统模型在计算机中物理结构的表示。它描述了系统的处理结构、存储结构、网络结构等，具有系统的所有实现细节。物理模型通常用系统网络结构图、系统物理配置图等表示。物理模型是可以实现的模型，是实施阶段的产物。

综上所述，生命周期维与抽象层次维集成后的系统建模体系如图 4-6 所示。

生命周期维与抽象层次维集成后，系统模型的需求定义阶段对应概念层，概念模型与计算机无关，与本系统的逻辑结构和物理结构无关，也与系统的设计和实现无关。详细设计阶段对应逻辑层，它不涉及系统的物理结构，与具体的设备、组织、计算机、存储器等无关，也与系统的实现无关。技术实施对应实现层，是完全面向计算机等基础设施的。

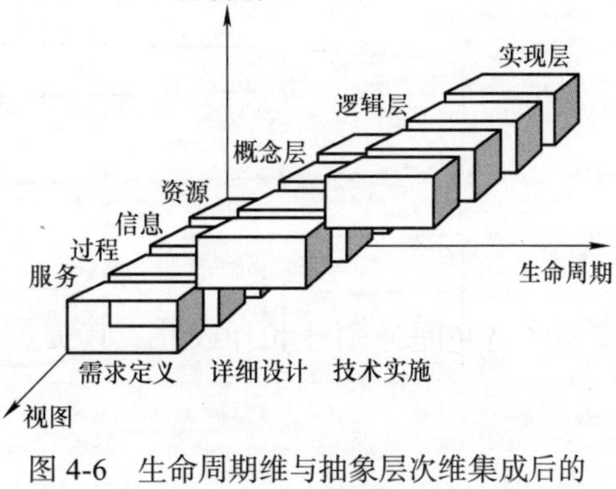

图 4-6　生命周期维与抽象层次维集成后的系统建模体系

(3)三维集成后的系统建模体系

在视图维中，系统的服务视图是面向用户的，过程视图是基于各子系统业务逻辑和业务流程的，信息视图是基于数据的，数据共享是现实信息的集成，资源视图基于系统整体的基础支撑设施。所以，概念模型对应服务视图；逻辑模型对应过程视图和信息视图，从而实现系统信息流和业务流的统一；物理模型对应资源视图。视图维、生命周期维与抽象层次维三维集成后的系统建模体系就是制造业物流信息平台模型集成的基本框架，如图 4-7 所示。

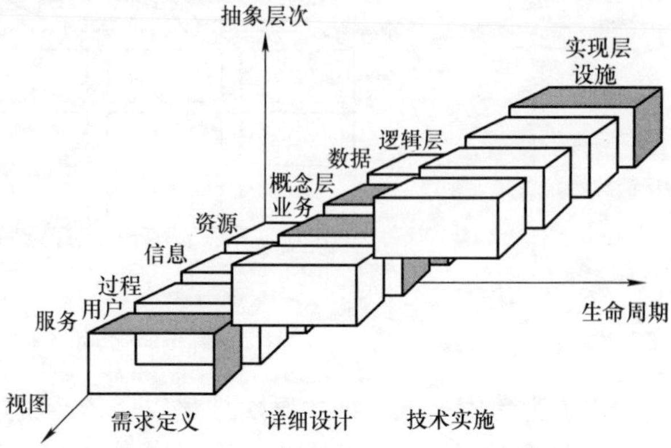

图 4-7　基于制造业物流信息平台的建模体系图

制造业物流信息平台集成系统中的视图维具体到各个视图的细化和深化粒度为：服务视图分解细化至不可再分的基本功能单元，一般为用户活动；过程视图集成了各业务系统的控制流和信息流；信息视图能描述系统活动的数据流设计和信息流设计；资源视图将资源需求细化为能描述支持系统活动的设施实体。根据这个建模体系，从基础设施、数据、业务、用户交互四个层面建立制造业物流信息平台系统的总体结构模型。

4.4.2　数据共享

数据共享库是制造业物流信息平台系统间信息交换和共享的枢纽，是为业务信息系统与公用基础信息平台间、业务信息系统与制造业门户间提供信息交换服务、信息共享服务和功能共享服务的平台。该平台具有一定的信息加工、数据转换和处理能力，采用优先级服务机制，优先满足实时性要求高的交换和共享请求，并保证信息交换和共享的安全性和可靠性。

制造业物流信息平台系统数据共享库的主要功能包括数据抽取、数据处理、数据存储管理、数据共享管理、服务共享管理、系统监控、安全保障。这些功能的实现都依赖于数据的集成，而数据集成是通过建立共享数据库完成的。由于数据集成在共享平台中的重要地位，决定了共享数据库是整个平台建设的核心，如图 4-8 所示。

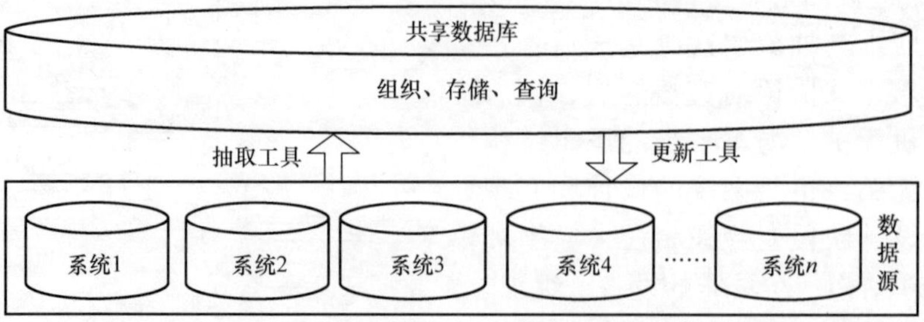

图 4-8　制造业物流信息平台系统的共享数据库结构体系

① 数据抽取和更新。数据抽取是数据进入制造业物流信息平台中共用信息平台前的数据处理，涉及从多个数据源综合集成一个基于共享的、统一模式存储格式的数据库。数

据源可能是同构的或异构的，目前在技术上主要涉及数据的互联及转换等。这些数据采用的数据格式各不相同，因此还必须经过数据转换、重新组织和规范化再存入数据库中，形成统一格式的数据。数据抽取和更新将负责从不同的业务系统中提出所需存储的数据，并加以净化、转换，然后装载到数库中；并对多来源渠道、相互不一致的数据进行数据融合处理。

② 数据组织与存储。制造业物流信息系统共享数据库需要对多源信息进行协同、加工利用，各子系统对数据的要求存在差异，因此，共用信息服务平台在数据组织方面可采用数据仓库技术，形成多级粒度的存储数据。同时依据数据存取的相关性，形成多种分割，完成对于实时数据和历史数据的组织，以保证数据间关系的正确性、可理解性和避免数据冗余。

③ 数据的传输与查询。制造业物流信息平台中的数据传输主要指集成信息服务平台与各子系统之间的数据传递。各智能子系统是按照自身要求，采取不同软件和硬件平台开发的，信息系统种类众多，而且处于不同的地理位置。因此，系统集成信息平台通过网络进行数据传输，根据服务请求和查询权限对客户系统提供信息服务，对于自身存放的数据直接加以组织输出，对于其他子系统存放的细节数据则由集成信息平台提供查询通道。可以采用 Web 浏览器、客户端相结合的模式，根据用户的分类与需求提供数据的查询服务。

4.4.3　系统集成

（1）业务集成

① 应用集成。制造业物流信息平台中各个应用系统的集成将问题的重点放在系统功能的共享即业务逻辑的上面，不像数据层集成单纯地将问题集中在数据的共享上面。通常通过应用编程接口来实现应用层的集成，这种方式实现了以可编程的方式来访问应用程序。制造业物流信息平台应用层集成包括直接的和严格的在网络环境中跨平台应用程序之间的应用到应用的集成。它涉及的技术较多，包括远程过程调用、面向消息的中间件、分布式对象技术以及 Web Services 技术等。应用层集成一般来说是处于同步模式的，即基于客户和服务器之间的请求响应交互机制，如图 4-9 所示。

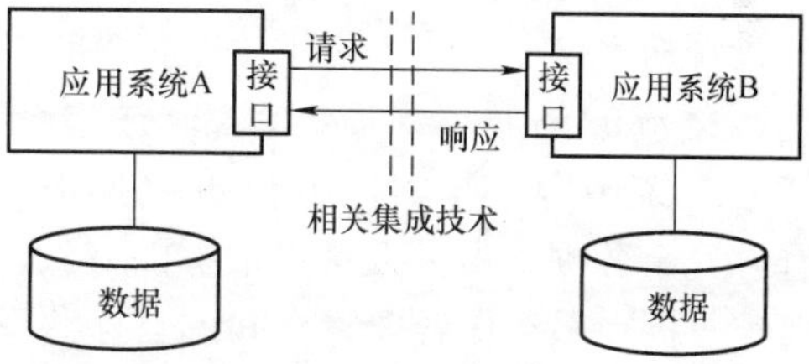

图 4-9　制造业物流信息平台应用集成示意图

制造业物流信息平台各应用系统接口集成主要是面向异构系统的集成解决方案，它主要解决异构应用间的互操作问题。当然这些技术也可以应用到集成系统中新建系统的不同子系统及不同功能对象或组件之间的交互策略。应用接口集成需要考虑分布式环境中应用的可移植性，同时对上层屏蔽应用分布的细节。应用接口集成目的是实现两个或多个应用软件互相引用对方的某些功能，应用接口集成并没有实现业务过程的协同，只是解决了不同应用程序之间功能的重用或相互引用。

② 业务流程集成。制造业物流信息平台的业务流程是为了完成以制造企业为核心的供应链各项活动而进行的一系列逻辑相关的业务活动的集合。业务流程的集成就是为了实现系统业务流程中的信息的最大程度的共享。

制造业物流信息平台的业务流程集成是一种面向过程的集成，通过集成实现各应用系统业务流程的管理。当对业务流程进行集成的时候，必须在各种业务系统中定义、授权和管理各种业务信息的交互，以便改进操作、减少成本、提高响应速度。业务流程集成包括业务管理、业务模拟以及综合任何流程、组织和进出信息的工作流，还包括业务处理中每一步所需要的工具。

制造业物流信息平台业务流程的集成产生于跨越了多个应用的业务流程层。通常通过使用一些高层的中间件技术来实现业务流程集成。这类中间件产品的代表是消息中介，消息中介使用一个总线模式或者是 HUB 模式来对消息处理标准化并控制信息流。

（2）用户集成

制造业物流信息平台系统用户层集成是集成最简单的方式之一，但同时它又是最有效的方式。在这种集成模式下，将界面作为集成的焦点，通过软件界面的改变来实现对多个软件的集成。用户层集成的结果将会以一个统一的界面来代替原有系统之间不同的界面。这有效避免了用户在使用系统时在不同界面之间进行切换，简化了操作，提高了系统使用的效率。

系统门户应用就是一个复杂界面重组的解决方案。一个系统门户涵盖了多个子系统应用，同时表现为一个可定制的基于浏览器的界面。用户层集成易于实现，但是集成只是发生在显示界面部分，并没有涉及应用软件和数据的互联中，因此用户层集成存在很大的局限性。

（3）信息集成

信息集成是根据制造业物流信息系统集成的要求，将无序的信息操纵，通过现代信息技术手段逐步整理、组织、融合成有序的信息操纵。信息集成包括数据流的集成、信息流的集成、信息管理的集成和信息服务的集成这四个层面的集成，如图 4-10 所示。

① 数据流的集成，是在相互连通的不同计算机系统之间，通过网络通信协议实现数据流的畅通。合理组织数据的分布，统一系统中各要素之间的数据交换格式，合并冗余数据，保证系统中数据的一致性，实现数据在系统中各要素之间的自由共享。

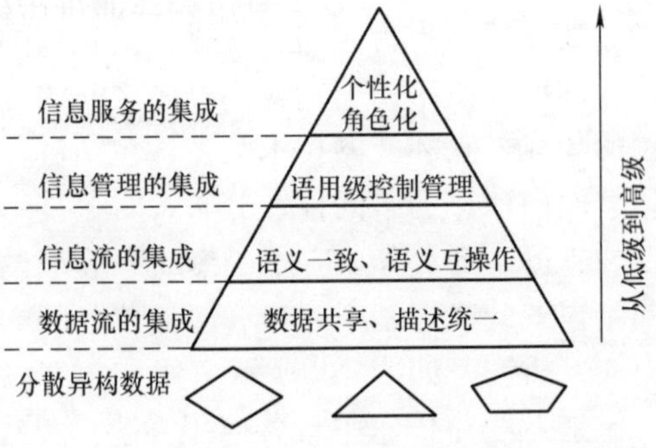

图 4-10　制造业物流信息平台信息集成的层次结构图

② 信息流的集成，是不用要素之间的交互，避免了数据层面复杂的数据组织逻辑的解释，更贴近智能交互。从应用程序角度看，屏蔽了底层数据的物理存储管理。信息流的集成为上层提供了自由共享的信息。

③ 信息管理的集成，要对共享信息流进行有效的管理和控制。

④ 信息服务的集成，要扩展到不同组织之间的信息交互以及用户之间的个性化信息服务层面。

（4）过程集成

制造业物流信息平台系统的过程集成是指利用计算机集成支持软件工具高效、实时地实现计算机集成制造系统（Computer Integrated Manufacturing System，CIMS）应用间的数据、资源的共享和协同工作，将各孤立的应用集成起来形成一个协调的企业 CIMS 运行系统。

实现过程集成后，就可以方便地协调各种企业功能，把人和资源、资金及应用合理地组织在一起，获得最佳的运行效益。业务逻辑的集成（应用集成）和业务流程的集成实现了面向过程的集成。

信息集成是过程集成的基础。只有在信息集成构建的信息通道的基础之上，各功能单元才能克服时间上、空间上以及异构环境的障碍，进行良好的沟通和协调以实现过程集成。制造业物流信息平台系统的综合集成框架如图 4-11 所示。

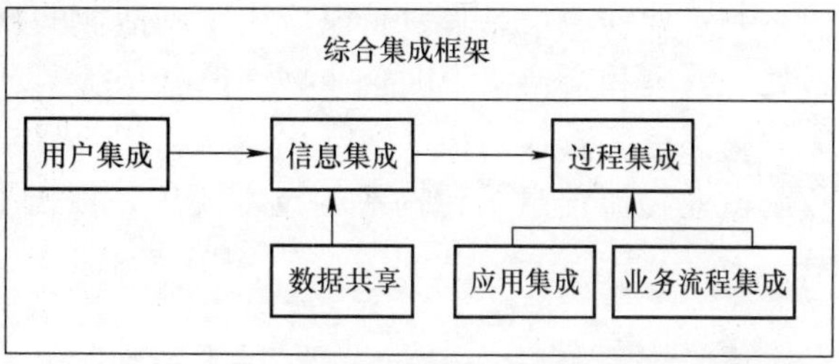

图 4-11　制造业物流信息平台系统的综合集成框架图

信息集成是实现异构数据、异构系统之间的共享和交互。根据技术特点可以分为数据集成技术和应用集成技术。数据集成技术是透过信息系统的业务逻辑，直接与底层的数据库系统进行通信，通过通信接口访问和添加数据，并应用映射技术实现异构数据之间的转化，它包括模式集成技术和复制集成技术。应用集成技术是通过与信息系统中的业务逻辑的交互实现系统之间异构信息的集成，它包括三种体系结构：点对点集成、基于中间件集成和面向服务集成。

4.5　本章小结

本章界定了制造业物流信息平台的概念，并阐述了构建制造业物流信息平台的三大理论：产业联动理论、供应链协同理论、系统集成理论。

制造业物流信息平台是以制造业供应链为主线，在整合供应链信息资源的基础上，通过信息技术手段实现信息集成与信息共享，目的是为平台用户提供供应链全流程的物流服务。

制造业物流信息平台构建的前提是制造业与物流业联动。制造业与物流业是在产业联动理论的指导下实行联动，物流服务以关系性和结构性方式嵌入到制造业价值链中，使得物流业与制造业之间形成了相互依赖、相互促进的关系，两者在互动中协同发展。两者的协同发展需要在供应链协同理论框架下进行，物流活动贯穿于制造业供应链，物流企业与供应链节点企业、供应链节点企业之间只有协调一致、同步运营，才能实现供应链整体效益的最大化。其中供应链信息协同是实现供应链协同的重要途径，制造业物流信息平台是实现供应链信息协同的重要载体。视图、生命周期和抽象层次三维集成后的系统建模体系是制造业物流信息平台系统集成的基本框架，数据共享库是制造业物流信息平台系统间信息交换和共享的枢纽，由用户集成、信息集成和过程集成构成的综合集成是制造业物流信息平台的系统集成。

第5章

制造业物流信息平台技术研究

制造业物流信息平台是以应用于制造业的物流信息化技术为支撑，通过对物流信息的采集、处理和交换，帮助企业物流信息系统实现各项功能。随着物流信息技术的发展，制造业物流将朝着数字化、网络化、集成化、智能化方向发展。本章根据制造业物流的特点和制造业物流信息平台构建的技术要求，提出了制造业物流信息平台技术体系，如图 5-1 所示。

图 5-1　制造业物流信息平台技术体系图

5.1　制造业物流信息平台架构技术

5.1.1　面向服务的体系结构（SOA）

（1）SOA 的基本含义

面向服务的体系结构（Service Oriented Architecture，SOA）是一个组件模型，它将企业中各个不同的系统应用程序中不同的功能单元抽象成为服务，通过这些功能单元之间定义良好的接口和契约将这些服务连接起来。接口是采用中立的方式来完成定义的，它能够独立于实现服务的硬件平台、操作系统以及编程语言。这使得处于不同应用系统中的服务可以通过统一、通用的方式进行交互。SOA 架构模型如图 5-2 所示。

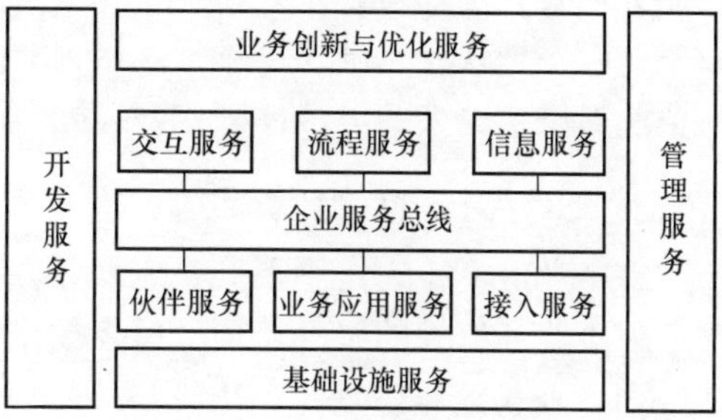

图 5-2　SOA 架构示意图

（2）SOA 特征

SOA 架构是一种松耦合的、粗粒度级的服务架构系统，在这种架构中服务与服务之间的通信是通过已定义的中立接口来进行的。它具有以下关键特征：

① 面向服务。SOA 的核心是服务，服务是一个自包含的、无状态的实体，可以由多个组件构成。通过事先定义的界面响应服务的请求。SOA 架构中的服务是一种粗粒度级的服务，服务从更高层次上定义，直接与业务相对应。粗粒度的服务可以确保异构平台下服务提供机制的顺利运行。SOA 改变了以往以技术为中心的信息系统建设模式，业务人员可以像组装硬件一样从业务角度及时构造应用，从而缩小业务和技术的鸿沟。

② 松耦合性。松耦合性是指服务接口的定义是独立于使得服务实现的硬件平台、操作系统或者编程语言。SOA 架构的松耦合强调服务间的松耦合，包括接口松耦合和技术松耦合。接口松耦合是指服务接口封装了所有实现的细节，服务的请求者看不到实现服务的任何技术细节；技术松耦合是指允许系统中服务请求者和服务提供者可以使用不同的技术实现，可以在不同的环境中运行。这种松耦合的特征有利于应用程序根据业务需求变得更加灵活，适应不同变化的环境。

③ 重用性。SOA 是以服务为中心的架构方法，它要求开发者从服务集成的角度来设计应用软件。SOA 要求开发者考虑复用现有的服务，或是检查如何让服务被重复利用。同时，通过屏蔽服务实现的细节，修改服务的实现不会影响服务请求者，使得业务服务可以有很好的重用性，业务流程能够更好地重构。通过对已有系统进行服务封装，使得这些系统获得更好的重用性，可以快速适应市场变化的需求。

④ 基于消息的通信。在 SOA 架构中，服务与服务之间是通过消息来进行通信的，消息通常采用 XML Schema 来进行定义。当服务的请求者和提供者进行通信时，完全不需要了解服务提供者所处的环境。

（3）SOA 为制造业物流信息平台集成提供了架构模式

SOA 是一种粗粒度、松耦合的服务架构，它定义和提供了一种灵活的 IT 基础设施。与传统的紧耦合 IT 架构相比，SOA 的松耦合架构更加能够适应业务的变化。在 SOA 架构中，可以用一个服务替换另一个服务而无须关心其底层的实现技术，只是要考虑服务接口。另外，现有的IT资源，包括遗留应用和数据都可以纳入SOA的新系统中，而不是替换它们。这种架构最终将会使企业的IT架构能够更加快速、有效地适应外部业务需求的变化。

目前，物流企业和制造企业根据自身的业务需求，构建了不同的技术架构的信息管理系统，这些操作系统存在着异构现象，基于SOA集成架构的信息平台可以解决多种异构系统之间的集成和数据交换。随着业务的发展，会接入更多的信息管理系统，SOA凭借其松耦合的特性，使得企业可以按照模块化的方式来添加新服务或更新现有服务，以解决新的业务需要，从而可以通过不同的渠道提供服务，并可以把企业现有的或已有的应用作为服务，以保护现有基础建设投资。因此，SOA以组合现有的应用来产生新服务的敏捷方式，为企业提供了更大的灵活性来构建应用程序和业务流程。

5.1.2 SOA-BPM 组合架构

SOA和BPM的作用不同，SOA侧重于解决在分布式的环境下系统的集成，BPM侧重于解决业务流程的调度处理，两者的结合就形成了SOA-BPM组合架构。

（1）业务流程管理（BPM）

BPM（Business Process Management）是根据业务环境的变化，推进人与人之间，人与系统之间以及系统与系统之间的整合及调整的经营方法与解决方案的IT工具。BPM是以业务流程为中心的管理体系，其目标是消除存在于企业与用户之间的信息壁垒，为企业内部及企业之间的各种业务流程提供一个可扩展的、高度集成的、具有统一的建模、执行和监控的环境。

BPM是将流程作为一种新的抽象数据类型单独提取出来操作和管理。它包括“建模—执行—管理—优化”四个过程。建模是通过图形来模拟用户的想法，对业务过程及其基本元素进行定义；执行是将定义好的流程模型进行部署，在BPM系统中自动执行；管理是对流程的执行情况进行实时的监控与追踪，对流程执行中的例外进行处理，记录到日志文件中；优化是根据指标对流程的执行情况进行统计分析，根据统计分析结果，对流程进行改造，优化流程。这四个过程构成了BPM生命周期。在BPM的生命周期中，每个过程不断循环，对企业的业务流程进行持续改进，如图5-3所示。

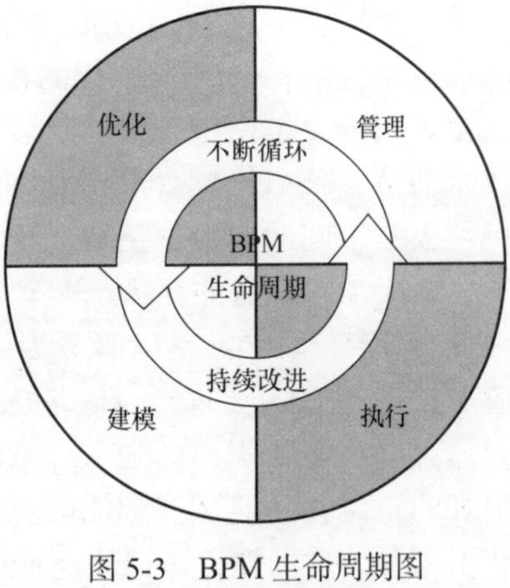

图5-3　BPM生命周期图

BPM系统包括流程建模、工作流引擎、业务规则引擎、图形用户界面、集成连接、商业自动化和商业智能工具等功能模块。

（2）SOA-BPM组合架构

SOA是一种技术架构方法，侧重于系统集成和服务封装，它可以根据需求通过网络对松散耦合的粗粒度应用组件进行分布式部署、组合和使用；BPM是一种协调流程的管理方式，侧重于业务流程的管理和优化，它要求企业建立明确的流程体系，并实现切实有效的执行和管理。

BPM 作为一种新的流程管理的思想，需要一种全新的技术架构来贯彻流程管理的思想，使 BPM 在企业应用集成中充分表达业务需求，对原本根植在应用系统中的流程做出清晰的定义，将业务流程作为独立的对象提取出来管理。SOA 以其基于标准和松散耦合以及服务重用和共享的特点，为 BPM 提供 IT 技术支持：第一，SOA 能够在不改变流程的前提下，灵活地调用后端的应用程序和数据，衔接了 BPM 与企业后端的应用；第二，SOA 能够将流程中的业务功能封装成服务，使其具有标准的、定义清晰的接口，服务间可以根据流程的功能目标进行组合，从而实现了流程内部和流程之间的重构。

SOA 作为一种新型技术架构，需要一种先进的管理思想进行指导。BPM 可以帮助 SOA 更好地定义服务。通过 BPM 分析企业的业务流程，将主要流程以图形化方式表示，然后层层分解，确定企业的工作及其所需要的服务，通过与现有系统的服务模块进行比较，确定服务的实现方式。通过业务流程建模帮助定义服务编排，通过分析业务规则与业务对象帮助定义服务元数据。

通过以上的分析可以得出结论：尽管 SOA 与 BPM 是两种不同的方法，但是两者存在着内在的互动关系，将 BPM 的 IT 需求和 SOA 的独特优势有机地结合起来，形成了一种新的技术组合架构。SOA-BPM 组合架构在技术层面采用 Web Service、EJB、Spring Bean 等众多的构件技术，各个构件通过 SOA 实现协议解耦，在业务层面采用 BPM 系统或工作流程系统进行业务流程建模，从而实现系统集成。

5.1.3　Web Service 技术

（1）Web Service 技术的定义

Web Service 是一种全新的 Web 应用程序的分支，它包含自描述、模块化的应用，可以发布、定位，并通过 Web 进行方便的调用。同时 Web Service 也是基于网络的、分布式的模块化组件，执行特定的任务时，它遵循了具体的技术规范，这些规范使得它能与其他兼容技术的组件进行互操作。Web Service 可以执行任何功能，从简单的请求到复杂的业务过程。一旦 Web Service 被部署，其他的应用程序或是 Web Service 就能够发现并且调用这个部署的服务。.NET 和 J2EE 都可以很好地实现 Web Service。

（2）Web Service 模型

Web Service 模型中包括三个工作角色：服务提供者、服务请求者、UDDI 注册中心。它们之间的交互和操作构成了 Web Service 的体系结构。服务提供者定义和实现服务，然后将服务描述发布到服务使用者或服务注册中心；服务请求者使用查找操作从本地或服务注册中心检索服务描述，然后使服务描述与服务请求者进行绑定并调用服务。Web Service 模型的三个角色及其相互关系如图 5-4 所示。

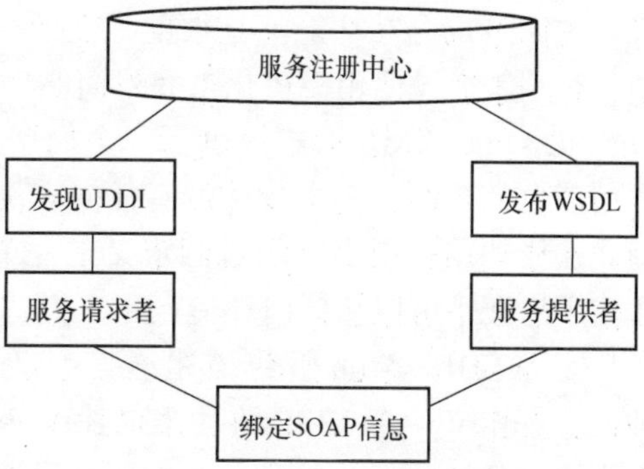

图 5-4　Web Service 基本模型

（3）Web Service 的运行机制

Web Service 模型中的操作包括：发布服务、发现服务、根据服务描述绑定或调用服务，这些操作可以单次或重复出现。

① 发布服务（Publishing）是登记服务的

一种机制。服务注册中心登记服务的相关信息，实现服务注册。

② 发现服务（Discovery）是寻找服务的一种机制。服务请求者通过查找注册中心所登记的服务，以获得服务的相关信息。

③ 调用服务（Invocation）定义了服务请求者和服务提供者之间 Web Service 调用的标准协议。服务请求者向服务提供者提出服务调用要求，并通过指定的端点与服务提供者进行通信，实现需要的服务功能。

（4）Web Service 的组成部分

Web Service 是基于 XML 和 SOAP 网络协议的有关中间件的一种框架。它必须使用标准的技术和协议才可以进行交互，包括服务描述、通信协议以及数据格式等。Web Service 技术核心的标准有可扩展标记语言（Extensible Markup Language，XML）、简单对象访问协议（Simple Object Access Protocol，SOAP）、Web 服务描述语言（Web Service Description Language，WSDL）和统一描述、发现和集成（Universal Description Discovery and Integration，UDDI）。

① XML。可扩展标记语言（Extensible Markup Language，XML）是用来描述模型、格式和数据类型的通用格式，其他大多数标准都是用 XML 来表达的标准。它的基本思想是数据的语义通过数据元素的标记来表达，数据元素之间的关系通过简单的嵌套和引用来表示。如果所有 Web 服务器和应用程序将它们的数据以 XML 编码发布到 Internet，信息可以很快地以一种简单可用的格式获得，使双方通信易于互操作。

XML 具有自描述性、可扩展性、分层结构、易传输性、可校验性和易处理性等特性，它成为服务集成和服务交互开放技术中最根本、最重要的技术。

XML 标准是 Web Service 技术应用的基石，XML 的数据独立性将内容与其表示分开，使结构化数据可以在不同平台和应用程序之间移植。XML 的使用可以用与平台无关的方式与其他用户和程序进行数据交换，保证了 Web Service 的异构平台的互操作性。

② SOAP。简单对象访问协议（Simple Object Access Protocol，SOAP）是在一个松散的、分布的环境中通过 XML 编码进行通信的一种简单的网络协议。SOAP 基于 XML 消息规范，描述了数据类型的消息格式以及一整套串行化规则，包括结构化类型和数组。SOAP 还描述了如何使用 HTTP 来传输消息。

SOAP 由 SOAP 信封（SOAP Envelop）、SOAP 编码规则（SOAP Encoding Rules）、SOAP RPC 表示（SOAP RPC Representation）和 SOAP 绑定（SOAP Binding）四个部分组成。这四个部分在功能上是彼此独立的。信封和编码规则被定义在不同的 XML 命名空间中，有利于通过使用模块化来获得简明性。

SOAP 以 XML 形式提供了一个简单且轻量的、用于在分散或分布环境交换结构化和类型信息的机制，其本身并没有任何应用程序语义，而是通过提供一个有标准组件的包模型和在模块中编码数据的机制定义了一个简单的表示应用程序语义的机制。SOAP 的简单性使用户几乎可以从任何环境调用它们，因此成为 Web Service 的思想基础。

③ WSDL。Web 服务描述语言（Web Service Description Language，WSDL）提供一种模式并定义一套 XML 语法来描述 Web Service。它将 Web Service 描述为能够进行消息交换的服务访问点的集合，客户端可以通过这些服务访问点对包含面向文档信息或面向过程调用的服务进行访问。WSDL 首先对访问的操作和访问时使用的请求 / 响应信息进行抽

象描述，然后将其绑定到具体的传输协议和消息格式上，并最终定义具体部署的服务访问点。相关的具体部署的服务访问点通过服务组合就成为抽象的 Web Service。

一份 WSDL 文件包括两个部分：第一部分是对端口的抽象描述，包括有哪些操作和访问每一个操作所使用到的请求和响应消息格式。第二部分是将第一部分对端口抽象的描述绑定到具体物理传输协议和访问地址细节上。WSDL 与编程语言无关，而且以标准为基础，因此适合于说明可从不同平台、以不同编程语言访问的 Web Service 接口。

④ UDDI。统一描述、发现和集成（Universal Description Discovery and Integration，UDDI）协议是一套用于 Web 的、分布式的、为 Web Service 提供的信息注册中心的实现标准规范，同时也包含一组使企业能够进行 Web Service 注册以及使得别的企业能够发现的访问协议的实现标准。

UDDI 为 Web Service 在技术层次上提供了三个重要支持：标准化、透明的且专门描述 Web Service 的机制；调用 Web Service 的简单机制；可访问的 Web Service 注册中心。UDDI 定义了一套统一的 XML 格式以描述企业与其提供的 Web Service 信息。UDDI 商业注册所提供的信息包括白页（与企业有关的基本信息）、黄页（基于标准分类法的行业类别）、绿页（关于该企业所提供的 Web Service 的技术信息）。服务注册的形式可能是一些指向文件或 URL 的指针，这些文件或 URL 是服务发现机制的重要组成部分。

（5）Web Service 在制造业物流信息平台构建中的应用

Web Service 技术通过将软件做成服务，并遵从相应的标准，让不同的系统跨越平台，彼此相互兼容，具有无缝通信和数据共享的能力。

由于现有的远程访问协议——DCOM、CORBA、RMI 不能很好地用于互联网环境，特别是在异构平台间通信，这些访问协议显得更加无能为力。而 Web Service 能够提供跨平台的互操作，因此它可以建立可互操作的分布式应用程序的架构，其基本架构源于 SOA，通过通信方式为服务请求者提供信息服务。

Web Service 是能够使应用程序可以用与平台无关和编辑语言无关的方式进行相互通信的一项技术。用 Web Service 技术可以方便地集成物流业与制造业的异构系统，而无须对原有系统进行修改。在不影响原有系统功能的情况下，在原有系统的基础上加上一个 SOAP 接口，就可以将现有的、用不同技术实现的系统互联起来，提供相互的数据交流和访问操作。通过 XML 与 EDI 技术的协同，能够让更多的中小型物流企业参与到物流信息平台建设中，实现物流集成化信息的共享。在面向物流信息集成过程中，原有 Web Service 可以通过集成平台集成进来，也可以由集成平台提供新的 Web Service 供用户使用。

从本质上说，SOA 是一种架构模式，而 Web Service 是利用一组标准实现的服务，是实现 SOA 的方式之一。

5.2　制造业物流信息平台信息技术

制造业物流信息平台信息技术是以物联网技术为主体的物流信息识别和采集技术、物流信息的传输与交换技术、物流信息空间技术、物流信息储存与处理技术、物流信息分析与决策技术。在制造业物流信息化的实施过程中，及时、准确地掌握货物在物流过程中的相关信息是实现制造业物流信息化的核心之一，及时、准确地采集并有效地传递物流信息，是保障制造业物流高效运转的重要举措。因此，物流信息的采集和传递是制造业物流信息平台关键技术中的重中之重。

5.2.1 物流信息识别与采集技术

物流信息的识别与采集技术主要包括条码技术、RFID 技术、EPC 编码技术、传感器技术。

（1）条码技术

条码技术是在计算机应用和实践中产生并发展起来的一种应用广泛的自动识别技术，在自动识别技术中占有重要的地位。条码技术可以识别出商品的生产国、制造厂家、商品名称、生产日期、图书分类号、邮件起止地点、类别、日期等信息。随着条码识别技术的不断成熟，其读取的错误率约为百万分之一，首读率大于 98%，因此条码技术是一种可靠性高、输入快速、准确性高、成本低、应用面广的信息自动识别和采集技术。

条码包括普通的一维条码、二维条码和多维条码，在物流行业应用较多的是一维条码和二维条码。

① 一维条码。一维条码是将线条与空白按照一定的编码规则组合起来的符号，用以代表一定的字母、数字等资料。在进行辨识的时候，是用条码阅读机（即条码扫描器，又称条码扫描枪或条码阅读器）扫描，得到一组反射光信号，此信号经光电转换后变为一组与线条、空白相对应的电子信号，经解码后还原为相应的文 / 数字，再传入计算机。

日前世界上有 225 种以上的一维条码，每种一维条码都有自己的一套编码规则，规定每个字母（可能是文字或数字或文 / 数字）是由几个线条（Bar）及几个空白（Space) 组成，以及字母的排列。目前较常用的一维条码有 39 码、EAN 码、UPC 码、128 码等。

② 二维条码。二维条码（2-Dimensional Bar Code，也称二维码）是用某种特定的几何图形按一定规律在平面（二维方向）分布的黑白相间的图形记录数据符号信息。二维码是数字对象唯一识别符（Digital Object Unique Identifier，DOI）的一种。

二维条码在代码编制上巧妙地利用构成计算机内部逻辑基础的“0”、“1”比特流的概念，使用若干个与二进制相对应的几何形体来表示文字 / 数值信息，通过图像输入设备或光电扫描设备自动识读以实现信息自动处理。在许多种类的二维条码中，常用的码制有 Data Matrix、Maxi Code、Aztec、QR Code、Vericode、PDF417，Ultra code、Code 49、Code 16K 等。每种码制有其特定的字符集；每个字符占有一定的宽度；具有一定的校验功能，同时还能够对不同行业的信息进行自动识别，并处理图形旋转变化。

二维条码是比一维条码更高级的条码格式。一维条码只能在一个方向（一般是水平）上表达信息，而二维条码在水平和垂直方向都可以存储信息；一维条码只能由数字和字母组成，而二维条码能够存储汉字、数字和图片等信息。二维条码具有信息容量更大、可靠性更高、成本更低的优势。

条码技术实现了物流信息的自动扫描，使制造业物流信息平台能够自动识别和采集物流信息，方便了企业物流信息系统的管理。

（2）无线射频识别技术（RFID）

无线射频识别技术（Radio Frequency Identification，简称 RFID）是一种非接触的自动识别技术，其基本原理是利用射频信号或空间耦合（电感或电磁耦合）的传输特性，实现对物体或商品的自动识别。RFID 技术同其他的自动识别技术（条码技术、光学识别和生物识别技术等）相比，具有抗干扰能力强、信息量大、非视觉范围读写和寿命长等特点，RFID 技术与互联网、通信和计算机技术相结合，可以实现全球范围内物品的跟踪与信息共享。目前 RFID 技术已经广泛应用于供应链、物流、制造和公共信息服务等领域，大幅提高了管理与运作效率，降低了成本。

① RFID 系统的构成。一般来说，射频识别系统由标签、读写器和数据库系统几部分组成，如图 5-5 所示。

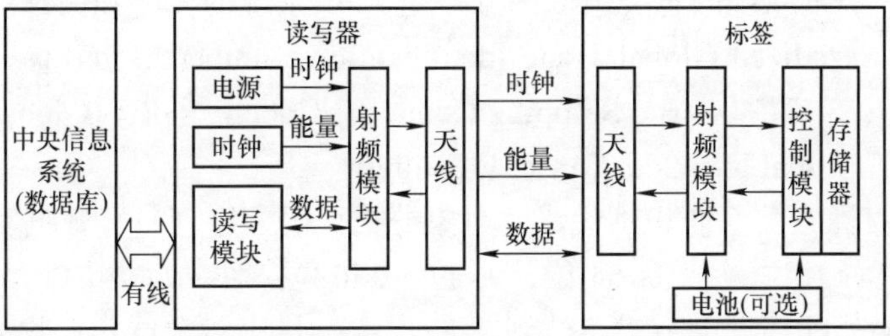

图 5-5　RFID 系统组成框图

● 标签也称为射频标签、射频卡或应答器，是射频识别系统中存储数据和信息的电子装置，由耦合元件（天线）及芯片（包括控制模块和存储单元）组成，每个标签由唯一的电子标识码确定，附着在被标识的对象上，存储被识别对象的相关信息，读写器也称为阅读器，可外接天线，是负责读取或写入标签信息的设备。

● 读写器用于发送和接收射频信号。读写器可以是单独的整体，也可以作为部件的形式嵌入到其他系统中。读写器可以单独具有读写、显示和数据处理等功能，也可与计算机或其他系统进行互联，完成对射频标签的相关操作。读写器分为手持式（便携式）和固定式两种。

● 中央信息系统包括了中间件、信息处理系统和数据库等，用以对读写器读取的标签信息和数据进行采集和处理。数据库系统由本地网络和全球互联网组成，是实现信息管理和信息流通的功能模块。数据管理系统主要完成数据信息的存储管理以及对标签进行读写控制。数据库系统可以在全球互联网上，通过管理软件或系统来实现全球性质的“实物互联”。

② RFID 的工作原理。绝大多数射频识别系统是根据电感耦合的原理进行工作的。读写器在数据管理系统的控制下发送出一定频率的射频信号，当标签进入磁场时产生感应电流从而获得能量，并使用这些能量向读写器发送出自身的数据和信息，该信息被读写器接收并解码后送至中央信息管理系统行相关的处理，这一信息的收集和处理过程都是以无线射频通信方式进行的。

通常读写器发送射频信号时所使用的频率被称为 RFID 系统的工作频率，可划分为低频频段（30~300kHz）、高频频段（3~30MHz)、超高频频段 (300MHz~3GHz) 和微波频段（2.45GHz 和 5.8GHz）。低频和中频主要适用于距离短、成本低的应用中，而高频系统则适用于识别距离长、读写数据速率快的场合，微波频段主要用于远距离识别管理。按照工作方式分为被动式和主动式。被动式 RFID 电子标签本身不带有电池，它必须利用电感耦合或电磁反向散射耦合方式从读写器的射频载波中调制感应电流，从而激活电子标签工作，该方式多见于超高频及以下频段的 RFID 电子标签；主动式 RFID 电子标签自带电池，工作时用自身的射频能量主动地发送数据。

(3) EPC 编码技术

EPC（电子产品代码，Electronic Product Code）编码技术是利用 EPC 编码体系对物品的编码进行信息采集。EPC 编码是 EAN.UCC（即全球统一标识系统）在原有全球统一编码体系的基础上提出的，是新一代的全球统一标识的编码体系。EPC 编码是对现行编码体系的补充，用以实现对单品进行标识。它与 GTIN（全球贸易项目标识代码）编码标准相兼容，是全球统一识别系统的重要组成部分，是 EPC 系统的核心和关键。EPC 编码体系分为五种：SGTIN（Serialized Global Trade Identification Number）、SGLN（Serialized Global Location Number）、SSCC（Serial Shipping Container Code）、GRA (Global Returnable Asset Identifier)、GIAI（Global Individual Asset Identifier）。

EPC 代码是由标头、厂商识别代码、对象分类代码、序列号等数据字段组成的一组数字。现有的 EPC 编码格式主要有 64 位、96 位、256 位三种。每个 EPC 编码具有全球唯一性，而且它的号码分配接近无穷大，达到 2^n 幂次级，足以对全球任一物品进行识别。EPC 编码具有科学性、兼容性、全面性、合理性、国际性、无歧视性等特点。

目前比较完备的是 GEN-2 标准，为 96 位，编码结构见表 5-1。

表 5-1　EPC 编码结构表

EPC-96	标　头	厂商识别代码	对象分类代码	序　列　号
位数	8	28	24	36
解释	电子产品码使用标准的版本号	EPC 为制造商分配的全球唯一的企业代码	制造商内部的产品分类，由企业内部分配	制造商的某类产品中的某一个产品
取值范围	—	最多可以分配给 268M 个企业	制造商最多可以有 16M 个产品类别	制造商的某一类产品中最多可以生成 68M 个单品

(4) 传感器技术

传感技术是利用传感器获得外部各种信息，感知外部的各种电量和非电量数据的一种现代信息技术。

传感器是指那些对被检测对象的某一确定的信息具有感受和检出功能，并能按照一定规律转换成与之对应的电信号的元件或装置。传感器的作用在于将外部的各种信号转换成电信号或其他所需形式的信息，以满足信息的传输、处理、存储、显示、记录和控制等要求，实现物体的感知、识别，采集和捕捉信息。传感器通常由敏感元件和转换元件构成，转换电路及辅助电路作为其组成部分，传感器的组成结构如图 5-6 所示。

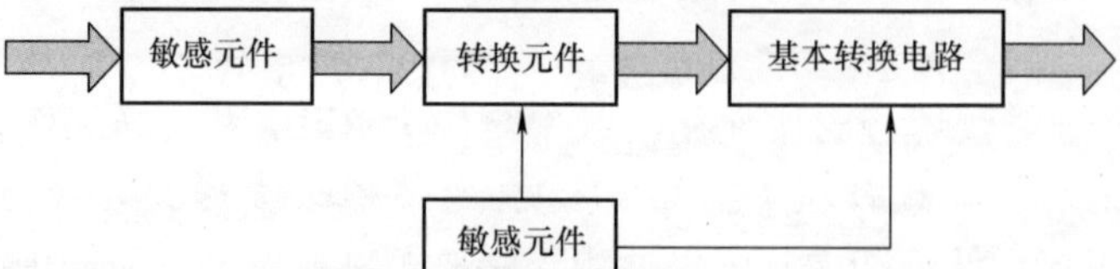

图 5-6　传感器的组成结构

传感器对物体动态和静态属性进行识别，静态属性可以直接储存在标签中通过 RFID 技术进行识别，而动态属性需要传感器进行实时探测。

5.2.2　物流信息空间技术

物流信息空间技术主要包括全球定位系统（GPS）和地理信息系统（GIS）。它作为一项处理与物流空间信息相关的多源信息的技术，对货物进行准确定位及物流过程的监控。

（1）GPS 技术

全球定位系统（Global Positioning System，GPS）是利用空间卫星座（通信卫星）以及信号接收机对地面目标的状况进行精准测定并提供全方位导航和定位的系统。它具备精度高、全天候、效率高、操作简便等特点。

① GPS 的构成。GPS 由空间卫星系统、地面监控系统和用户接受系统组成。空间卫星系统是由 24 颗卫星组成，其中的 21 颗为工作卫星，3 颗为备用卫星。24 颗卫星均匀分布在 6 个轨道平面上，即每个轨道面上有 4 颗卫星。地面控制系统是由 1 个主控站（Master Control Station，MCS）、4 个地面天线站（Ground Antenna Station）和 6 个监测站（Monitor Station）组成。用户接受系统是能够接收、跟踪、变换和测量 GPS 信号的接收设备（即 GPS 用户接收机）。GPS 的构成如图 5-7 所示。

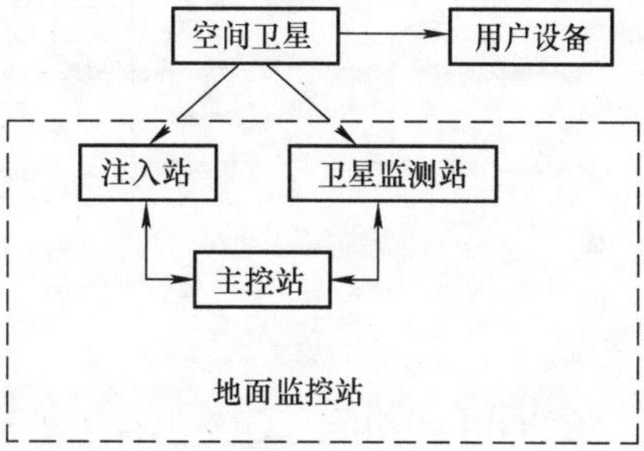

图 5-7　GPS 的构成

② GPS 的主要功能。GPS 是通过卫星不断发送自身的星历参数和时间信息，定位装置收到这些信息后计算得出接收机的三维位置信息、运动速度以及时间信息，实现精准定位。具体有以下功能：

- 自动导航。GPS 的主要功能就是自主导航，可用于武器导航、车辆导航、船舶导航、飞机导航、星际导航和个人导航。
- 指挥监控。GPS 的导航定位与数字短报文通信基本功能可以有机结合，利用系统特殊的定位体制，将移动目标的位置信息和其他相关信息传送至指挥所，完成移动目标的动态可视化显示和指挥指令的发送，实现移动目标的指挥监控。
- 跟踪车辆和船舶。为了随时掌握车辆和船舶动态，需要根据地面计算机终端实时显示车辆和船舶的实际位置，了解货运情况，实施有效监控和快速运转。
- 信息传递和查询。利用 GPS，管理中心可对车辆和船舶提供相关的气象、交通、指挥等信息，还可将行进中车辆和船舶的动态信息传递给管理中心，实现信息的双向交流。
- 异常报警。通过使用 GPS，及时掌握运输装备的异常情况，接受求救信息和报警信息，并迅速传递到地面管理中心，从而实行紧急救援。

目前，GPS 在物流中的主要用途包括配送车辆的自定位、跟踪调度、陆地救援等。将 GPS 应用于车辆管理中，可以对运输的车辆和货物进行实时定位、跟踪和监控。

（2）GIS 技术

地理信息系统（Geographic Information System，GIS）作为采集、存储、管理、分析、显示与应用地理信息的计算机系统，是分析和处理海量地理数据的技术，是人类空间认知的有效工具。它是计算机科学与地理空间科学相结合的产物。

① GIS 的构成。GIS 是由计算机硬件系统、计算机软件系统、地理数据和用户四个部分组成。计算机硬件系统是 GIS 部署的物理环境，是计算机系统中的实际物理装置的总称，包括输入设备、存储设备和输出设备。计算机软件系统包括计算机系统软件、GIS 专

业软件和应用软件。其中计算机系统软件是支持计算机本身的程序软件，包括操作软件、汇编程序等；GIS 专业软件是处理、展示、分析空间数据的软件系统；应用软件是用户或系统开发人员根据某类行业的需求，基于 GIS 专业软件而进行开发的应用程序。地理数据是以空间位置为参数的自然、社会和人文等数据，通过遥感卫星、数码产品、数字化仪器以及相关的专业软件等设备输入 GIS 的数据。用户是指负责系统设计与执行的项目经理、信息管理技术人员、系统用户化的应用工程师及最终运行系统的用户。GIS 的构成如图 5-8 所示。

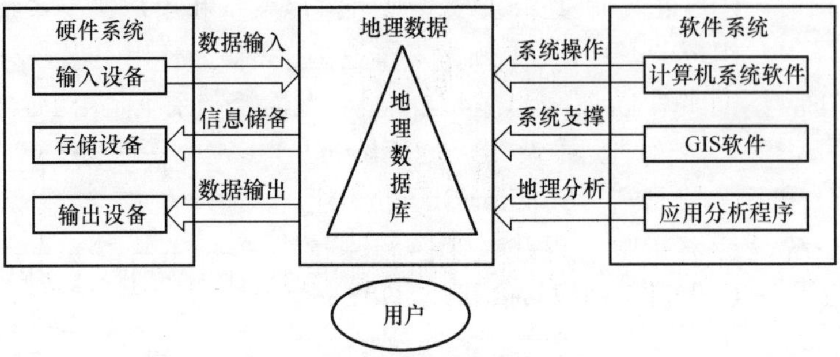

图 5-8　GIS 的构成

② GIS 的功能。GIS 包含了处理空间数据的各种基本和高级功能，基本功能包括数据采集与编辑、数据处理与储存、空间查询与分析和制图展示；高级功能包括空间分析、模型分析、网络分析等。具体来说有以下功能：

● 数据采集与编辑。数据采集与编辑是 GIS 最基础的功能，数据的采集是将地面上的实体图形数据和描述它的属性数据输入计算机，对采集的各种数据，按照不同的方式进行编辑运算，清除数据冗余，弥补数据缺失，形成符合用户要求的数据文件格式。

● 数据处理与储存。空间数据是多源数据，多源数据的融合应用是 GIS 数据处理的目的，数据处理主要包括数据的投影转换、格式转换及数据综合等。数据的投影转换是把不同测量成果统一到同一坐标基准下，以满足 GIS 制图及分析的需要。数据的格式转换是将各类来源的地理数据统一格式储存，主要是计算机辅助设计系统（Auto CAD）格式的数据、不同遥感数据处理系统存储的栅格数据（Envi/Erdas）、GPS 野外采集数据、图片数据、属性表格数据等格式转换。数据综合是指在进行数据展示层面，对于不同比例尺的地图数据、不同分辨率的遥感数据的处理，利用制图综合和影像重采用方法，达到在不同的尺度下，展示特定的地理要素。

● 空间查询和分析。空间查询和分析是 GIS 应用最为广泛的功能，也是地理信息系统区别于其他信息系统的重要标志。空间查询是按照一定的条件将空间对象检索出来，并在地图上进行位置和属性的展示。空间分析是解决现实世界中与空间相关的问题，主要的分析方法有拓扑分析、方位分析、栅格分析。空间分析是大数据挖掘的基础手段之一，通过空间数据的查询和分析，能够从已知的地理数据中发现更多隐含的信息。

● 网络分析。GIS 的网络分析是根据地理网络、城市基础设施网络进行地理分析，进行合理的资源配置优化。在空间网络分析中，路径优化问题是重要的分析问题，在物流行业中应用广泛。

● 制图展示。制图展示是对空间数据进行各种渲染，让用户对与空间相关的事件形成直观印象。GIS 提供的制图展示包括地图符号的制作、地图比例尺的计算、地图打印输出等。

目前，GIS 在物流中的应用主要有运输路线的选择、仓库位置的选择、仓库容量的设置、运输车辆的调度、投递路线的选择。

（3）GPS/GIS 定位跟踪技术在制造业物流信息平台中的应用

GPS 技术应用于制造业物流信息平台，能够实时获取移动目标的位置及运动状态，能够对物流运输进行全要素、全过程和全方位数字化和智能化管理，整合物流运输过程的各类信息，帮助物流企业对物流活动的各个环节进行有效的计划、组织、协调和控制。物流企业通过 GPS 能够精确地获取运输工具的信息，便于企业内和客户访问，从而使整个业务流程可视化，有利于制定更加科学合理的决策方案，全面提升物流企业的管控水平。

GIS 技术应用于制造业物流信息平台，能够以空间为纽带来整合各类信息，建设基于空间位置服务的综合物流服务系统，将物流服务延伸到供应链的各个环节。例如运用 GIS 的空间分析技术，可以科学地设置仓库、销售网点。因此，通过综合物流服务系统，能够及时掌握物流供应链上 / 下游的信息，从而为物流用户提供全供应链信息。

5.2.3　物流信息传输与交换技术

物流信息的传输主要是通过网络进行传输，而物流信息的交换是通过通信技术和电子数据交换技术实现的。随着移动互联网的发展，移动互联网的传输和通信技术成为物流信息传输与交换的主流技术。

（1）互联网技术

互联网（Internet），又称网际网路，或译为因特网，是网络与网络之间所串联的庞大网络，这些网络以一组通用的协议相连，形成逻辑上的单一巨大网际网络。这种将计算机网络相互联结在一起的方法可称为“网络互联”，在此基础上发展出覆盖全世界的全球性互联网络称为互联网，即相互连接在一起的网络。

互联网技术主要有网络连接技术和网络应用技术。

① 网络连接技术（Internet 接入技术）。网络连接技术（Internet 接入技术）是用户与互联网间连接方式和结构的总称。任何需要使用互联网的计算机必须通过某种方式与互联网进行连接。互联网接入技术的发展非常迅速，带宽由最初的 14.4kbps 发展到 100Mbps、1Gbps 带宽，接入方式也由单一的电话拨号方式，发展到目前多种多样的有线和无线接入方式，接入终端也开始向移动设备发展，并且更新更快的接入方式在不断地被研究和开发出来。

根据接入后数据传输的速度，Internet 接入方式可分为宽带接入和窄频接入。

● 常见民用宽带接入方式主要有：ADSL（非对称数字用户线路）接入、VDSL（超高速数字用户线路）接入、光纤接入、无线（使用 IEEE 802.11 协议或使用 3G 技术）宽带接入、电力线通信接入、有线电视上网（通过有线电视网络）接入、人造卫星宽带接入。

● 常见民用窄频接入方式主要有：电话拨号接入、窄频 ISDN 接入、GPRS 手机上网、UMTS 手机上网、CDMA 手机上网、3G、4G。

② 网络应用技术。网络应用技术是指所有与网络应用相关的技术。随着互联网的不

断发展，网络应用的多样化，以及硬件设施的飞速发展，网络应用技术也朝着更多样、更复杂的方向发展。目前与网络应用相关的主要技术有：Web 技术、网络安全技术、搜索技术、数据库技术、传输技术、流媒体技术、电子商务应用相关的技术等，这些技术在信息传输、交换、储存、分析、决策的过程中发挥着重要的作用，称为网络经济中的支撑技术。

（2）移动互联网技术

移动互联网是移动和互联网融合的产物，继承了移动的随时、随地、随身与互联网分享、开放、互动的优势，是整合二者优势的“升级版”，即运营商提供无线接入、互联网企业提供各种成熟的应用。

目前移动互联网技术主要有 WAP 技术、Web2.0 技术和云计算技术。

① WAP 技术。WAP 作为一种无线应用程序的编程模型和语言，首次定义了一个开放的标准结构和一套用来实现无线终端接入 Internet 的协议，它包括以下五个方面的内容：

- WAP 的编程模型。WAP 尽可能多地兼容现有的标准，以最大限度地保护现有投资。这个模型在很大程度上利用现有的 WWW 编程模型，应用开发人员可以继续使用已熟悉的现有开发工具，如 Web 服务器和 XML 工具等。
- WAP 网关。WAP 规范使用标准的 Web 代理技术将无线网络与 Web 连接起来。通过增强网络功能，减少了便携终端上的操作负载，为便携设备实现 Internet 的功能提供了基础。此外，网络还可以利用 WAP 网关为用户提供各种服务。
- 遵守 XML 标准的 WML（无线标记语言）和用于便携终端的微浏览器规范。WML 和 WML Script 将文件分割成一套容易定义的用户交互操作单元，以利于小屏幕显示。微浏览器的规范定义了便携终端如何解决 WML 和 WML Script，并且如何把信息正确地显示给用户。用户可以方便地进行交互操作。
- 轻量级协议栈。这个协议栈将无线终端接入 Internet 的带宽需求降到最低，可以为无线网络节省约 50% 的带宽，保证了各种无线网络都可以使用 WAP 规范。
- WTA（无线电话应用）框架。WTA 允许无线移动电话接入各种电话功能，如呼叫控制、电话本访问和文电信息显示。这样，服务提供商就能够开发各种电话应用并将其集成到 WAP 服务中。

WAP 解决了无线网络中的低带宽、高延迟特性等问题，通过对会话层、处理层、传输层的改进提供了更适合于无线网络环境的 HTTP（超文本传输协议）功能；针对手持设备内存、电源的特殊情况进行了优化；并通过 WTLS（无线传输层安全）协议提供了客户端和服务器之间安全的无线连接，使得便携设备通过无线网络安全地访问服务器。但 WAP 的应用还非常简单，需要不断改进，如何将 WML 和 HTML（超文本标记语言）真正融合起来以便与 WWW 服务一体化还需要解决很多问题。

② Web 2.0 技术。目前，以博客（Blog）、内容聚合（RSS）、百科全书（Wiki）、网摘、社会网络（SNS）、对等网络（P2P）、即时信息（IM）为代表的 Web 2.0 应用技术已被用户广泛地接受和使用。

与之前的互联网（Web 1.0）相比，Web 2.0 具有的共同特征包括：互联网作为平台；利用集体智慧；数据是核心；软件发布周期的终结；轻量型编程模型；软件超越单一设备；

丰富的用户体验。

Web 2.0 让用户从信息获得者变成了信息贡献者，也让富互联网应用（Rich Internet Application，RIA）成为网络应用的发展趋势。

Web 2.0 模式下的互联网应用具有以下显著特点：

● 用户分享。在 Web 2.0 模式下，用户可以不受时间和地域的限制分享各种观点，用户可以得到自己需要的信息，也可以发布自己的观点。

● 信息聚合。在 Web 2.0 模式下，信息在网络上不断积累，不会丢失。

● 以兴趣为聚合点的社群。在 Web 2.0 模式下，在网络上聚集了许多对某个或者某些问题感兴趣的群体。

● 开放的平台，活跃的用户。对于用户来说，平台是开放的，用户因兴趣而保持高度的热情，会积极参与其中。

③ 云计算技术。云计算是指由几十万甚至上百万台廉价的服务器所组成的网络，为用户提供需要的计算机服务，用户只需要一个能够上网的设备，如一台笔记本电脑或手机就可以获得自己需要的一切计算机服务。

作为一种基于互联网的新兴应用模式，云计算通过网络把多个成本相对较低的计算实体整合成一个具有强大计算能力的系统，并借助 SaaS、PaaS、LaaS、MSP 等先进的商业模式把这个强大的计算能力分布到终端用户。其核心理念就是通过不断提高自身处理能力，进而减少用户终端的处理负担，最终使用户终端简化成一个单纯的输入 / 输出设备，并能按需享受“云”的强大技术处理能力，从而更好地提高资源利用率，节约成本。

（3）无线传感器网络

无线传感器网络（Wireless Sensor Networks，WSN）是由部署在监控区域内大量的微型传感器节点组成，通过无线通信方式搭建的一个多跳的具有自组织特性的网络系统，其目的是对覆盖区域中的感知对象的信息进行感知、采集和处理，并最终发送给观测者。无线传感器网络结构如图 5-9 所示。

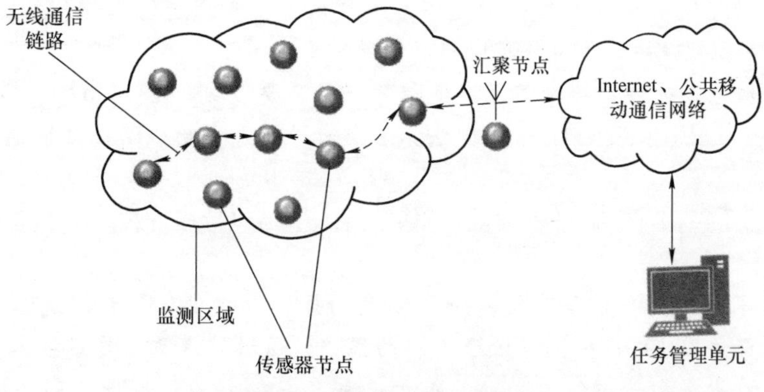

图 5-9　无线传感器网络结构

互联网构成了逻辑上的信息世界，改变了人与人之间的沟通方式，而无线传感器网络是将逻辑上的信息世界与客观的物理世界融合在一起，改变了人类与自然界交互的方式。

目前无线传感器网络已经广泛地运用于军事侦探、环境监测、医疗护理、智能家居、工业生产控制等领域。

在制造业物流中，通过无线传感器网络，依靠多个传感器网络的节点来实现对不同物流信息的采集，以便在传感器网络中，将有效的物流信息传递到外界，实现对物流环境的监测与控制。

（4）移动通信技术

移动通信技术是应用于底层感知数据的远程传输，通过不同类型的网络最终将数据交付给用户使用。移动通信的主要应用系统有无绳电话、无线寻呼、蜂窝移动通信、卫星移动通信；移动通信技术主要有多址技术、调制技术、抗衰落技术和组网技术。

① 移动通信的应用系统。移动通信的应用系统主要包括蜂窝式公用移动通信系统、集群调度移动通信系统、无绳电话系统、无线电寻呼系统、卫星移动通信系统和无线局域网等。

● 蜂窝式公用移动通信系统。蜂窝式公用移动通信系统主要是针对陆地使用的移动通信系统，它适用于全自动拨号、全双工工作、大容量公用移动陆地网组网，可与公用电话网中任何一级交换中心相连接，实现移动用户与本地电话网用户、长途电话网用户及国际电话网用户的通话接续。

● 集群调度移动通信系统。集群调度移动通信系统属于专用移动通信系统，它是调度系统的专用通信网。这种系统一般由控制中心、总调度台、分调度台、基地台及移动台组成。

● 无绳电话系统。无绳电话最初是应有线电话用户的小范围移动的需求而诞生的，主要应用于家庭。现在无绳电话技术的发展使得它已具有很多商业应用，并由室内走向室外。这种公用系统由移动终端（公用无绳电话用户）和基站组成。基站通过用户线与公用电话网的交换机相连接而进入本地电话交换系统。

● 无线电寻呼系统。无线电寻呼系统是一种单向通信系统，既可公用也可专用。专用寻呼系统由用户交换机、寻呼控制中心、发射台及寻呼接收机组成。公用寻呼系统由与公用电话网相连接的无线寻呼控制中心、寻呼发射台及寻呼接收机组成。

● 卫星移动通信系统。卫星移动通信系统利用卫星中继进行工作，主要用于在海上、空中和地形复杂而人口稀疏的地区实现移动通信。

● 无线局域网。无线局域网是无线通信的一个重要领域。IEEE802.11、IEEE 802.11a、IEEE 802.11b 以及 IEEE 802.11g 等标准已相继出台，为无线局域网提供了完整的解决方案和标准。

② 移动通信的基本技术。移动通信的基本技术主要包括多址技术、调制技术、抗衰落技术和组网技术。

● 多址技术。当把多个用户接入一个公共的传输媒介实现相互间通信时，需要给各个用户的信号赋予不同的特征，以区分不同的用户，这种技术称为多址技术。移动通信是依靠无线电波的传播来传输信号的，具有大面积覆盖的特点，因此，网内一个用户发射的信号，其他用户均可接收到所传播的电波。网内用户如何能从信号中识别出发送给自己的信号就成为建立连接的首要问题。在蜂窝通信系统中，移动台是通过基站和其他移动台进行通信的，因此必须对移动台和基站的信息加以区别，使基站能区分是哪个移动台发来的信号，各移动台也能识别出哪个信号是发给自己的。要解决这个问题，就必须给每个信号赋予不同的特征，这就是多址技术最基本的功能。多址技术是移动通信的基础技术之一。

● 调制技术。调制就是对消息源信息进行编码的过程，其目的就是使携带信息的信号与信道特性相匹配以及有效地利用信道。移动信道存在的多径衰落、多普勒频率扩展都会对信号传输的可靠性产生影响，日益增加的用户数量和无线信道频谱的拥挤也要求系统有比较高的频谱效率，即在有限的频率资源情况下尽可能多地容纳用户。因此，移动通信系统在选择调制方式时需要考虑频带利用率、功率效率、已调信号恒包络、易于解调和带外辐射等因素。

● 抗衰落技术。在移动信道中存在大量的环境噪声和干扰，因此必须采取有效措施保证网络在运行时，干扰电平和有用信号相比不超过预定的门限值。在移动通信中需要采取一些信号处理技术来改善接收信号的质量，常用的抗衰落技术有分集接收、信道编码、信道均衡和扩频技术。

● 组网技术。要实现移动通信系统在其覆盖区内有良好的通信效果，就必须有一个通信网支撑，这个通信网就是移动通信网，这就涉及移动通信组网技术。移动通信网络由空中网络和地面网络两部分组成。空中网络是移动通信网的主要部分，主要包括多址接入、频率复用、蜂窝小区和切换位置更新问题。地面网络部分主要包括服务区内各个基站的相互连接和基站与固定网络（PTSN、ISDN、数据网等）的连接。

（5）电子数据交换技术

电子数据交换（Elcctronic Data Interchange，EDI）是目前最成熟、应用最广泛的在信息系统之间进行数据交换和共享的技术。

国际标准化组织（ISO）对 EDI 的定义：根据商定的交易或电文数据的结构标准，实施商业或行政交易，实现数据从计算机到计算机的电子传输。EDI 技术将传统的通过邮件、快递或传真的收发进行的两个组织之间的信息交流，转化为用电子数据来实现两个组织之间的信息交流。

① EDI 的特点。EDI 技术有以下特点：

● EDI 的使用对象是需要进行商业交易或业务协同的不同企业或组织，EDI 是企业或组织间信息交流的一种方式。

● EDI 所传送或交换的信息是业务资料，如发票、订单等商业单证材料和物流过程动态等，是一种结构化的数据，而不是一般性的文字通知和描述。

● EDI 传输的报文，以及为传输报文而建立起来的通信方式和系统互联，都必须符合交换双方共同承认并遵循的格式标准，这是信息系统能够自动处理报文的基本前提。

● EDI 使用的数据通信网络在过去一般是增值网和专用网，现在越来越多地通过互联网来完成，其私密性和安全性通过一系列互联网安全认证技术来实现。

② EDI 在制造业物流信息平台中的应用。物流信息平台的一个重要功能就是不同主体之间的信息传输与数据交换。在制造业物流信息平台，供应商与生产企业、生产企业与销售企业，以及物流企业与其关联企业，通过 EDI 系统进行数据的交换，改善了作业流程，提高了工作效率，降低了成本，实现供应链作业过程快速、高效地运行。基于 EDI 的物流信息的流程如图 5-10 所示。

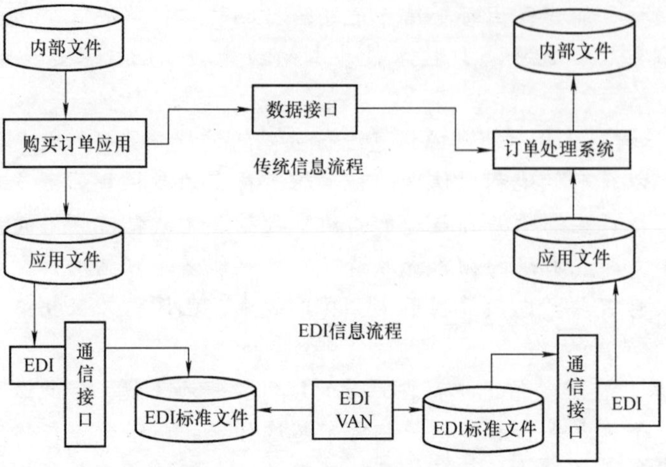

图 5-10　基于 EDI 的物流信息流程图

5.2.4　物流信息储存与处理技术

（1）分布式数据库技术

数据库是指被计算机存储起来的数据及数据间逻辑关系的集合。它是通过文件而组织起来，具有最小冗余度、独立性、共享性和统一管理等特点的数据集合。

数据库管理系统（DBMS）就是管理数据库的系统，即对数据库执行一定的管理操作。数据管理技术进入数据库系统阶段，系统克服了文件系统的主要缺陷，这个阶段通过数据库管理系统来实现对数据更有效的管理，数据库对数据的管理如图 5-11 所示。

图 5-11　数据库管理系统对数据的管理

数据库系统对数据的管理具有以下特点：

● 采用数据模型表示复杂的数据结构。数据模型不仅描述数据本身的特征，还描述数据之间的联系，这种联系通过存取路径实现。通过存取路径表示自然的数据联系是数据库与传统文件的根本区别。因此，数据不再面向特定的某个或多个应用，而是面向整个应用系统。数据冗余明显减少，实现了数据共享。

● 较高的数据独立性。数据的逻辑结构与物理结构相互独立，用户以简单的逻辑结构操作数据，无须考虑数据的物理结构。数据库的结构分成用户的局部逻辑结构（外模式）、数据库的整体逻辑结构（模式）和物理结构（内模式）三级，由整个数据库管理系统实现数据间的映射关系。

● 数据库系统为用户提供了方便的用户接口。用户可以使用查询语言或终端命令操作数据库，也可以用程序方式（如使用高级语言和数据库语言联合编制的程序）操作数据库。同时，数据库管理系统提供了数据控制功能，数据完整性、数据库的恢复、并发控制及数据安全性等都得到了保证。

分布式数据库技术是分布式技术与数据库技术的结合。分布式数据库是分散在计算机网络的各个节点上，逻辑上属于同一个系统的数据集合，具有分布性和协调性的特点。由于物流信息的流动是跨企业进行的，物流系统必须实现跨地区的信息实时传输与储存。应用分布式数据库技术可以将数据进行分布式储存与管理，有效地解决了物流信息系统数据量大而造成用户访问数据库困难的问题。

（2）数据仓库技术

数据仓库技术主要是对数据进行集成化收集和处理，不断地对信息系统中的数据进行整理，为决策者提供决策支持。数据仓库技术主要解决数据的提取、集成及数据的性能优化等问题。

在数据仓库技术结构中，其底层是多个信息源，包括一般的数据库、平面文件、HTML 文件等；在包装器 / 监视器模块中，包装器负责把信息从信息源的数据格式转换成数据仓库系统使用的格式，监视器负责对本地信息源中需要提取的数据及其变化做自动的探测，并把结果报告给集成器；集成器负责把信息安装到仓库中，其间还要进行过滤、汇总或与其他数据源的信息合并，最后将新的信息正确地放到数据仓库中。数据仓库的结构如图 5-12 所示。

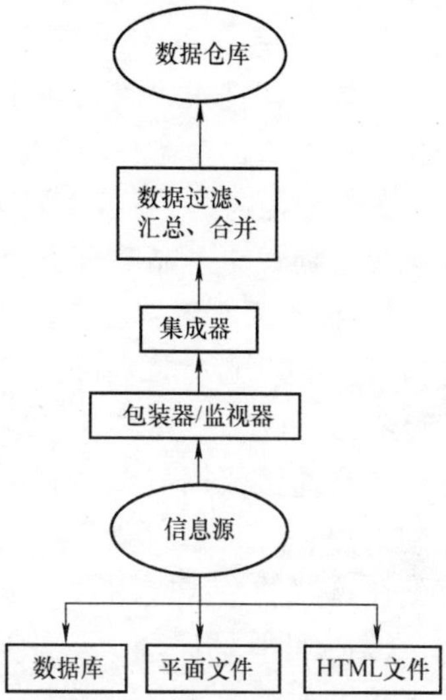

图 5-12　数据仓库的技术结构

（3）云计算技术

云计算技术是物流信息储存与处理的核心技术。云计算是网格技术、分布式计算、并行计算、效用计算、网络储存、虚拟化、负载均衡等传统计算机技术与网络技术发展融合的产物。

狭义的云计算是指 IT 基础设施的交付和使用模式，即通过网络以按需、易扩展的方式获得所需的资源（硬件、平台、软件）。提供资源的网络被称为“云”。对于使用者来说，“云”中的资源可以无限扩展、随时获取、按需使用、随时扩展，并按使用付费。广义的云计算是指服务的交付和使用模式，即通过网络以按需、易扩展的方式获得所需的服务。这种服务可以是 IT 服务和与软件、互联网相关的服务，也可以是其他任意的服务。

① 云计算体系结构。云计算平台是一个提供云计算服务的“云”网络，连接有大量并发的网络服务器集群，并利用虚拟化技术扩展每一个服务器的能力，将各自的资源通过云计算平台结合起来，提供超级计算和存储能力。通用的云计算体系结构如图 5-13 所示。

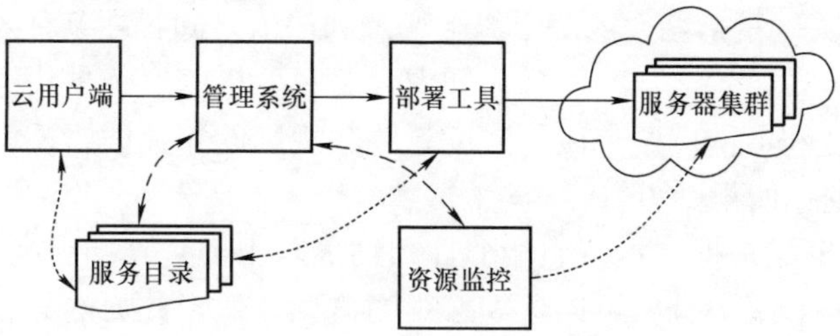

图 5-13　云计算体系结构

● 云用户端：提供云用户请求服务的交互界面，也是用户使用云的入口。用户通过Web浏览器可以注册、登录，定制服务，配置和管理用户，访问在线应用。

● 服务目录：云计算用户在取得相应权限（比如付费、注册）之后，可以选择或定制服务列表，也可以对已定制的服务退定。在云用户端界面生成服务列表，展示相关的云计算服务内容。

● 管理系统和部署工具：提供管理和服务，第一，对用户授权、认证、登录进行管理；第二，接受用户发送请求，根据用户请求转发相应的应用程序；第三，对计算资源和任务进行管理，动态地部署、配置和回收计算资源。

● 资源监控：监控和计量云系统资源的使用情况，以便做出迅速反应，完成节点同步配置、负载均衡配置和资源监控，确保资源能顺利分配给合适的用户。

● 服务器集群：服务器集群是指虚拟的或物理的服务器集合，由管理系统管理。服务器集群主要负责处理高并发量的用户端请求、大运算量的计算处理、用户Web应用服务，云数据储存时采用相应数据切割算法，采用并行方式上传和下载大容量数据。

用户通过云用户端从服务目录列表选择所需要的服务，服务请求通过管理系统调度相应的资源，并通过部署工具分发请求、配置Web应用。云计算服务向云用户提供通用的Web浏览器的在线应用。

② 云计算的原理。云计算是分布式处理、并行处理和网格计算的发展，或者说是这些计算机科学概念的商业实现。云计算的基本原理是，通过非本地或远程服务器（集群）的分布式计算机为互联网用户提供服务（计算、储存、软硬件等服务），使得用户可以将资源切换到需要的应用上，根据需求访问计算机和储存系统。云计算可以把普通的服务器或PC连接起来以获得超级计算机的计算与存储功能。

③ 云计算技术在制造业物流信息平台中的应用。云计算技术在物流中的应用实现了物流相关数据的采集、整理、储存、分析、处理和管理等。基于云计算技术的内容与优势，运用云计算技术构建制造业物流信息云平台，为制造企业和物流企业提供物流业务服务、数据存储服务和基础服务。

5.2.5 物流信息分析与决策技术

制造业物流信息平台信息分析与决策技术最主要是数据挖掘技术。数据挖掘是从数据仓库或其他的数据库中提取隐藏的预测性信息的技术，它能够挖掘出数据间潜在的模式，找出有价值的信息。

（1）数据挖掘的主要任务

数据挖掘的任务主要是关联分析、聚类分析、分类、预测、时序模式和偏差分析等。

① 关联分析。关联是指两个或两个以上变量的取值之间存在某种规律性。数据关联是数据库中存在的一类重要的、可被发现的知识。关联分析的目的是找出数据库中隐藏的关联网。一般用支持度和可信度两个阈值来度量关联规则的相关性，还可引入兴趣度、相关性等参数，使得所挖掘的规则更符合需求。

② 聚类分析。聚类是把数据按照相似性归纳成若干类别，同一类中的数据彼此相似，不同类中的数据相异。聚类分析可以建立宏观的概念，发现数据的分布模式以及可能的数据属性之间的相互关系。

③ 分类。分类就是找出一个类别的概念描述，它代表了这类数据的整体信息，即该类的内涵描述，并用这种描述来构造模型，一般用规则或决策树模式表示。分类可被用于规则描述和预测。

④ 预测。预测是利用历史数据找出变化规律，建立模型，并由此模型对未来数据的种类及特征进行预测。预测关心的是精度和不确定性，通常用预测方差来度量。

⑤ 时序模式。时序模式是指通过时间序列搜索出的重复发生概率较高的模式，用处于不同时间的已知数据预测未来的值。

⑥ 偏差分析。偏差分析是对差异和极端特例的描述分析，用于揭示事物偏离常规的异常现象。

（2）数据挖掘流程

① 定义问题。定义挖掘的主题，明确挖掘的主要任务。

② 数据预处理。从大型数据库和数据仓库中提取数据挖掘的目标数据集，进行数据清洗、数据集成、数据转化等数据预处理。

③ 数据挖掘。根据数据的功能类型和数据的特点选择相应的算法，对已经净化和转换的数据进行数据挖掘。

④ 分析结果。对数据挖掘的结果进行解释和评价，转换成为能够被最终用户理解的知识。

⑤ 知识应用。将分析所得到的知识集成到业务信息系统中。

数据挖掘的流程如图 5-14 所示。

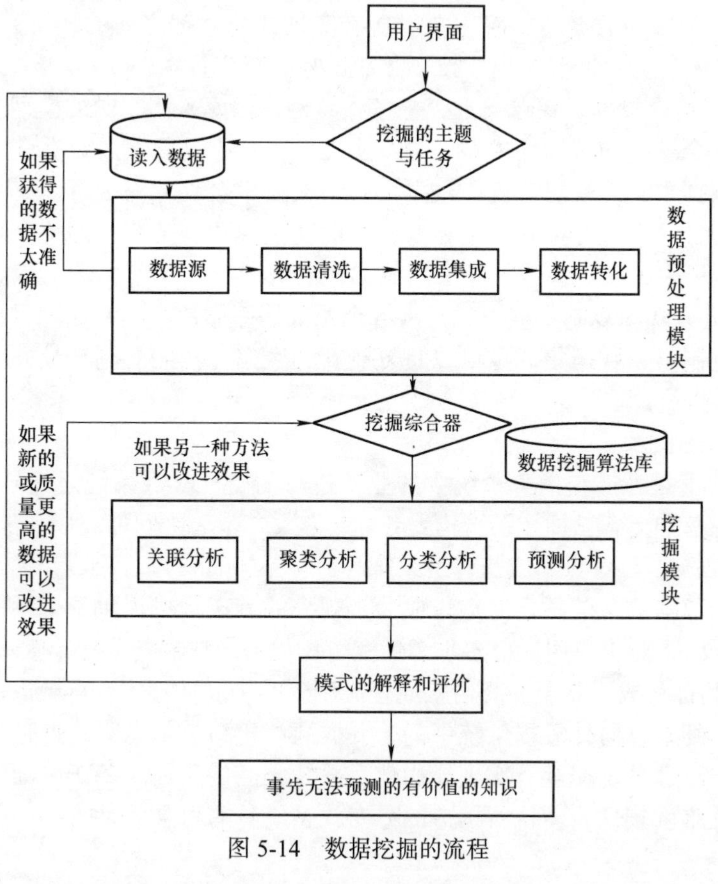

图 5-14 数据挖掘的流程

数据挖掘技术主要是对数据进行关联分析、聚类分析、分类、预测、时序模式和偏差分析等，通过对数据进行高度自动化的分析，做出归纳性的推理，从中挖掘出潜在的模式，帮助企业及时、准确地收集和分析物流客户、供应商、企业内部的物流信息，及时调整物流与供应链管理策略，科学地进行决策。

数据挖掘技术与数据仓库技术，综合了数据库技术、数据可视化技术和统计分析技术，使数据和决策过程成为一个有机整体，能够为物流信息平台提供有力的决策支持。

5.3 制造业物流信息平台集成技术

由于制造业物流信息平台是由多个物流信息系统构成，这些系统所提供的服务方式不同、编程语言不同、数据格式和数据的存储表示不同，整个技术架构也有较大差异，形成了大量异构系统，造成企业的信息资源不能交互和共享。构建制造业物流信息平台需要将这些物流信息系统集成起来，因此需要引入信息集成技术。

5.3.1 信息集成技术概述

信息系统（平台）的集成就是实现异构数据、异构系统之间的共享与交互，目前有多种实现技术和解决方案。根据技术特点，集成技术可以分为数据集成技术和应用集成技术。

（1）数据集成技术

数据集成技术是透过信息系统的业务逻辑，直接与底层的数据库系统进行通信，通过数据库接口访问和添加数据，并应用映射技术实现异构数据之间的转换。按照实现方式，数据集成技术可以分为数据模式集成技术和数据复制集成技术。

① 数据模式集成技术。在逻辑上，把各种异构数据库采用相同的模型进行重构，从而建立并表示出一个统一的数据库模型，最终实现异构数据的集成。数据模式集成技术的关键是建立共享数据模式。一般来说，数据模式集成技术会划分为“翻译—映射—集成”三个部分进行实现，每个部分都是一个相对独立的功能模块。从模式的角度来看，数据模式集成可细分为全局模式和联邦数据库法。

② 复制集成方式。复制集成方式是将各个源数据库中的数据复制到目标数据库中，数据复制可以是复制整个数据集，也可以是复制新的数据。按照复制集成方式实现信息集成的典型方案是数据仓库。

（2）应用集成技术

应用集成技术是通过与信息系统中的业务逻辑的交互实现系统之间异构系统的集成。应用集成的实现基本上有三种体系结构：点对点集成、基于中间件集成和面向服务的集成。

① 点对点集成。点对点集成是每个系统与目标系统直接进行集成，通过硬编码的方式实现系统之间的通信与交互。点对点集成为小规模的静态集成提供了一种迅速、有效、可靠的集成方案，但是对于应用量较多、柔性和扩展性要求较高的集成不太适用。

② 基于中间件集成。基于中间件集成是应用各种中间件技术，屏蔽底层各种复杂的协议、接口等技术细节，向外界提供统一的、开放式的接口，信息系统通过与中间件进行交互而不是直接与目标系统交互，实现异构信息系统之间的集成。基于中间件集成接口数量较少，接口开发难度较低，使得所构造的分布式系统具有可伸缩性，提高了系统的可用性

和可靠性，提升了系统的性能和可维护性，为最终客户提供一定程度的分布式透明性。但是各种中间件技术通常是私有的或是供应商提供的，不具有开放性、标准性，增加了互联的难度，一般中间件价格昂贵，且缺乏柔性。

③ 面向服务集成。面向服务的体系结构（SOA）是一种分布式的软件架构模型。在该模型中，任何业务功能都被封装为一个符合标准规范、提供统一结构的服务，通过服务化封装将业务功能发布，供服务消费者调用。SOA 与其他集成方式相比，其最大优势在于它是基于开放的、标准的协议，避免了不同中间件技术所采取的技术规范不同，导致各种中间件之间无法通信和信息交互，因此 SOA 集成方式更加具有柔性和敏捷性。

5.3.2　企业应用集成技术（EAI 技术）

企业应用集成（Enterprise Application Integration，EAI）是以结构化方式集成的技术，它是将基于各种不同平台、用不同方案建立的异构应用集成的一种技术。EAI 通过建立底层结构来联系横贯整个企业的异构系统、应用、数据源等，完成在企业内部的 ERP、CRM、SCM、数据库、数据仓库，以及其他重要的内部系统之间无缝地共享和交换数据的需要。有了 EAI，企业就可以将企业核心应用和新的 Internet 解决方案结合在一起。EAI 将进程、软件、标准和硬件联合起来，在两个或更多的企业系统之间实现无缝集成，使它们就像一个整体一样。尽管 EAI 常常表现为对一个商业实体（如一家公司）的信息系统进行业务应用集成，但当在多个企业系统之间进行商务交易时，EAI 也表现为不同公司实体之间的企业系统集成，如 B2B 的电子商务。

EAI 主要包括业务过程集成、应用集成、数据集成、平台集成及实现数据集成的标准。

（1）业务过程集成

当对业务过程进行集成时，企业必须在各种业务系统中定义、授权和管理各种业务信息的交换，以便改进操作、减少成本、提高响应速度。业务过程集成包括业务管理、进程模拟，以及综合任务、流程、组织和进出信息的工作流，还包括业务处理中每一步都需要的工具。

（2）应用集成

为两个应用中的数据和函数提供接近实时的集成。在一些 B2B 集成中，应用集成还用来实现 CRM 系统与企业后端应用和 Web 的集成，以构建能够充分利用多个业务系统资源的电子商务网站。

（3）数据集成

为了完成应用集成和业务过程集成，必须首先解决数据和数据库的集成问题。在集成之前，必须先对数据进行标识并编成目录，另外还要确定元数据模型。这三步完成以后，数据才能在数据库系统中实现分布和共享。

（4）平台集成

要实现系统的集成，底层的结构、软件、硬件以及异构网络的特殊性需求必须得到集成。平台集成处理一些过程和工具，以保证这些系统进行快速、安全的通信。

（5）集成的标准

要实现完全的数据集成，必须首先选择数据的标准格式。集成的标准化促成了信息与业务数据的共享与分布，构成了企业应用集成的核心，包括 COM+DCOM、CORBA、

EDI、JavaRMI 和 XML。

5.3.3 中间件技术

中间件技术是指在三层以及多层系统架构中，数据库和业务逻辑服务器之间的一个中间缓冲架构，如图 5-15 所示。它使数据库层和业务逻辑服务层相互隔离，在中间层可以控制对数据的访问。

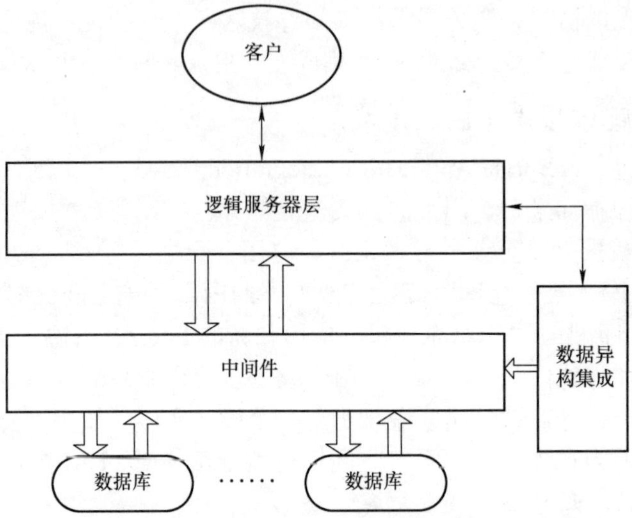

图 5-15 中间件技术模型

中间件能够屏蔽操作系统及硬件的差异，并根据系统部署的实际环境，提供符合规范的数据传输接口和通信协议，从而保证多个应用系统间、应用程序与数据层间的良好沟通，解决了网络分布计算环境中多种异构数据资源的互联与共享的问题。

中间件分担了部分应用层和网络层的功能，其技术特点主要包括：能满足大量应用需求；兼容多种硬件及操作系统；支持分布式计算；支持标准接口和通信协议；灵活的工作模式。

中间件产品可以从不同的角度进行分类。从其应用层次角度，中间件分为底层中间件和高层中间件。底层中间件用于支撑单个应用系统，功能特性较单一；而高层中间件则在底层中间件基础上工作，一般会与多个应用系统交互，常应用于若干系统的集成。从其功能属性的角度，中间件主要分为数据访问中间件（UDA）、远程过程调用中间件（RPC）、消息中间件（MOM）、交易中间件（TPM）和对象中间件五大类。它们分别在分布式数据交互、远程调用、消息传递、事务处理和对象控制方面发挥作用。

制造业物流信息平台是一种基于分布式处理的软件应用，分布着大量的异构系统，如果单纯依靠传统的系统软件或工具软件提供的功能不能解决异构系统所带来的问题，利用中间件技术可以让开发人员解除网络协议、操作系统和数据传输接口标准的束缚，快速地实现不同系统之间的互操作。制造业物流信息平台需要应用的中间件技术主要包括企业集成应用（EAI）中间件、无线应用中间件（如 RFID 中间件）、自适应中间件和嵌入式中间件等，其中 EAI 中间件和 RFID 中间件是制造业物流信息平台建设的基础，也是必不可少的平台构建的关键技术。

5.4　制造业物流信息平台安全技术

制造业物流信息平台的安全大体可分为两个基本方面：第一是计算机系统以及相关数据的安全，即安全的环境；第二是访问和交易过程的安全。前者的目标是在计算机系统、数据、网络方面为交易活动提供安全环境，使电子交易过程能够在稳定、可靠、安全的平台上运行。后者的目标是实现系统的保密性，交易的可鉴别性、不可伪造性和不可抵赖性。这两个方面是相辅相成的。为了保证制造业物流信息平台的安全、可靠，可以采用数据安全技术和网络安全技术。

5.4.1　数据安全技术

数据安全技术主要是在制造业物流信息平台下数据传输、储存、处理过程中所采用的安全技术，包括数据加密技术、数据传输安全技术、身份验证技术。数据加密技术主要是防止数据被截获，或者是确保数据被截获后不被破译。数据传输安全技术是防止基于 TC/IP 的通信过程中数据被非法获取的问题。

（1）数据加密技术

按作用不同，数据加密技术主要分为数据传输、数据存储、数据完整性的鉴别以及密钥管理技术四种。

① 数据传输加密技术。其目的是对传输中的数据流加密，常用的方法有线路加密和端对端加密两种。前者侧重在线路上而不考虑信源与信宿，是对保密信息通过各线路采用不同的加密密钥提供安全保护。后者则指信息由发送者端自动加密，并进入 TCP/IP 数据包回封，然后作为不可阅读和不可识别的数据穿过互联网，当这些信息一旦到达目的地，被自动重组、解密，成为可读数据。

② 数据存储加密技术。其目的是防止在存储环节上的数据失密，可分为密文存储和存取控制两种。前者一般是通过加密算法转换、附加密码、加密模块等方法实现；后者则是对用户资格、权限加以审查和限制，防止非法用户存取数据或合法用户越权存取数据。

③ 数据完整性鉴别技术。其目的是对介入信息的传送、存取、处理的人的身份和相关数据内容进行验证，达到保密的要求，一般包括口令、密钥、身份、数据等项的鉴别。系统通过对比验证对象输入的特征值是否符合预先设定的参数，实现对数据的安全保护。

④ 密钥管理技术。为了数据使用的方便，数据加密在许多场合集中表现为密钥的应用，因此密钥往往是保密与窃密的主要对象。密钥的媒体有磁卡、磁带、磁盘、半导体存储器等。密钥的管理技术包括密钥的产生、分配保存、更换与销毁等各环节上的保密措施。

（2）数据传输安全技术

① 安全套接层（SSL）协议。SSL（Secure Socket layer）协议是基于 Web 应用的安全协议提出的，该协议处于应用层和传输层之间，核心技术主要是使用公钥密码体制和 X.509 数字证书技术保护信息传输的机密性和完整性，主要适用于点对点之间的信息传输，常用于 Browser 和 Web server 之间的数据传递。同时该技术对服务信息和通信的安全进行保护，这些服务信息主要是 SQL Server 2000 数据库服务器中进入和发出的 web 数据。

● SSL 协议的特性。SSL 协议具有以下几个特性：第一，双方建立的每个连接都是采用对称密码加密的，双方的会话只有独一的密钥，采用如 Des、RC4 等来加密数据。第二，连接是可靠的，采用 Md5、Sha 等技术对消息的传送和接受进行检验，这也就是信息的验证算法。第三，使用非对称密码体制对双方进行认证鉴别，例如采用 Rsa 技术等。

● SSL 协议提供的安全服务。SSL 协议主要提供以下安全服务：第一，数据保密服务。SSL 协议使用了对称加密体制（如 DES、IDEA、RC4 等），可以对 WWW 用户和 WWW 服务器之间所传输的数据进行加密处理。第二，数据完整性服务。SSL 协议利用安全 HASH 算法（如 MD5、SHA 等），产生 MAC（Message Authentication Code），防止 WWW 用户和 WWW 服务器之间所传输的数据被非法篡改和破坏。第三，身份认证服务。SSL 协议使用了非对称加密体制（如 RSA、DSS、DH 等）合法地认证客户和服务器的身份，防止不法者入侵。

②互联网的安全协议（IPSec）。为了保证信息传输过程中的安全，IPSec 提供了相关的解决方案，能够实现两个用户之间传送的数据安全。IPSec 操作起来比较复杂，在使用过程中需要安装客户端软件。远程网络通过 IPSec 通道与公司内网连接的过程中，局域网比较容易被攻击和病毒感染，这个安全通道建成以后，通过互联网访问的计算机和资源之间建立了一条存在危险因素的通道，破坏因素顺着分支节点渗透到总部，从而不能保证信息的安全性。

（3）身份验证技术

身份验证是用户向系统出示自己身份证明的过程。身份认证是系统查核用户身份证明的过程。这两个过程是判明和确认通信双方真实身份的两个重要环节，人们常把这两项工作统称为身份验证或身份鉴别。

① 数字签名。数字签名是基于共用密钥的身份验证。虽然公开密钥的加密机制提供了良好的保密性，但难以鉴别发送者，即任何一个得到了公开密钥的人都可以生成和发送报文。数字签名机制则在此基础上提供了一种鉴别方法，以解决伪造、抵赖、冒充和篡改等问题。

② Kerberos 系统。Kerberos 系统是基于 DCE/Kerberos 的身份验证。Kerberos 系统是美国麻省理工学院为 Athena 工程而设计的，为分布式计算环境提供的一种对用户双方进行身份验证的方法。它的安全机制在于：首先对发出请求的用户进行身份验证，确认其是否是合法的用户，如是合法的用户，再审核该用户是否有权对他所请求的服务或主机进行访问。

5.4.2 网络安全技术

网络安全技术是指在物流信息平台下，防止信息数据交互和传递过程中受到不安全的攻击。制造业物流信息平台具有开放性的特点，信息传输过程更多地依赖于无线通信技术，因此制造业物流信息平台的网络安全防卫主要是控制不同主机的网络通道和其所提供的服务，运用网络安全技术对网络访问者授权，限制对网络关键设备的访问。网络安全技术主要有网络防病毒技术、网络防火墙技术、虚拟专用网络（VPN）技术。

（1）网络防病毒技术

在网络环境下，计算机病毒具有不可估量的威胁性和破坏力。因此计算机病毒的防范是网络安全技术中重要的一环，必须选择一个能够支持信息平台的杀病毒软件，并实现软件安装、升级、配置的中央管理及自动化。信息平台的杀病毒软件要尽可能保护平台所有可能的病毒入口，也就是说要支持所有平台可能用到的网络协议，能适应并且及时跟上网络信息的发展。

网络防病毒技术主要包括预防病毒技术、检测病毒技术和消除病毒技术等。其中，预防病毒技术主要包括加密可执行程序、引导区保护、系统监控与读写控制等；检测病毒技术是将病毒检测、多层数据保护和集中式管理等多种功能集成起来，形成多层次防御体系，既具有稳健的病毒检测功能，又具有客户机 / 服务器数据保护能力，也就是覆盖全网的多层次方法；消除病毒技术是通过对计算机病毒分析，开发出具有杀除病毒程序并恢复原文件功能的软件。

网络防病毒技术的具体实现方法包括对网络服务器中的文件进行频繁的扫描和监测、工作站上采用防病毒芯片和对网络目录及文件设置访问权限等。

（2）防火墙技术

防火墙是内部网络与共用网络之间的一种特殊的、具有隔离作用的访问控制设施，用于规范和限制内部网络与共用网络之间数据的自由流动。防火墙大体分成两类：一类是建立在路由器或其他硬件设备上的物理防火墙；另一类是利用系统构成的防火墙。

防火墙的主要技术类型包括网络级数据包过滤（Network – level Packet Filter）和应用代理服务（Application – level Proxy Server）。防火墙可以基于网络层的包过滤机制，利用包过滤规则来实现对内部网络的保护；或者是基于应用层的协议过滤转发技术的应用层网关。防火墙可以将内部网络与外部不可信任的网络隔离，对与外部网络交换数据的内部网络及其主机、所交换的数据进行严格的访问控制。同样，对内部网络，由于不同的应用业务以及不同的安全级别，也需要使用防火墙将不同的 LAN 或网段进行隔离，并实现相互的访问控制。

（3）虚拟专用网络（VPN）技术

VPN 技术采用了 TCP/IP 安全技术。虚拟专用网络（VPN）是借助现有的互联网网络环境，在公开网络信道上建立的逻辑上的组织专用网络。采用 VPN 技术是为了在不安全的信道上实现安全信息传输，保证企业内部信息在互联网上传输时的机密性和完整性，同时使用鉴别技术对通过互联网的数据传输进行确认，保证网络安全、可靠。

VPN 技术的核心是采用隧道技术，将企业专网的数据加密封装后，透过虚拟的公网隧道进行传输，从而防止敏感数据被窃。VPN 可以在 Internet、服务提供商的 IP、帧中继或 ATM 网上建立。企业通过公网建立 VPN，享有较高的安全性、优先性、可靠性和可管理性，其建设周期、投入资金和维护费用也可以大大降低，还为移动计算提供了可能。

5.5　本章小结

本章根据制造业物流的特点和制造业物流信息平台构建的技术要求，提出了制造业物流信息平台技术体系，并全面研究了制造业物流信息平台技术体系中的架构技术、信息技术、集成技术和安全技术。

通过运用 SOA 技术、SOA-BPM 组合架构技术和 Web Service 技术，构建一个基于

SOA 的制造业物流信息平台；通过应用条码技术、RFID 技术、EPC 编码技术、传感器技术、GPS/GIS 技术、互联网 / 移动互联网技术、无线传感器网络技术、移动通信技术、EDI 技术、数据仓库技术、云计算、数据挖掘技术等技术进行对物流信息的识别与采集、空间定位与跟踪、传输与交换、储存与实时处理以及分析与决策，实现了制造业物流信息平台的信息服务功能；通过应用 EAI 技术和中间件技术，解决企业物流信息系统异构的问题，构建制造业物流信息集成平台；通过应用数据安全技术和网络安全技术，确保制造业物流信息平台安全可靠。总之，制造业物流信息平台的技术体系为平台的搭建提供了技术支撑，为制造业物流实现数字化、网络化、集成化、智能化奠定了基础。

第6章

制造业物流信息平台分析

6.1 制造业物流信息平台需求分析

6.1.1 制造业物流信息平台总体需求

制造业物流信息平台是一个基于 Internet 的软件应用平台，为制造企业和物流企业提供资源信息汇集和发布功能，为异构、分布环境下的企业间的信息集成、过程集成和资源共享，提供基于 Web Service 的信息访问与应用手段。该平台应该满足以下多个方面的需求。

（1）为制造企业提供物流服务资源和集成方案，满足物流外包需求

制造业物流信息平台通过收集物流服务商的资源、信息、服务能力，为制造企业提供物流服务商的信息资源，提供一体化的、低成本的物流服务集成方案，并对物流服务的全过程进行监控和管理，以满足制造企业物流外包的需求。

（2）为物流企业提供需求业务和信息集成服务，优化物流业务流程

制造业物流信息平台依靠信息系统，将制造业物流需求进行整合与集成，为物流企业提供需求信息，通过对核心物流业务的信息化管理，帮助物流企业优化物流业务流程，降低物流运作成本。

（3）有效地支持异构物流信息资源的集成，消除“信息孤岛”

目前许多制造企业和物流企业都建立了管理信息系统，但是各个信息资源相对独立，制造企业的物流需求信息与物流企业的物流供给信息不能实现快捷的流通与共享，形成“信息孤岛”。制造业物流信息平台需要具备异构物流资源信息的集成能力，从不同的异构系统中，以不同的方式获取数据，进行网络协同化决策，并将决策后的数据在异构系统之间进行传递。

（4）便捷地进行信息平台的扩展，与外部系统进行集成

制造业物流信息平台是一个开放的系统，它需要与政府管理系统、行业监管系统、其他物流服务系统、潜在的第三方信息系统进行对接，因此它具备较强的扩展性，能够有效地支持外部系统资源以及其他物流服务企业进行系统集成。

（5）满足制造业供应链上中小企业的物流交易的需求

制造业中存在着大量的中小企业，企业业务量不稳定，无法长期进行物流外包；同样，物流业也存在大量中小企业，企业物流信息化程度较低，企业资金不足，技术力量薄弱，没有能力建设企业自己的物流信息系统。因此，这些中小企业需要一个开放平台，提供物流供需信息和物流交易服务。制造业物流信息平台是一个基于 Internet 的软件应用平台，能够为制造企业和物流企业提供资源信息汇集和发布，物流企业和制造企业在平台上对接物流业务后，便可以进行物流交易。

6.1.2 制造业物流信息平台用户需求

制造业物流信息平台用户主要有四类：政府部门用户、物流企业用户、制造业企业用户、公众访问用户。

（1）政府部门用户的需求

与物流相关的政府部门一般有两类：政府管理部门和有关职能部门。

① 政府主管部门的需求。与物流行业相关的政府管理部门主要负责物流行业发展的宏观管理和决策研究，它对信息的要求在于把握和分析物流发展的总体情况，利用信息进行科学的预测、分析和规划，进而制定相关政策。因此，政府主管部门需要通过平台进行公共政务信息的发布、政府之间公共数据交互与共享、企业信用管理、行业决策支持等。

② 政府职能部门的需求。与物流相关的政府职能部门是对物流运作提供业务支持的部门，包括海关、税务、银行保险、交通部门等。政府职能部门需要通过平台获得诸如企业信息、需求总量、供给能力、运营状况等统计信息，为政府管理部门的宏观决策提供依据。同时还要通过平台，使各职能部门的业务子系统能够互联，实现系统的集成与共享，加强部门的协调与合作，向企业提供电子政务服务，简化相关审核手续，提高职能管理部门的办公效率。

（2）物流企业用户的需求

物流企业是物流资源的提供方，它需要通过物流信息平台提供物流供应链服务和客户资源，找到与其业务对应的其他物流服务供应商，以连通整个物流环节。同时，通过物流信息平台找到目标客户，通过为客户提供物流及其增值服务，为企业创造利润。物流企业需要通过物流信息平台整合行业现有资源，对行业资源实现共享，发挥物流行业的整体优势。

（3）制造业企业用户的需求

制造业企业是物流资源的需求方，包括制造业供应链上的供应商、制造商、分销商和终端客户等。它需要通过物流信息平台获得优质的物流服务和物流解决方案，“一站式”地解决企业的物流需求，包括仓储、运输、配送、流通加工、拣选、包装、物流保险、费用结算等业务需求。同时，通过物流信息平台能够保障货物的运输安全和交易安全。

（4）公众访问用户的需求

公众访问用户是关注制造业物流的企业和个人，是潜在的物流服务商或物流需求者。它需要通过物流信息平台获得物流资源信息、物流行业政策信息、行业动态信息、物流知识以及法律、交通、气象等各类服务信息。

6.1.3 制造业物流信息平台功能需求

为了满足平台用户的不同需求，制造业物流信息平台应具有信息发布与查询、在线交易、货物跟踪查询、运输管理、仓储管理、费用结算等多项功能。

（1）数据交换功能

数据交换是信息平台的核心功能，主要是电子单证的翻译、转换和通信，包括供应商与制造商采购订单、制造商与分销商及客户的销售订单、制造企业与物流企业的委托订单等，以及与信息平台连接的用户之间的信息交换。

（2）信息发布与查询功能

信息发布和查询功能主要是以 Web 站点的形式实现，平台采用 B/S 结构，用户通过 Internet 连接到平台，可以获得站点上的有关信息，搜集和查询相关信息，也可以通过站点发布相关信息。

（3）在线交易功能

在线交易系统为物流企业和制造企业提供一个虚拟交易市场，双方可发布和查询供需信息，通过信息寻找合作伙伴，与信息发布者进一步洽谈，交易系统可为双方进行交易撮合。

（4）货物及车辆跟踪查询功能

平台用户采用 GPS/GIS 系统，通过互联网和局域网实时跟踪货物和运输车辆的状况，对物流运输过程进行实时监控，实现全程可视化管理。

（5）运输管理功能

运输管理功能主要是利用物流信息平台的运输资源，进行运输业务的有效流转，保证运输业务的快速进行，实现对整个运输环节各个结点的有效控制。

（6）仓储管理功能

仓储管理功能主要是利用物流信息平台进行仓储作业过程的信息管理，提高存取速度，降低存取误差，减少无效存储。仓储作业过程包括进货、验收、入库、加工、保管、拣货、出货等作业环节。

（7）费用结算功能

费用结算功能主要是利用物流信息平台监督整个物流服务费用的产生和结算过程，通过平台进行票据的生成、传递、存档等财务信息化管理，也可以进行在线支付，使物流费用结算更加透明、规范。

（8）决策分析功能

决策分析功能主要是为企业安排运输路线、配送货物和合理控制库存等提供决策依据，利用物流信息平台采集的数据，运用物流业务的数学模型，协助物流管理人员鉴别、评估和比较物流方案。

6.1.4　制造业物流信息平台非功能性需求

非功能性需求本质上不是行为，而是系统开发和实现过程中的约束条件。遵守这些约束的程度决定着软件开发的质量。

（1）可靠性要求

① 应保证在正常情况下和极端情况下业务逻辑的正确性。

② 系统支持自动失效转移，避免单点故障。

（2）可用性要求

① 所有的业务功能界面风格和操作流程保持一致，常用操作及快捷键尽量与常见系统（如 Windows）一致。

② 系统各环节中均涉及大量的统计报表，要求系统提供用户能自行维护、灵活修改的

报表定制发布工具；业务表单做到所见即所得，绝大部分操作就地完成，减少窗口转换的数量和鼠标点击的次数。

③ 提供完善的联机帮助，包括关于系统使用的分步指导、技术语言和缩写词的定义。

④ 提供简便的系统安装方案。

（3）性能要求

① 响应时间。对系统的访问速度控制在5s之内。

② 稳定性。在系统正常工作中，不应出现妨碍工作顺利进行的系统错误或意外中止的情况。

③ 资源占用。在进行数据的查询、统计、分析的过程中，允许CPU和内存的占用率提升及网络带宽占有量的加大，但在操作结束后，应该及时释放所占用的资源，以保证工作人员利用计算机顺利进行其他的工作。

④ 灵活性。当系统与其他软件的接口发生变化，用户的操作方式、运行环境、对信息获取的方式以及对期望获取的信息结果发生变化时，软件系统要做到易于调整，拥有高度灵活性。

⑤ 用户并发。支持日常400用户以上，高峰600用户以上的同时在线交易。

（4）安全性要求

① 系统外部安全要求。系统的安全性要充分考虑网络的高级别、多层次的防护措施，包括备份系统、防火墙和权限设置等措施，保证业务部门的数据安全和政府机密；同时还要考虑系统出现故障时的软硬件恢复等急救措施，以保证网络安全性和处理机安全性。系统要形成相对独立的安全机制，有效防止系统外部的非法访问。

② 系统内部安全要求。在保证系统外部安全的同时，系统也要确保授权用户的合法使用。系统应设置严密的访问级别和权限控制机制，并通过数据加密、电子身份验证等措施来保证系统内部安全。

③ 系统运行安全要求。系统支持物流企业、制造业企业、社会公众的信息共享，在分级联网及与外网连接中的应用操作与信息访问中可能会面临各种风险，如地震、水灾、火灾、电源故障、电磁辐射、设备故障、人为物理破坏等因素造成系统的崩溃，还有网络互联、边界访问、协议漏洞等因素造成的网络安全问题，以及软件设计和实现方面有缺陷而形成的安全漏洞等，由此产生了系统运行的安全需求。

6.2 制造业物流信息平台业务流程分析

流程就是为特定的客户或特定的市场提供特定产品或服务所限定的一系列活动。在制造业物流活动中，大型制造企业将物流业务外包给第三方物流企业，第三方物流企业提供物流服务，形成了规范的物流业务流程；中小型制造企业通过制造业物流信息平台寻找到物流服务商，进行线上或线下的物流服务交易；物流企业和制造业企业通过制造业物流信息平台发布和查询相关的物流信息。制造业物流信息平台集中了三项主要业务：物流业务管理、物流交易业务和物流信息发布业务，每一项业务流程的集合构成了制造业物流信息平台的业务流程。

6.2.1　物流业务管理流程分析

物流业务管理流程是以客户需求为出发点，物流企业通过订单形式受理委托，将托运的货物入库进行仓储业务，同时启动配送作业；运输过程中对货物进行全程跟踪，确保物流过程中的货物安全；运达目的地完成收货方签收，最终同托运人进行资金结算，完成全部物流业务流程。物流业务管理流程如图 6-1 所示。

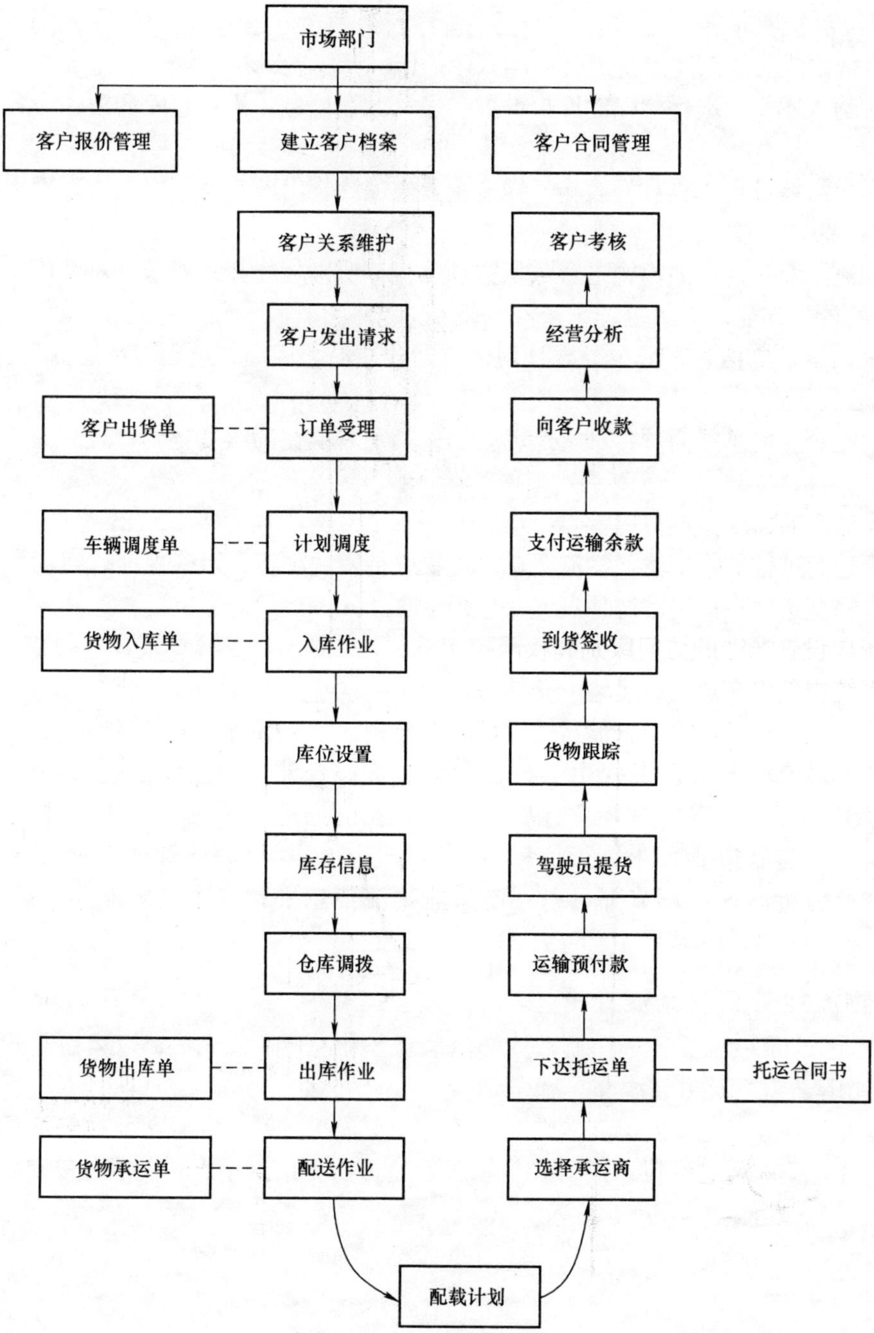

图 6-1　物流业务管理流程

由图 6-1 可以看出，物流业务管理流程如下：

① 物流企业的市场部门为托运客户建立客户档案以保存客户相关信息，并为其建立相应的报价管理以及合同管理等。

② 已建立档案的客户向物流企业发送入库仓储请求，物流企业进行订单受理，处理客户发送的客户出货单，以进行货物仓储。

③ 物流企业对客户的仓储请求进行计划调度，生成车辆调度单，已调度车辆装载客户货物进行入库仓储。

④ 系统生成货物入库单，进行后续入库操作。

⑤ 货物入库前，进行相应的库位设置，显示库存信息，进行仓库调拨，为客户货物分配合理库位。

⑥ 客户需要进行货物对外运输，物流企业生成货物出库单，以明确出库货物品种、数量等相关信息。

⑦ 物流企业对托运的货物进行数量类别分析，明确货物托运要求，对客户生成货物承运单，进行配送作业。

⑧ 根据承运单信息，记录配载计划，选择合适的承运商，进而对承运商下达托运单，签订托运合同。

⑨ 物流企业向承运商预付部分运输款项，其余款项在确认货物到货且完好无损后进行支付。

⑩ 承运商的驾驶员进行提货。

⑪ 承运商进行货物运输，物流企业对货物进行货物跟踪，以确保准时到货。

⑫ 货物抵达客户指定运送地点，并进行签收。

⑬ 物流企业支付承运商其余款项。

⑭ 物流企业向客户收取运输、仓储费用。

⑮ 物流企业对客户整个仓储运输进行经营分析，以及进行客户考核。

在整个物流业务管理流程中，核心业务是货物仓储、运输和配送。物流企业在提供物流服务过程中，需要对客户订单信息、货物信息进行采集，对货物进行空间定位和实时监控，与制造业企业进行信息传递与交互，对客户进行管理，对自身业务的经营状况进行分析。这些环节都可以在制造业物流信息平台，通过智能化的技术和手段完成。

6.2.2 物流业务交易流程分析

制造业企业和物流企业通过制造业物流信息平台进行在线交易，以运输业务的交易为例来说明托运方与承运方在线交易流程。

托运人和承运人之间进行直接交互，托运人发布托运单，承运人可对公共发布的承运单进行竞价以争取承运资格，托运人与承运人通过物流信息平台进行在线交易，如图 6-2 所示。

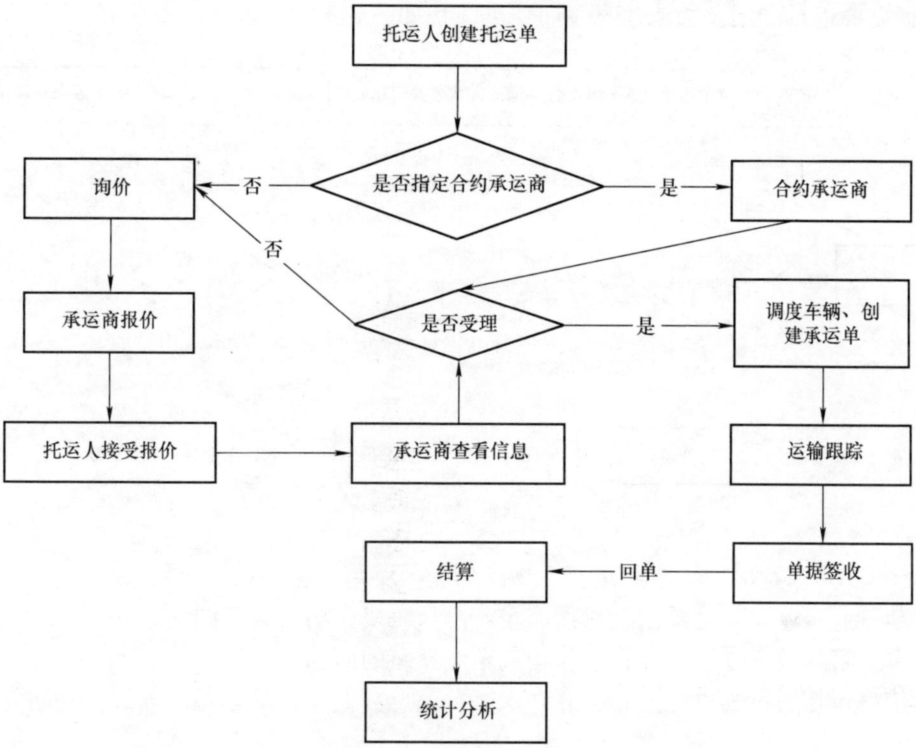

图 6-2　物流业务交易流程

从图 6-2 可以看出，托运方与承运方在线交易流程如下：

① 托运人在平台上创建托运单，并对托运单进行发布。如果托运人要指定自己的合约承运商，可在发布中选择合约承运商；如不指定，则进行公共询价。

② 如托运人进行公共询价，则等待承运商在平台上对该托运单进行报价。

③ 托运人根据各方报价选择合适的承运商。

④ 承运商查看托运详细信息，确认是否受理该托运单。

⑤ 如果受理则进行后续车辆调度等流程；如果不受理则回到托运人询价流程。

⑥ 如果托运人选择了合约承运商，则等待承运商受理该托运单。如果承运商受理就进行车辆调度等后续流程；如果不受理则跳转到托运人询价流程上。

⑦ 承运商受理托运单后，就需进行车辆调度，创建相应的承运单。

⑧ 车辆装载货物后，进行运输，在此过程承运商进行运输跟踪。

⑨ 货物到达托运人指定目的地后，进行货物到达后的单据签收。

⑩ 签收完毕后，承运商将回单信息发送给托运人，进而进行运输结算。

⑪ 各方可进行统计分析等工作。

物流业务交易是物流服务的提供方与需求方借助制造业物流信息平台进行的信息流、资金流以及物流的传递和交互。

6.2.3　物流信息发布流程分析

制造业企业与物流企业需要通过制造业物流信息平台发布各自的信息，平台管理员对需要发布的信息进行审核，通过审核的信息进入平台数据库进行储存，制造业企业和物流企业根据需要进行调用。物流信息发布业务流程如图 6-3 所示。

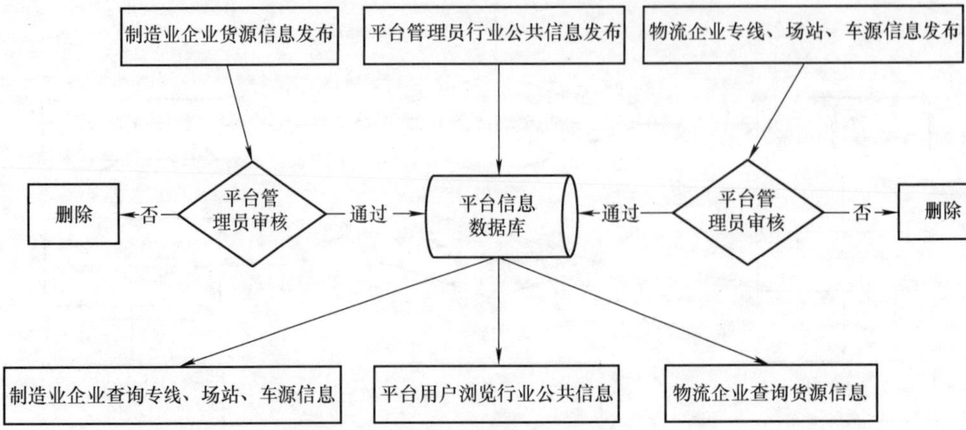

图 6-3　物流信息发布流程

由图 6-3 可以看出，制造业企业（物流企业）发布信息的具体流程：

① 制造业企业发布货源信息或物流企业发布专线、场站、车源信息。

② 平台管理员审核制造业企业和物流企业发布的信息。

③ 信息审核通过则进行发布，并登入平台信息数据库；如审核不通过，则删除掉该条信息。

④ 制造业企业可从平台信息数据库中查询物流企业发布的专线、场站、车源等信息；物流企业也可查询货源信息等。

⑤ 平台用户还可以浏览平台发布的行业公共信息。

在物流信息发布业务流程中，物流企业和制造业企业对物流信息平台的需求主要集中在发布信息和查询信息。

6.3　制造业物流信息平台物流信息分析

物流信息是指与物流活动（货物运输、储存、配送、包装、流通加工、装卸等）有关的一切信息。物流信息是物流活动各个环节中生成的信息，一般是随着从生产到消费的物流活动而产生的信息流。

物流信息有狭义和广义之分。狭义的物流信息是指直接产生于物流活动的信息，如在货物运输、保管、包装、装卸、流通加工等活动中产生的信息。这些信息对物流活动具有支持和保证功能。广义的物流信息不仅包括与物流活动相关的信息，还包括与其他活动有关的信息，如原材料采购信息、产品生产信息、商品交易信息、供应商信息、终端客户信息等。这些信息贯穿整个供应链，在应用现代信息技术的基础上，整合供应链的信息资源，实现供应链信息互联互通，可以提高供应链效率。因此物流信息不仅对物流活动提供支持和保证，还可以连接和整合整个供应链，并使整个供应链的活动效率化。

基于物流信息狭义和广义的理解，本书认为制造业物流信息平台可以从制造业物流供应链的角度和制造业物流业务的角度来考虑制造业物流信息的内容，包括制造业物流供应链上产生的物流信息和从事制造业物流业务产生的物流信息。制造业物流信息平台的物流信息构成如图 6-4 所示。

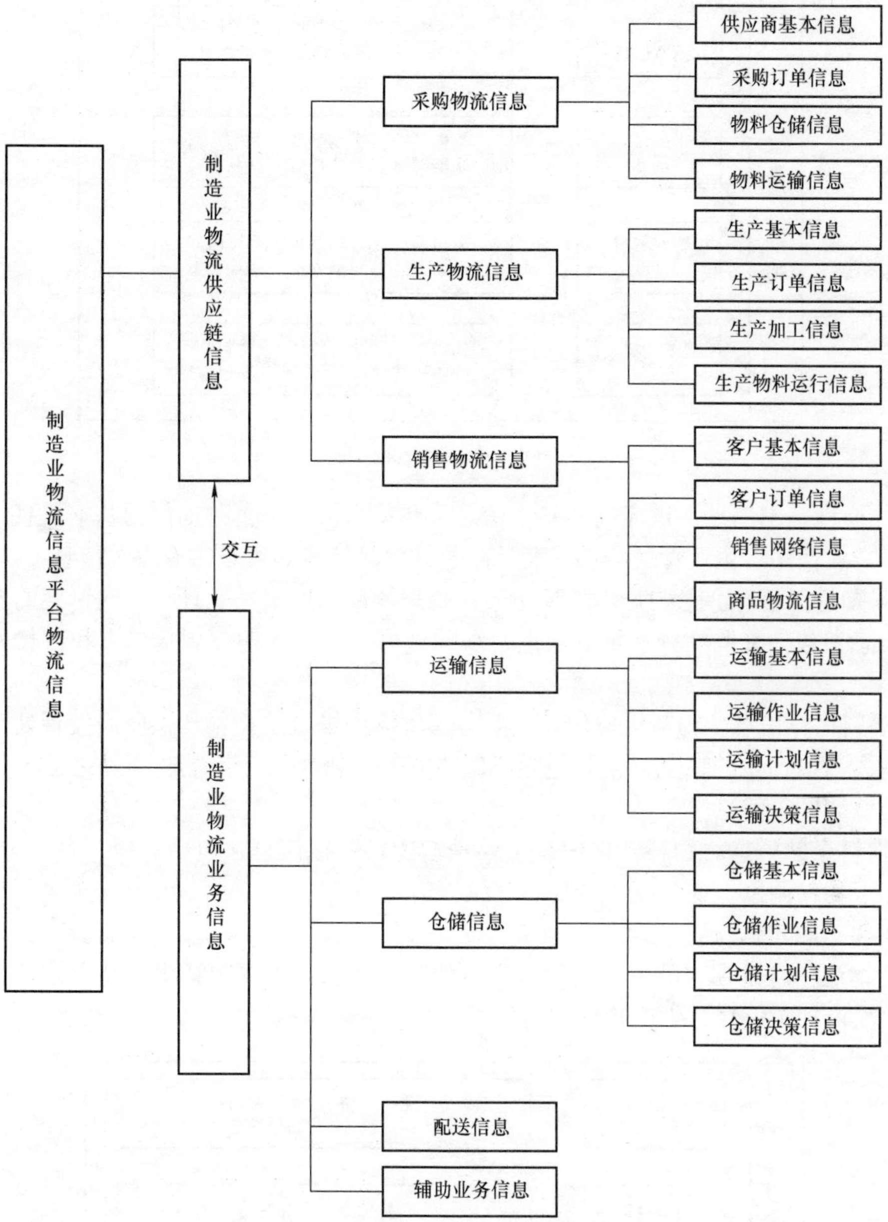

图 6-4　制造业物流信息构成图

6.3.1　制造业供应链物流信息

从制造业供应链的角度，制造业物流供应链是由采购物流、生产物流和销售物流组成，因此制造业物流供应链上的物流信息应包括采购物流信息、生产物流信息、销售物流信息。

（1）采购物流信息

采购物流信息是在原材料、辅料和装配零部件等生产物资（统称为物料）在采购过程中所产生的物流信息，主要包括供应商信息、采购订单信息、物料运输信息、物料仓储信息，如图 6-5 所示。

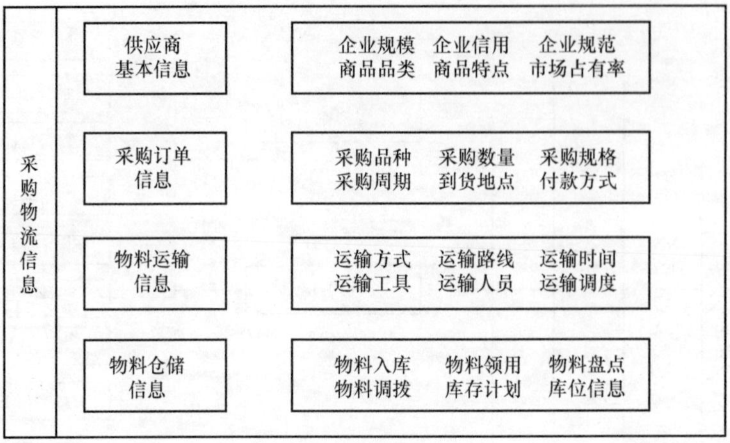

图 6-5 采购物流信息

① 供应商基本信息。供应商的基本信息主要是指供应商企业提供的基本信息，包括企业规模、企业信用、企业管理条例、商品品类、商品特点和市场占有率等信息。

② 采购订单信息。采购订单信息主要是指采购部门根据采购计划，向供应商发出的采购订单信息，包括采购品种、采购数量、采购规格、采购周期、到货地点和付款方式等信息。

③ 物料运输信息。物料运输信息主要是指供应商提供的物料从供应商发货处运到制造企业仓库入口所产生的信息，主要包括运输方式、运输路线、运输时间、运输工具、运输人员、运输调度等信息。

④ 物料仓储信息。物料仓储信息主要是指物料库存信息，包括物料入库、物料领用、物料盘点、物料调拨、物料库存计划和库位等信息。

（2）生产物流信息

生产物流信息是在产品生产过程中产生的物流信息，主要包括生产基本信息、生产订单信息、生产加工信息、生产物料运行信息，如图 6-6 所示。

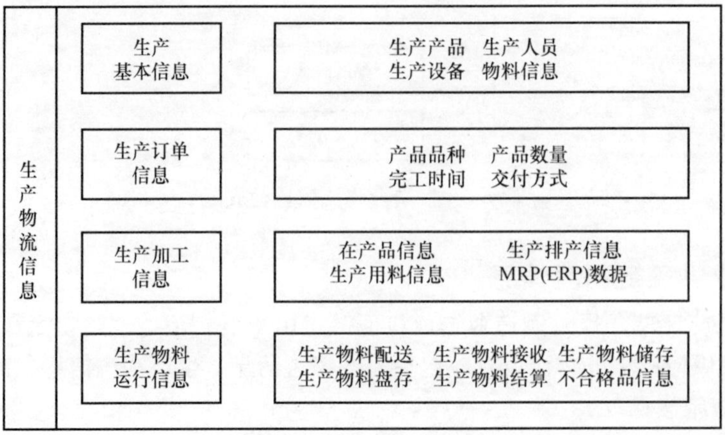

图 6-6 生产物流信息

① 生产基本信息。生产基本信息主要是指制造企业提供的与产品生产相关的信息，包

括生产产品信息、生产人员信息、生产设备信息、物料基本信息等。

② 生产订单信息。生产订单信息主要包括生产产品种类、数量、生产时间、完工时间、交付方式等。

③ 生产加工信息。生产加工信息主要包括在产品信息、生产排产信息、生产用料信息、MRP（ERP）数据。

④ 生产物料运行信息。生产物料运行信息主要是指原材料、辅助材料、在产品在生产运作环节中产生的信息，包括生产物料配送、生产物料接收、生产物料储存、生产物料盘存、生产物料结算和不合格品（呆滞品）的信息。

（3）销售物流信息

销售物流信息是企业销售产品，将产品从企业仓库转移到终端客户的物流过程中产生的信息。主要包括客户基本信息、客户订单信息、销售网络信息和商品物流信息，如图 6-7 所示。

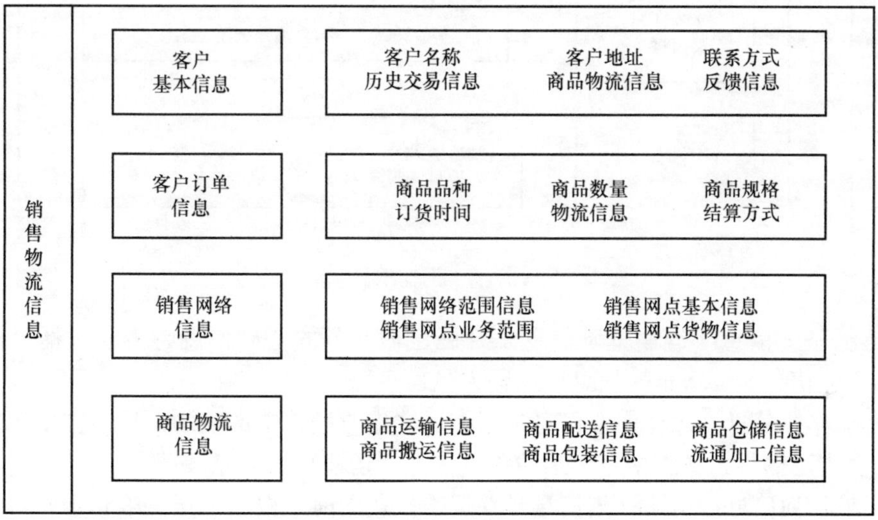

图 6-7　销售物流信息

① 客户基本信息。客户基本信息主要是指购买商品的企业客户和个人客户的信息，包括客户名称、客户地址、联系方式、历史交易信息、商品物流信息、客户反馈信息等。

② 客户订单信息。客户订单信息主要是指客户通过网络订购商品的单据信息，主要包括订购商品品种、数量、规格、订货时间、物流信息、结算方式等。

③ 销售网络信息。销售网络信息主要是由企业销售网构成的销售网络的信息，包括销售网络范围、销售网点的基本信息、销售网点的业务范围、销售网点货物信息等。

④ 商品物流信息。商品物流信息主要是将商品送达终端客户的物流信息，包括商品运输信息、商品配送信息、商品仓储信息、商品搬运信息、商品包装信息、商品流通加工信息等。

6.3.2　制造业物流业务信息

从物流业务的角度，仓储、运输和配送是物流核心业务，包装、流通加工和装卸搬运是物流的辅助业务，制造业物流信息应包括仓储信息、运输信息、配送信息和其他物流业务信息。

（1）运输信息

运输业务是制造业物流的核心业务，在运输过程中产生的大量信息，主要包括运输基本信息、运输作业信息、运输计划信息和运输决策信息等四类，如图 6-8 所示。

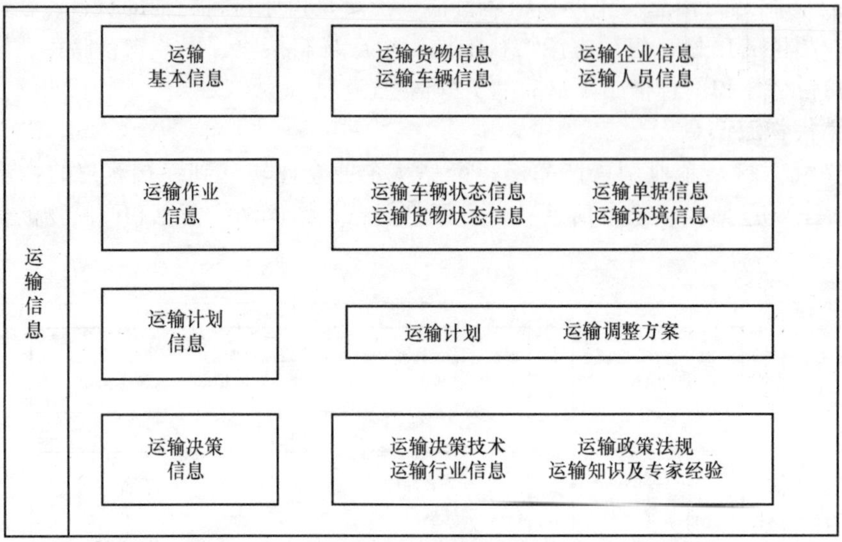

图 6-8　运输信息

① 运输基本信息。运输基础信息是开展运输业务的基础信息，主要包括运输货物信息、运输企业信息、运输车辆信息、运输人员信息等。

② 运输作业信息。运输作业信息是指在运输作业过程中产生的信息，主要包括运输车辆状态信息、运输货物状态信息、运输单据信息、运输环境信息等。

③ 运输计划信息。运输计划信息是在运输作业之前，根据市场需求和企业自身运力制定的运输计划，以及在运输计划执行过程中，根据实际情况做出的调整方案。因此运输计划信息主要包括运输计划和运输调整方案等。

④ 运输决策信息。运输决策信息主要是指对运输计划和调整方案具有影响作用的统计信息或宏观信息，该类信息并不是运输作业的内部信息，而是与运输作业相关的外部信息，主要包括运输决策技术、运输政策法规、运输行业信息、运输知识及专家经验等。

（2）仓储信息

仓储业务是物流业务中的静态业务，在仓储业务中产生大量信息，主要有仓储基本信息、仓储作业信息、仓储计划信息和仓储决策信息，如图 6-9 所示。

① 仓储基本信息。仓储基本信息是开展仓储作业的基础信息，主要包括仓储货物信息、仓库信息、货位信息、仓库人员信息等。

② 仓储作业信息。仓储作业信息是指在货物进行仓储作业过程中产生的信息，根据仓库作业流程，仓储作业信息包括入库信息、出库信息、盘点信息、仓库费用信息等。

③ 仓储计划信息。仓储计划信息是货物进行仓储作业之前，根据仓储模式、仓储设施、储存空间、信息管理系统等，做出的货物储存计划和货位分配计划。

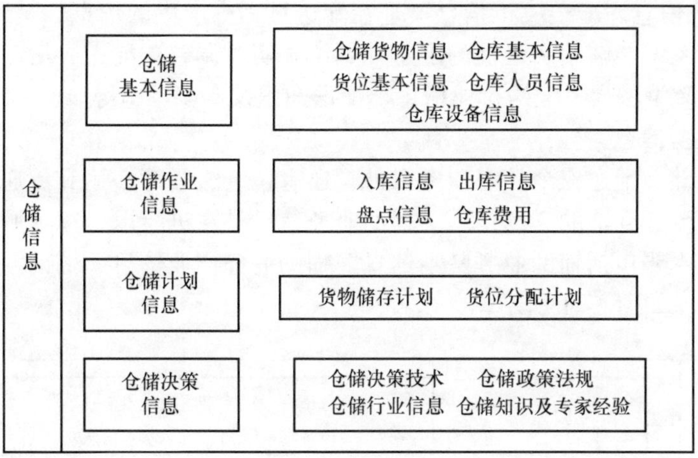

图 6-9　仓储信息

④ 仓储决策信息。仓储决策信息是指对仓储决策起到支持作用的信息，是仓储的外围信息，主要包括仓储决策技术、仓储政策法规、仓储行业信息、仓储知识及专家经验等。

（3）配送信息

配送是物流的最后一个环节。配送信息是在配送业务中产生的信息，主要包括配送基本信息、配送作业信息、配送计划信息和配送决策信息，如图 6-10 所示。

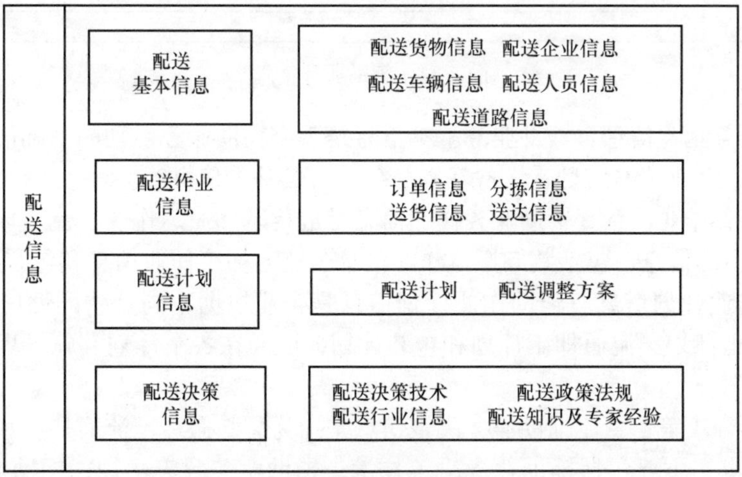

图 6-10　配送信息

① 配送基本信息。配送基本信息是配送作业的基础信息，主要包括配送货物信息、配送企业信息、配送车辆信息、配送人员信息、配送道路信息等。

② 配送作业信息。配送作业信息是进行配送业务过程中产生的信息，根据配送业务的流程，配送作业信息包括订单信息、分拣信息、送货信息、送达信息等。

③ 配送计划信息。配送计划信息是配送企业在进行配送业务之前编制的作业计划，以及在执行配送计划过程中，根据实际情况所做出的调整方案。

④ 配送决策信息。配送决策信息不是在配送过程中产生的信息，是外部提供的信息，使得制造业物流系统能够制定最优的配送计划，并实时调整。配送决策信息主要包括配送决策技术、配送政策法规、配送行业信息、配送知识及专家经验等。

（4）辅助业务信息

除运输、仓储、配送三个核心业务以外，还有包装、装卸搬运和流通加工三个辅助业务，对制造业物流起到辅助支撑作用。辅助业务信息是在进行以上三项服务物流业务活动中产生的信息，主要包括辅助业务基本信息、辅助业务作业信息、辅助业务计划信息和辅助业务决策信息，如图 6-11 所示。

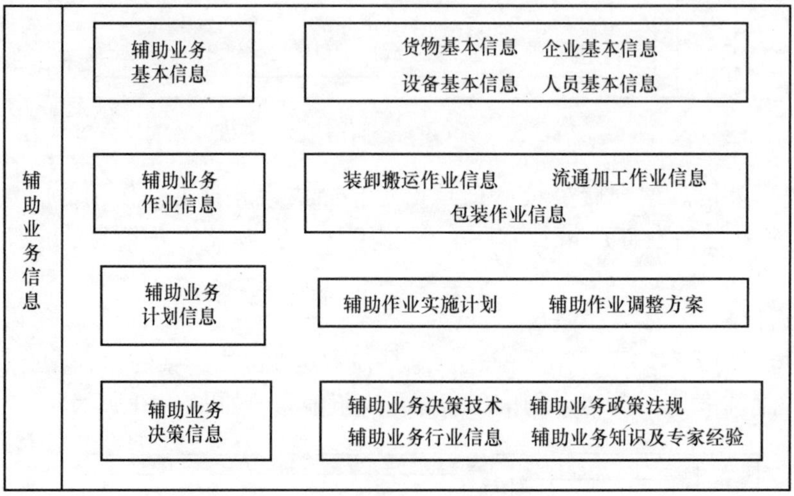

图 6-11　辅助业务信息

① 辅助业务基本信息。辅助业务基本信息是三个辅助业务活动的基础信息，主要包括货物基本信息、企业基本信息、设备基本信息、人员基本信息等。

② 辅助业务作业信息。辅助业务作业信息是进行装卸搬运作业、流通加工作业和包装作业过程中产生的信息，包括装卸搬运作业信息、流通加工作业信息和包装作业信息。

③ 辅助作业计划信息。辅助作业计划信息是企业根据不同货物的性质和不同作业要求，制订的搬运计划、流通加工计划和包装计划，以及在各个计划实施过程中制订的计划调整方案。

④ 辅助业务决策信息。辅助业务决策信息是指为装卸搬运、流通加工和包装业务提供决策支持的信息，主要包括辅助业务决策技术、辅助业务政策法规、辅助业务行业信息、辅助业务知识及专家经验等。

6.4　制造业物流信息平台数据流分析

数据流分析是把数据在组织（或原系统）内部的流动情况抽象地独立出来，舍去了具体的组织机构、信息载体、处理工作、物资、材料等，单从数据流动过程来考查实际业务的数据处理模式。数据流分析主要包括对信息的流动、传递、处理、存储等的分析。数据流程分析多是通过分层的数据流图（data flow diagram，DFD）来实现的。制造业物流信息平台数据流如图 6-12 所示。

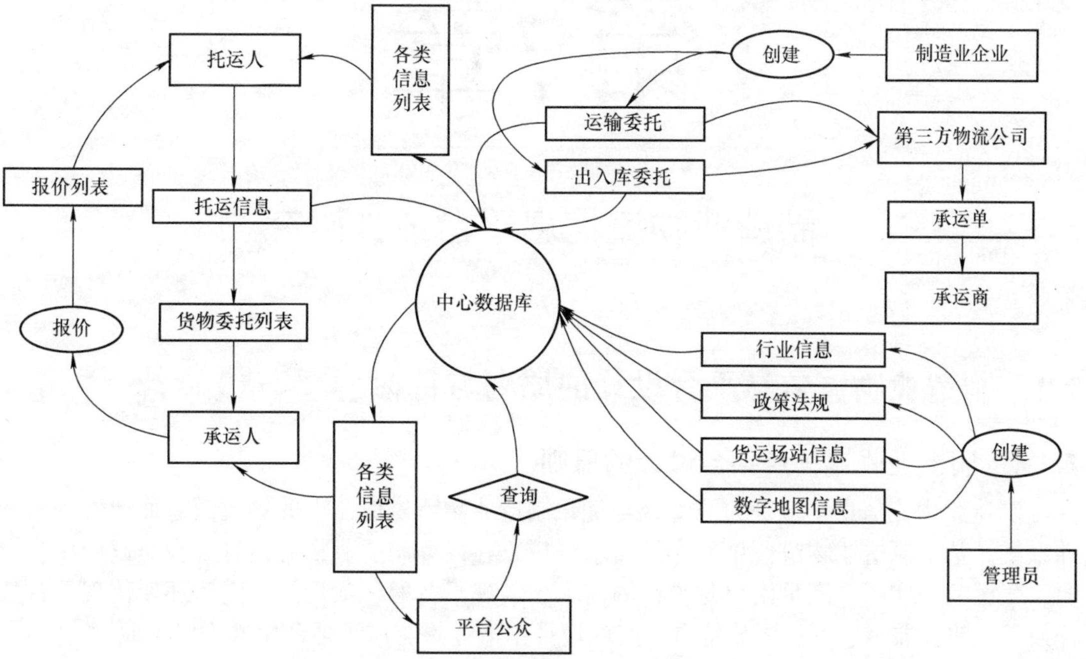

图 6-12　制造业物流信息平台的数据流

制造业物流信息平台上的主要用户是物流企业、制造企业和社会公众，他们一方面从平台获取信息，另一方面也传递信息。制造业企业在平台上发布需求信息（如货物运输委托和库存委托信息），这些信息进入平台中心数据库，第三方物流公司通过信息平台获得相应的业务信息，这样即可通过平台寻找合作伙伴。大多数的制造企业信息流进入平台数据库，第三方物流企业从平台数据库中可以提取信息，而对于大型制造企业，可以直接与第三方物流企业进行数据交换。平台管理员定期将行业信息、政策法规、货运场站等信息发到平台中心数据库，经过数据处理以列表形式呈现，平台公众也可以通过平台查询相关信息。由此可见，制造业物流信息平台发挥了用户集成、信息集成和过程集成的作用，平台各类用户通过中心数据库实现了数据交换。

6.5　本章小结

本章对制造业物流信息平台进行了需求、业务、信息和数据流的分析。根据制造企业和物流企业的实际需要，分析了制造业物流信息平台的总体需求、用户需求、功能需求和非功能需求。从业务的角度，平台主要包括第三方物流企业为大型制造企业提供物流服务、中小型物流企业和制造企业使用物流公共软件进行在线交易和商务（行业）信息发布三个核心业务，分析了三个核心业务流程。本章还从制造业物流供应链和制造业物流业务的角度对平台的物流信息进行了分类，并根据每一类信息的特点进行了分类研究，最后分析了数据在平台中传递和交互的路径，为制造业物流信息平台的设计奠定了基础。

第7章

制造业物流信息平台设计研究

7.1 制造业物流信息平台设计的原则与目标

7.1.1 制造业物流信息平台设计的原则

制造业物流信息平台是为了整合与优化制造业物流供应链上的物流信息而建立的软硬件系统。基于制造业物流信息平台的需求分析，在设计制造业物流信息平台时以应用为导向，强调经济实用，满足用户对平台的需求，实现平台的各项功能，同时还要体现平台的开放、透明、兼容、可扩展等特点。因此设计制造业物流信息平台应遵循以下原则。

（1）开放性原则

制造业物流信息平台是一个开放的系统，需要通过接口与企业物流信息系统和其他的平台相连接。因此制造业物流信息平台的设计要充分考虑平台的兼容性，要与外部信息系统进行信息交互，完成不同来源的数据组织。

（2）可扩展性原则

随着平台经济的兴起和信息技术的快速发展，平台需求不断发生变化。因此制造业物流信息平台的设计在充分考虑与现有系统无缝对接的基础上，要考虑平台所在区域物流业的发展方向和技术进步、用户需求变化因素对平台的影响，保证平台能够及时改造与升级，以适应新技术和新需求的要求。

（3）安全性原则

由于制造业物流信息平台在结构上是开放的，在设计平台时，要坚持安全至上，保障平台用户的切身利益和合法权益，综合运用数据安全技术和网络安全技术，防止非法操作和恶意入侵，确保平台系统的安全和稳定。

（4）可靠性原则

制造业物流信息平台是否能够提供可靠的服务，是衡量平台运营效果的重要因素。在设计平台时，要坚持可靠性原则，提供全天候的服务，同时采用备份方案或其他手段，避免由于系统崩溃导致无法提供服务。

（5）可维护性

由于信息技术的发展日新月异，制造业物流信息平台必须具备较强的可维护性，以适应环境的变化、业务的变化和技术的变化。在设计平台时，既要采用较先进的技术，又要兼顾其经济性与可行性，使得平台具有较好的性价比。

（6）规范性原则

制造业物流信息平台必须支持各种开放的标准，无论是操作系统、数据库管理系统、开发工具、应用开发平台等系统软件，还是工作站、服务器、网络等硬件都要符合当前主流的国家标准、行业标准和计算机软硬件标准。

7.1.2　制造业物流信息平台设计的目标

制造业物流信息平台是以供应链管理思想和面向服务架构（SOA）理念为宗旨，运用现代的信息技术搭建的开放、透明、共享的物流信息平台，为制造业供应链上的供应企业、制造企业、销售企业、物流企业提供一体化的物流服务，实现“五化”目标，即物流服务一体化、物流过程可视化、物流交易电子化、物流资源集成化和物流运作标准化。

（1）物流服务一体化

制造业物流信息平台整合制造业物流供应链上的主要业务流程，消除制造企业物流业务需求与物流企业物流业务供给分割，实现制造业物流供需业务对接，提高制造企业与物流企业之间业务的协同能力，提高物流服务整体效率。

（2）物流过程可视化

制造业物流信息平台通过运用 RFID 技术、GIS/GPS 技术、云计算技术等可视化管理技术，保证整个物流活动透明可见，物流业务运营过程规范有序，提高物流运作效率。

（3）物流交易电子化

制造业物流信息平台通过应用物联网技术为主体的物流信息识别和采集技术、物流信息的传输与交换技术、物流信息储存与处理技术、物流信息分析与决策技术，使制造企业与物流企业之间的物流交易活动在平台上完成，提高物流交易的效率，降低物流交易的成本。

（4）物流资源集成化

制造业物流信息平台通过 SOA 架构技术和信息集成技术，整合各类物流资源，将多个异构系统集成在平台上，发挥平台的整合功效。

（5）物流运作标准化

制造业物流信息平台对物流运作方案实行全面标准化管理，实现标准化信息管理和物流业务运作，提高物流管理和防范风险的能力。

通过构建制造业物流信息平台，可以使制造业供应链上的物流供需有效对接，提高物流作业效率，降低物流成本，合理地利用物流资源，提高制造行业物流服务水平。

7.2　制造业物流信息平台设计技术路线

在系统开发之前，要确定系统开发所采用的系统体系结构、数据库管理系统、开发工具和开发方法。其选择的依据就是系统的实际需求和技术应用条件。选择适合的技术路线能够节约开发成本，为系统成功开发提供足够的支持，有效保证系统的质量。

7.2.1　制造业物流信息平台体系结构模式

软件体系结构是由构成系统的元素的描述、元素的相互作用、指导元素集成模式的约束组成，为软件系统提供了一个结构、行为和属性的高级抽象。软件体系结构不仅指定了系统的组织结构和拓扑结构，并且显示了系统需求和构成元素之间的对应关系，提供了一些设计决策的基本原理。

在信息系统开发领域，主要采用 C/S 和 B/S 两大系统体系结构。

Client/Server 系统体系结构（C/S 结构）是两层体系结构模式。在两层体系结构中，前端是用户的使用界面，后端是数据库和服务器。客户机执行应用处理和数据表述功能，服务器维护后台数据库。C/S 结构模式把任务分为客户进程和服务进程，客户进程与用户交互，在图形用户界面（graphic unit interface，GUT）环境下运行，服务进程与数据通过结构化查询语言（structured query language，SQL）实现联系。C/S 结构模式的工作原理如图 7-1 所示。

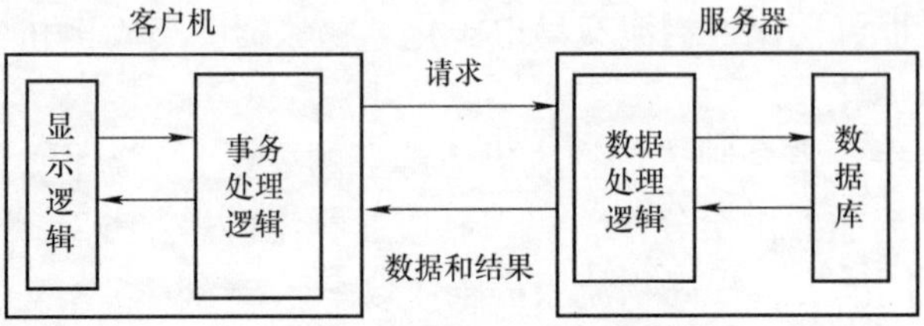

图 7-1　C/S 结构模式工作原理

C/S 结构模式处理事务效率高，比较适合于信息管理、办公自动化等基于事务处理的系统。但是它在集成性、可维护性、扩展性、安全性等方面存在着一定的局限性，无法适应系统规模不断扩大、复杂性越来越高的环境。

Browser/Server 体系结构（B/S 结构）是三层体系结构模式。该模式是将 C/S 结构中的服务器分解为应用服务器和数据服务器，构成了一个由数据服务器、应用服务器、浏览器组成的三层体系结构。在这种体系结构中，系统架设在数据服务器、应用服务器、浏览器三个层次上，数据服务器专门存放数据，应用服务器提供各类服务组件来访问数据服务器和响应客户端的请求，浏览器端只显示结果和发出请求。B/S 结构模式的工作原理如图 7-2 所示。

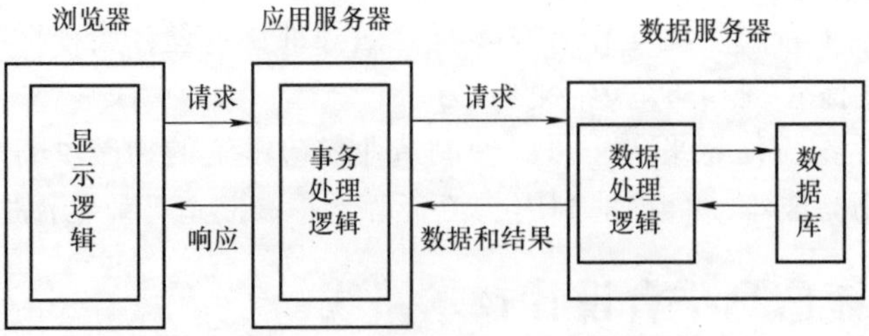

图 7-2　B/S 结构模式工作原理

B/S 结构模式的优势在于对用户跨平台支持，可跨平台使用数据库、超文本、多媒体等多种形式的信息；提高了系统的可靠性、整体性以及可扩展性；客户端只需配置操作系统和 Web 浏览器，降低了对客户机的软硬件要求；更利于软件的开发、安装、升级，节省开发维护费用。

制造业物流信息平台是一个区域性的物流信息平台，平台的使用者涉及制造生产企业、物流企业以及社会公众等多个用户。平台信息需要在 Internet 网上发布，便于公众浏览，同时平台涉及不同功能的子系统，系统之间需要进行数据交换，未来还会接入更多的系统，因此，制造业物流信息平台系统更适于采用 B/S 结构来建设。

7.2.2　制造业物流信息平台数据库

数据库的选择要考虑数据量的大小、与操作系统兼容等因素。目前应用最为广泛的数据库管理系统有 Microsoft SQL Server 数据库和 Oracle 数据库。

Microsoft SQL Server 数据库系统是基于结构化查询（SQL）的高性能关系数据库管理系统，具有许多良好的特性。它可以处理大量的数据，数据冗余量较低，与 Windows 操作系统和应用平台有很好的兼容性，数据库的访问效率较高，安全性较高，能够在系统发生故障的情况下保护数据的完整性，能够在网络集成的环境下运转。Oracle 数据库系统是以分布式为核心的数据库，具有强大的信息管理功能。它可处理的数据容量大，系统功能全面，安全管理和数据恢复机制较完善。但它的操作比较复杂，成本高。

制造业物流信息平台是一个庞大的信息系统，需要处理海量数据，而且它是一个信息集成平台，用户数量较大，访问量较大。SQL Server 数据库系统与 Oracle 数据库系统相比，易用性更好，价格低廉，更加满足制造业物流信息平台的需求。因此推荐选择 Microsoft SQL Server 2005 数据库管理系统。

7.2.3　制造业物流信息平台开发工具

在开发应用程序领域中，开发者追求的目标是缩短开发周期、降低开发成本、提高运行效率，从而更好地满足用户的需求。目前应用较广泛的开发工具有 Microsoft Visual C#、VB、VC++、DELPHI 等。

C#(C sharp) 是一种面向对象的编程工具，它使得程序员可以快速地编写各种基于 Microsoft .NET 平台的应用程序。它在快速开发的同时还可以调用底层平台的所有功能。利用 C# 进行软件开发，加快了开发进程，缩短了开发周期，节约开发成本，同时有利于消除编程中的错误。

制造业物流信息平台的开发是基于 Microsoft .NET 平台的开发，要求开发者能够编写基于 Microsoft .NET 平台的应用程序，因此推荐选用 Microsoft Visual C# 2005 作为编程工具。

7.2.4　制造业物流信息平台开发方法

目前比较成熟的开发方法有生命周期法、原型法和面向对象法。生命周期法是比较成熟的软件开发方法，它有一套严格的程序，各阶段分工明确，步骤清晰，文档齐全。但是由于初期需求不明确，或是开发人员对需求的理解与用户有差异，或是开发过程中的错误而导致返工，开发效率较低。原型法是一种用模型驱动的系统开发技术，它将分析与设计融合在一起，与用户紧密联系，从而较早获得完整、准确的需求及设计，软件开发速度快、工作量小。面向对象法是一个自底向上、基于对象的开发方法，它将数据与应用作一体化，而且对象之间能够通过传递信息实现彼此通信。这种方法简化了软件的开发与维护，提高了软件的可重用性，尤其适用于大型软件的开发。

上述方法中，面向对象开发方法更加强调系统设计之前的系统分析，强调以系统中的数据和信息为主线，全面、系统、详尽地描述系统的信息，建立系统的信息模型，指导系统的设计。制造业物流信息平台要采用面向对象开发方法。

因此制造业物流信息平台设计应采用 B/S 体系结构，MicroSoft SQL Server 2005 数据库管理系统，在 Microsoft .NET 平台，运用 Microsoft Visual C# 2005 开发工具，按照面向对象的方法进行开发。

7.3 制造业物流信息平台体系结构设计

计算机体系结构是指运用计算机设计方法对计算机系统的硬件、软件、计算机所完成的功能，以及计算机所对应的复杂现实世界的一种映射和抽象，是计算机技术人员所能够描述、能够看到和理解的计算机属性，包括其概念性结构与功能特性，是以特定规则适当地组织在一起的一系列系统元素的集合。

制造业物流信息平台的体系结构是平台中各类系统及其之间的联系，其体系结构设计的主要目标是设计一个科学化、层次化、智能化、模块化的结构，并给出各个模块之间的关系，以满足平台各个使用方的需求。

在 B/S 结构模式下，采取分层式体系结构设计方法，将制造业物流信息平台体系结构设计为基础设施层、数据库层、应用支撑层、应用层、展示层五个逻辑层。第一层是基础设施层，为平台提供基础硬件设施和基础软件环境；第二层是数据库层，由物流信息数据库和物联网数据库构成，为平台的应用软件提供数据存储与读取；第三层是应用支撑层，它在基础设施层和数据库层的基础上，为平台用户提供物流服务应用的支撑；第四层是应用层，它在应用支撑层的支持下，为平台用户提供物流应用功能；第五层是展示层，它提供面向最终用户的业务功能展示和统一门户入口。平台的安全机制和标准体系贯穿各个不同的层次，确保整个系统的安全，按照统一的标准和规范运行。基于分层式的制造业物流信息平台体系结构模型如图 7-3 所示。

图 7-3 制造业物流信息平台体系结构模型

制造业物流信息平台体系结构中的各层可以调用下层所提供的数据、功能或者服务机制，同层模块和系统之间也可以相互调用。这种分层的体系结构能够很好分解建设任务，降低各层的复杂度，使平台各层的建设任务能够在明确接口定义的基础上同步开发建设，同时保证平台各层所对应的基础技术的发展具有相对独立的扩展性和良好的适应性。

根据上述模型，制造业物流信息平台体系结构包括基础设施层、数据库层、应用支撑层、应用层和展示层。这种架构模式可以为物流企业和制造企业提供符合实施企业思想的、基于动态松散耦合的且实时事件响应的新技术体系架构。制造业物流信息平台系统结构如图 7-4 所示。

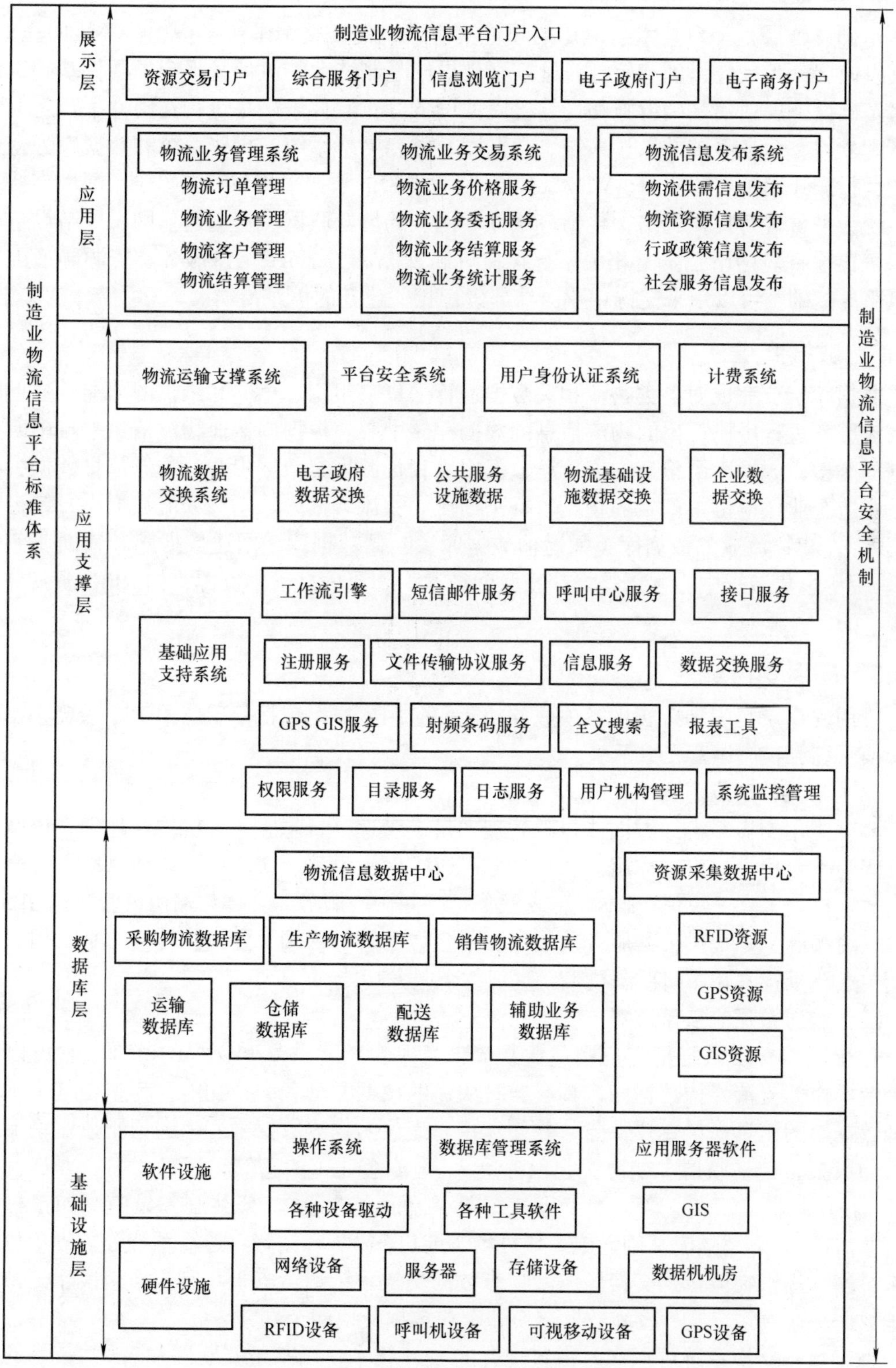

图 7-4　制造业物流信息平台系统总体结构图

7.3.1 基础设施层

基础设施层是平台技术与应用的环境支撑层，保证整个平台架构运营环境的完整性。基础设施层分为硬件设施和软件设施。硬件设施是制造业物流信息平台的硬件基础，包括网络基础设施、通信基础设施和计算机硬件设备等；软件设施是运行在硬件平台之上的系统管理软件，包括系统的操作系统、数据库系统和网络系统。操作系统和数据库为企业级系统运行、开发工具的使用、Web Service 和大规模的数据采集与存储提供了环境支持，网络系统为平台运行提供网络，包括广域互联网、局域互联网、移动通信网、网络设备以及接入隔离设备。网络系统与相关系统接口可以为 Web Service 信息服务、资源寻址服务等提供服务基础，可以用来支持企业内外部进行相关业务的信息传输。

7.3.2 数据库层

数据库层要完成对各类物流相关数据进行采集、组织、存储和维护的功能。数据库层是物流服务过程中所产生的物流信息的数据存储中心。根据制造业物流信息平台中所存储数据的类型，数据库层包括物流信息数据中心和资源采集数据中心。物流信息数据中心主要是制造企业供应链中产生的物流数据（如供应物流数据库、生产物流数据库、销售物流数据库），和物流业务数据库（如运输数据库、仓储数据库、配送数据库和辅助业务数据库）；资源采集数据中心主要是指在物联网技术下物流信息采集资源，如 RFID 资源、GPS 资源、GIS 资源等。

7.3.3 应用支撑层

应用支撑层是为平台实现各项服务功能的应用支撑，包括基础应用支撑系统、物流数据交换系统、物流运营支撑系统。

（1）物流基础应用支撑系统

基础应用支撑系统一方面以权限管理、目录管理、日志服务、机构管理和系统监控与管理等为平台用户提供支撑服务，另一方面以工作流引擎、注册服务、消息服务、全文搜索、数据报表工具、短信 / 邮件 / 传真服务、呼叫中心服务、文件传输协议服务、GPS/GIS 服务、射频服务等提供公共服务功能，对平台数据进行传输、处理、转换。平台用户通过运用单点登录技术和访问控制技术，实现各个服务功能。

（2）物流数据交换系统

物流数据交换系统是实现制造业物流信息平台信息共享和交换的基础，它可以实现跨平台操作，支持异构数据库，具有实时快速的数据共享和交换功能，为整合基于不同平台和数据库的信息提供重要保障，并逐步建立完善的物流数据中心。它把制造业物流供应链上的成员，包括政府（如海关、税务等）、物流企业（如仓储、运输、第三方物流企业等）、制造企业（如供应商、加工生产企业、流通企业等）、公共服务设施（如银行、保险、通信等），以及物流基础设施（如机场、港口 / 码头、铁路、运输系统等）等单位连接起来，为其提供物流数据交换服务。物流数据交换系统包括电子政府数据交换、公共服务设施数据交换、物流服务设施数据交换和企业数据交换四个部分。

物流数据交换系统可以参考借鉴现有的 EDI 技术，以基于互联网和 XML 技术的开放数据交换标准为主，制定通用的标准格式，将标准的物流相关信息，通过通信网络和互联网进行传输，在制造业物流信息平台相关单位的业务系统之间进行数据交换和自动处理，有效地减少由于重复输入而产生的错误和浪费的时间、资源，从而提高物流各个业务环节的作业效率，降低物流成本。

（3）物流运营支撑系统

物流运营支撑系统是由平台安全系统、用户身份认证系统和计费系统组成的，为平台提供安全运营保障。

① 安全系统可以识别网络、系统软件、应用和安全管理等安全风险内容，能根据基本的安全策略和产品选型原则实施物理设备、网络、系统软件、应用安全、数据备份和恢复、安全管理组织结构、安全管理法规制度的全面管理，保证系统的平稳运行，为制造业物流信息平台的持续发展提供安全保障。

② 用户身份认证管理系统提供用户管理、统一认证、授权与服务管理等功能，用于集中管理统一的用户数据、提供统一的认证界面与接口、统一管理应用权限、统一管理服务配置。对于应用开发，认证授权服务提供用户管理 API、认证 API、单点登录 API 和策略管理与验证 API 等应用编程接口，使用这些 API，应用系统可以存取用户数据，进行统一的用户认证，应用间单点登录、动态管理应用授权策略和进行权限验证。

③ 计费系统是对制造业物流信息平台进行费用管理，包括对包括流量、带宽、内存占用、CPU 占用、硬盘占用等信息进行定期采样分析，从应用服务系统获得内部管理、内部计费信息接口，在此基础上定义计费算法以及各类计费信息的查询和统计。

7.3.4　应用层

应用层是运用 Web Service 技术实现 SOA 架构下的各项功能，由平台功能系统构成，主要包括物流业务管理系统、物流业务交易系统和物流信息发布系统。

（1）物流业务管理系统

从两业联动的角度，大型制造企业将物流业务外包给第三方物流企业，物流企业通过平台的物流业务管理系统，与制造企业 ERP 系统和 SAP 系统进行对接，提供物流基本业务、辅助业务以及增值业务服务。因此物流业务管理系统主要包括物流订单管理模块、物流业务管理模块、物流客户管理模块和物流结算管理模块，旨在为大型物流企业提供一个与大型制造企业进行信息交互的系统。

（2）物流业务交易系统

物流业务交易系统是平台为中小物流企业和中小制造企业提供的物流业务交易系统。中小制造企业需要通过平台寻找第三方物流服务商，进行物流业务的询价、磋商和交易，物流服务过程的监控以及物流服务的结算；中小物流企业需要对物流业务进行报价、接收服务委托以及对物流服务过程进行管控等。双方的物流业务交易是制造业物流信息平台的主要服务内容，平台应该具备在线交易、订单管理、订单跟踪、在线支付与结算、物流数据统计与分析等功能，因此物流业务交易系统包括物流业务价格服务模块、物流业务委托服务模块、物流业务结算服务模块和物流业务统计分析模块。

（3）物流信息发布系统

物流信息发布系统包括物流供需信息发布、物流资源信息发布、行业政策信息发布、社会服务信息发布四个模块。物流供需信息发布是为制造企业发布物流企业基础资料、物流资源等物流供给信息，为物流企业发布制造企业物流需求信息。物流资源信息发布主要是发布货运场站、运力、路网以及物流基础设施等资源信息。行业政策信息发布包括发布行业资讯和政策法规两个方面，平台提供业内最新业务动态信息、行业资讯，为相关主管部门、行业协会、物流企业和制造企业提供最新的资讯信息，为管理部门和企业提供政策性意见和参考；平台提供政府管理部门和行业协会发布的最新信息、政策和相关法规，为物流企业和制造企业的物流从业人员提供政策和法规方面的支持。社会服务信息发布主要是为平台社会公众发布的资讯信息，包括物流市场动态、行业新闻、路况和气象信息、物流基础知识、专家论坛等。

制造业物流信息平台设置物流供需信息和物流资源信息的采集点，物流企业和制造企业将各种供需信息和资源信息通过电话或网络方式录入平台物流信息发布系统并进行发布，通过物流信息发布系统减少“车找货、货找车”的难度，提高车货的配载效率，充分利用和整合物流资源。

7.3.5 展示层

制造业物流信息平台展示层主要是向平台用户提供物流信息发布与查询服务。平台采用用户身份认证识别系统对不同的用户主体进行划分，针对不同用户提供不同的物流信息服务。制造业物流信息平台的主要用户是政府管理机构和职能机构、制造业企业、物流业企业和社会公众，平台为政府部门管理部门和职能部门提供制造企业物流企业运营信息的查询，为制造企业用户和物流企业用户提供物流商务信息发布与查询，向社会公众提供资讯信息与查询，因此平台设计了五类门户：资源交易门户、综合服务门户、信息浏览门户、电子政府门户和电子商务门户，为平台用户提供物流信息和行业公共信息发布与查询。

7.3.6 安全机制和标准体系

制造业物流信息平台除了以上五个层次划分以外，还包括安全机制和标准体系。安全机制和标准体系贯穿制造业物流信息平台的五个不同层次，确保整个平台系统安全可靠、稳定高效地运行。制造业物流信息平台安全机制主要包括平台数据安全机制和平台网络安全机制。平台数据安全机制是通过运用权限管理手段，建立完善的数据备份系统和数据管理系统，保证数据的安全；平台网络安全机制是通过采用 IP 加密技术、安装防病毒软件和防火墙相结合的方式保障平台系统局域网的安全，通过用户身份认证和部署各种安全设备防范不安全的外网访问。制造业物流信息平台标准体系是通过规范平台物流数据的设计、存储和传输，保证平台用户之间数据交换和服务交换，实现平台的互通互联。

制造业物流信息平台是根据用户需求，基于 SOA 的架构技术设计体系结构，运用 Web Service 技术实现 SOA 架构下的各项功能。Web Service 是基于 XML 消息交换机制，并构建于 HTTP 标准互联网协议之上，同时采用了 SOAP、WSDL 、UDDI 等开放业务标准，使其可以通过互联网实现跨平台、跨系统的数据通信。平台系统将提供标准的数据采集和信息发布接口，预留与外部系统的数据接口，可以对接更多的平台。

7.4 制造业物流信息平台功能结构设计

根据制造业物流信息平台的需求分析，将该平台设计为物流业务管理系统、物流业务交易系统、物流信息发布系统共三个功能系统，每个系统又包含若干个功能模块，如图 7-5 所示。

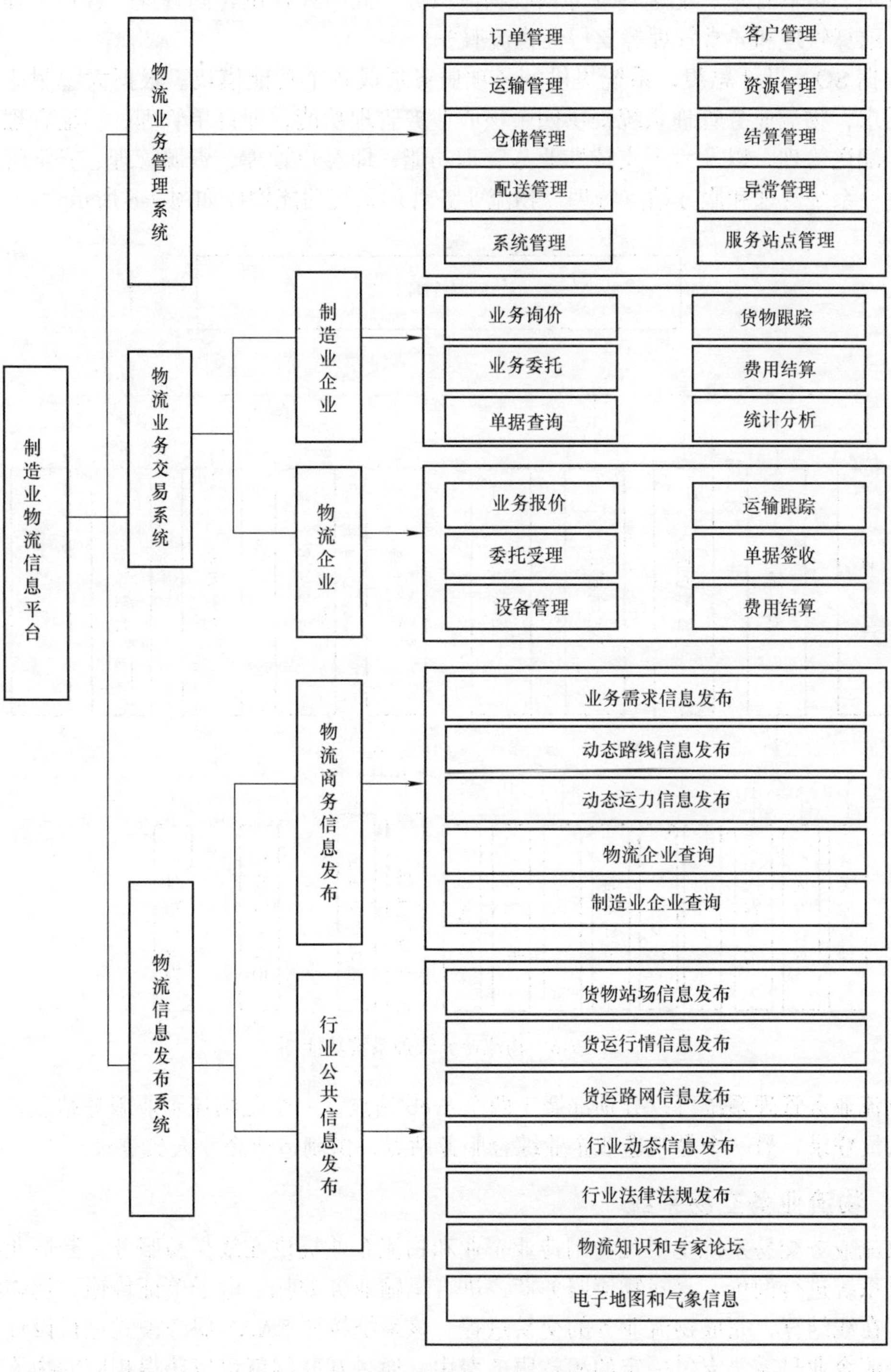

图 7-5 制造业物流信息平台功能架构图

7.4.1 物流业务管理系统

物流业务管理系统主要是针对大型制造企业提供物流服务，物流企业提供订单管理、仓储管理、运输管理、配送管理等核心物流服务，同时还提供合同管理、客户管理、资源管理、结算管理和异常管理等支持性物流服务。

根据 SOA 设计思想，系统提供的各项服务形成各个功能模块。根据大型制造企业的物流需求，物流业务管理系统提供四个核心业务管理功能，即订单管理、运输管理、仓储管理、配送管理，以及六个支持性业务管理功能，即客户管理、资源管理、异常管理、结算管理、系统管理和服务站点管理。物流业务管理系统功能构成如图 7-6 所示。

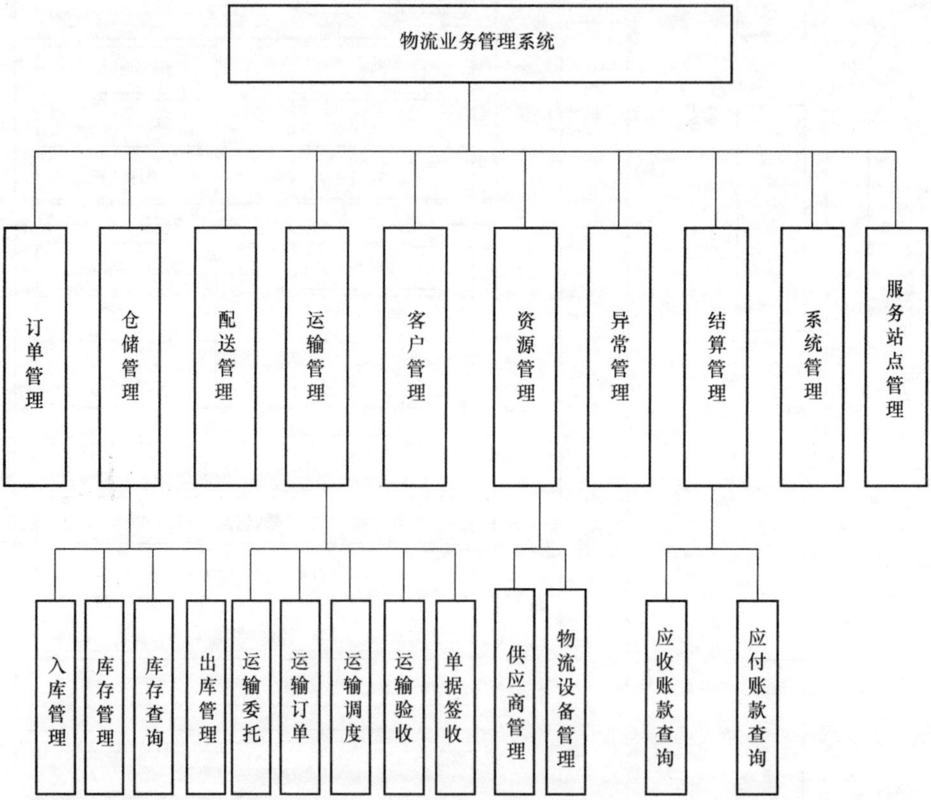

图 7-6　物流业务管理系统功能图

物流业务管理系统可以分别部署于两个 Web 站点，一个是物流企业服务站点，供物流企业人员登录；另一个是制造业企业综合服务站点，供制造业企业人员登录。

7.4.2　物流业务交易系统

物流业务交易系统主要是为制造业企业和物流企业提供在线交易服务。制造业企业可以通过系统进行询价、寻找物流服务商，进行运输业务委托、电子单证传输、货物的跟踪查询、在线结算，完成物流业务的交易过程。该系统按照 SAAS 服务模式进行设计，一些中小物流企业只需要支付一定的租赁服务费用，通过互联网就可以获得相应的物流软件服务。物流业务交易系统的功能构成如图 7-7 所示。

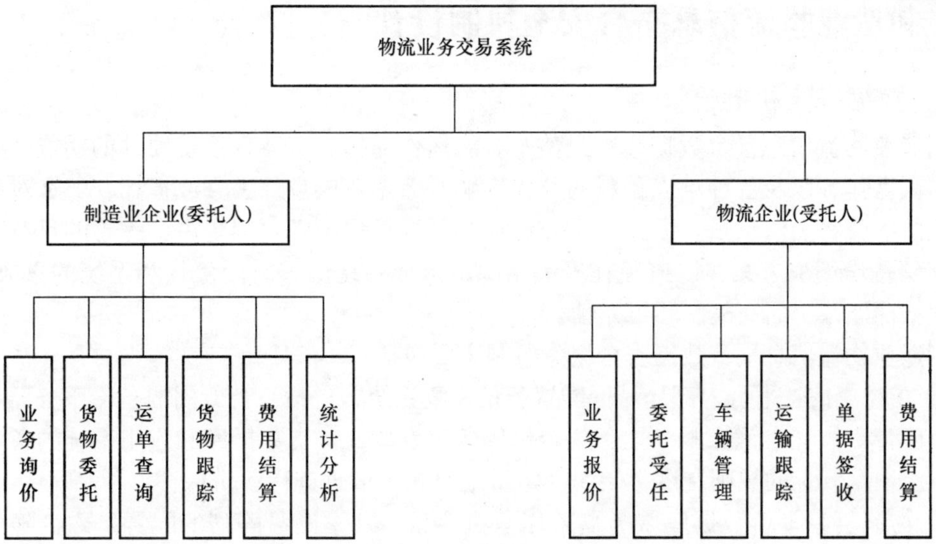

图 7-7 物流业务交易系统功能结构图

7.4.3 物流信息发布系统

物流信息发布系统包括两个模块：一是物流商务信息发布模块，该模块是向制造业企业和物流企业发布信息，包括业务需求信息、动态路线信息、动态运力信息等，已经在平台注册的会员企业（制造业企业和物流企业）可以登录进行查询，各取所需，进行物流业务的对接。二是行业公共信息发布模块，该模块主要是向政府部门和社会公众发布公共的货运场站、货运行情、货运网点等信息，以及行业政策、法律法规、行业动态、物流业务知识和专家论坛等行业信息。物流信息发布系统的功能架构如图 7-8 所示。

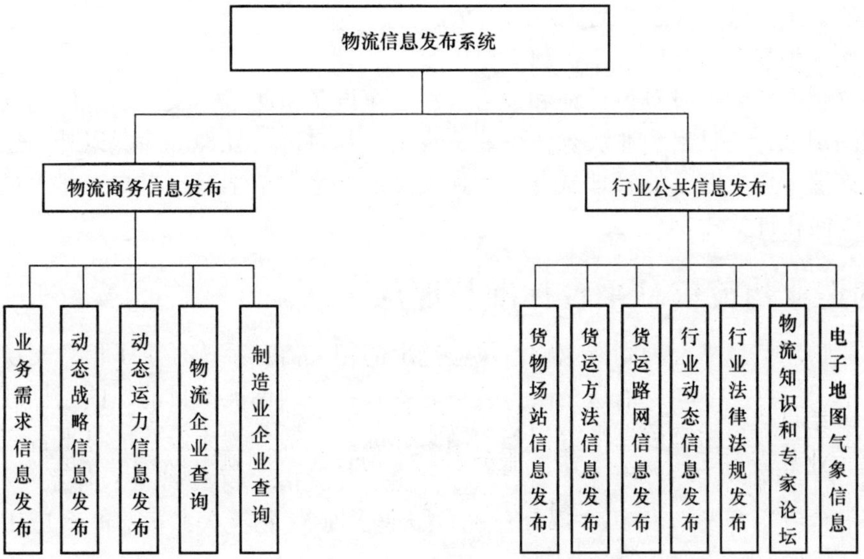

图 7-8 物流信息发布系统功能架构图

7.5 制造业物流信息平台安全机制设计

7.5.1 数据安全机制设计

制造业物流信息平台数据仓库是整个系统运作的核心。一旦系统硬件的功能失效、人为的错误操作，以及各种难以预料的外界影响对数据造成意外丢失或损坏，那么对整个系统造成的损失将无法估量。因此在系统设计和开发过程中必须制定一个完善的具有高可用性的存储备份解决方案，以避免在极端情况下造成系统的长时间停顿和系统的重大损失，确保数据存储系统的完整性和可靠性。

制造业物流信息平台数据安全保障机制主要包括：

① 在物流信息平台内部局域网配置备份恢复系统，包括一台专门的备份服务器、备份软件和磁带库、光盘镜像服务器、刻录机等备份设备，负责数据库和应用系统的备份和恢复任务。根据制定的规则制度，定时、定量地对相关信息进行备份保存。

② 物流信息平台数据库服务器采用双机热备、共享磁盘阵列的配置，磁盘阵列采用 raid 0 + 1 配置，提高数据库服务器的数据完整性和稳定性。

③ 数据库建立完善的用户权限管理机制，防止非法数据访问、复制和操作。

④ 建立完善的数据管理制度，以制度配合技术来全面保证信息的安全。

7.5.2 网络安全机制设计

制造业物流信息平台对内面向物流服务企业，对外在互联网上为制造业客户、交通运输部门和社会公众提供服务。这就要求建立严格的网络安全保密机制。

（1）物流信息平台内网安全机制

采用 IP 加密技术相结合的方式，对基于 IP 的业务或应用的传输加密，利用广域网路由器的 IP 加密能力，提供 IP 层的数据加密功能，对所有出入路由器的 IP 数据进行加 / 脱密处理，保证用户数据在公共网络上的安全性。通过配置一台服务器安装防病毒软件和防火墙，保证物流信息平台系统局域网的安全。

（2）物流信息平台外网安全机制

外网安全主要是通过身份认证和部署各种安全设备来防范不安全的外网访问，随时监控外网访问记录，一旦出现非法入侵、非法攻击，及时进行处理。除此以外，还需要配置有效的防火墙，建立完善的管理制度，加强人员的网络安全学习，提高工作人员维护网络安全的警惕性和自觉性。

7.6 制造业物流信息平台标准与规范

制造业物流信息平台为制造业物流供应链上的相关信息系统提供了信息交换和信息共享服务。由于信息源不同，信息交换与共享需要有统一的标准。目前，国家标准化委员会已经发布了一系列与物流信息平台相关的国家标准，包括《物流公共信息平台应用开发指南 第 1 部分：基础术语》《物流公共信息平台应用开发指南 第 2 部分：体系架构》《物流公共信息平台应用开发指南 第 7 部分：平台服务管理》《物流公共信息平台应用开发指南 第 8 部分：软件开发管理》等。

根据国家标准，结合制造业物流信息平台建设的目标，制定制造业物流信息平台的标准和规范。

7.6.1　物流信息分类与编码标准

制造业供应链是物流、商流、信息流和资金流的“四流”合一。大量的物料在供应链的各个环节流转，同时也传递着大量的物流信息。制造业物流信息平台作为制造业供应链物流信息的重要载体，要保证制造业供应链上的企业之间物流信息快速传递，有必要制订相关物流信息分类与编码标准。物流信息分类与编码标准可以基于条码应用的编码标准和 EPC 系统编码标准进行展开。物流企业应在国际通用标准和国内物品编码标准化体系的指导下，结合物流行业基础信息的特点，制订物流企业内部关键的基础性标准，实现企业内物流信息编码标准的统一。物流信息分类与编码标准应该包括物流仓储单元编码标准、运输单元编码标准、货物包装单元编码标准、贸易单元编码标准、载运工具编码标准等。制造业物流信息平台的物流信息分类与编码标准还要与传统的物流信息标准相结合，在既有的商品资料标准代码、危险品等级代码、车型标准代码和地域资料代码等基础上制订，同时还要考虑制造企业的生产作业标准，以实现制造业物流信息标准化的统一。

7.6.2　物流信息交换与接入标准

信息交换是物流信息平台的基本功能，可以通过数据交换和服务调用两种技术方式实现。物流信息平台信息交换接入技术标准重点研究数据交换接口标准和服务功能调用接口标准。

数据交换是物流信息平台为企业之间、企业与公共信息平台之间提供电子单证传输交换和信息共享服务的一种方式和机制。平台数据交换接口标准是描述分布式或异构应用系统通过数据中心进行数据交换的接口技术标准，主要有数据交换服务标准、数据类型定义标准、数据包格式标准。平台数据接口主要采用 Web Service 技术，遵循的技术规范有 WSDL（Web Service Description Language，Web 服务描述语言）、SOAP（Simple Object Access Protocol，简单对象访问协议）、WS-Security（Web Service Security，Web 服务安全）等，并提供一整套 API（Application Programming Interface，应用程序编程接口），使物流通用软件及其他信息系统可以方便快捷地接入平台。

服务交换是物流信息平台为企业之间、企业与信息平台之间提供信息服务的一种方式和机制，采用同步通信的方式实现。服务功能调用是在分布式的开放环境中，通过信息服务的索引和指向，建立服务提供方和服务需求方之间的连接，为服务需求方提供可用的服务资源信息。服务功能调用接口提供了统一的 API，使服务功能调用的提供方和调用方可以方便快捷地进行互联。服务交换接口采用 Web Service 技术，各种参数格式采用 XML。服务功能调用接口标准可以规范服务功能调用的过程、服务功能调用组件的基本形式、分类以及服务功能调用的实现。

制造业物流信息平台数据交换标准应该参照物流信息平台数据交换接入技术标准，结合平台所应用的中间件产品，制定适应于企业应用的制造业物流信息平台数据交换集成应用标准，如数据存储格式、消息格式标准、数据接口标准、服务调用标准，以及通信协议标准和空中接口标准等。通过执行统一标准，不同企业之间、企业与平台之间可以方便地实现信息服务资源共用。

7.6.3 物流信息安全标准与规范

制造业物流信息平台涉及平台内外部应用系统的数据交换和信息服务，数据来源广泛，数量庞大，加之制造业物流信息平台具有开放性特点，信息平台的数据安全将会直接影响整个平台的正常运转。为了保护平台上的各种业务数据的隐私，保证数据的可用性、完整性和保密性，同时防止系统瘫痪、漏洞攻击等信息安全隐患，必须制订平台内部的安全标准及规范，包括 Web 服务安全标准、XML 密钥管理规范、相关的信息隐私保护规范等。

7.7 本章小结

本章按照软件系统开发的流程，确定了制造业物流信息平台设计的技术路线，完成了制造业物流信息平台体系结构、功能结构、安全机制的设计。以 SOA 为设计理念，在 B/S 结构模式下，制造业物流信息平台的体系结构包括基础设施层、数据库层、应用支撑层、应用层和展示层五个层次，各层可以调用下层所提供的数据、功能或者服务机制，同层模块和系统之间也可以相互调用。平台的安全机制和标准体系贯穿各个不同的层次，确保整个系统的安全，按照统一的标准和规范运行。为了满足平台用户的功能性需求和业务需求，该平台包括物流业务管理系统、物流业务交易系统和物流信息发布系统三个功能系统，每个系统又包含若干个功能模块。制造业物流信息平台是一个开放性的系统，在运营过程中会面临着各种风险，因此设计了平台的数据安全机制和网络安全机制。为了规范平台各类信息，根据国家发布的物流信息平台的技术标准，结合制造业物流信息平台的特点，制定了物流信息分类与编码标准、物流信息交换与接入标准、物流信息安全标准与规范。

第8章

制造业物流信息平台运营体系研究

制造业物流信息平台具有跨行业、跨部门、涉及范围广等特点，它需要建立一套运营体系，保证制造业物流信息平台有序、安全、稳定、高效地运营。本章针对制造业物流信息平台运营需求、运营机制、运营模式和运营保障等问题进行研究。

8.1　制造业物流信息平台运营需求

8.1.1　从制造业供应链的角度

随着制造业的转型升级，制造企业对物流提出了更高的要求，制造业物流将朝着集成化、协同化、数字化、自动化、智能化的方向发展。建设和运营制造业物流信息平台的目标就是在制造业供应链上建立一个开放的物流公共信息平台，满足制造业物流信息资源整合与共享的需求、制造业供应链上异构系统集成的需求、制造业物流业务可视化的需求、制造业物流运作协同化的需求。

（1）制造业物流资源整合与共享的需求

信息资源整合与共享是以信息技术为手段，对供应链上流动的信息（包括企业内部和企业间产生和流动的信息）进行采集、筛选、整理（分类、转换）、存储、传递和维护，通过分析提取对链上企业有用的共享信息，从而提高整个供应链的整体竞争优势的过程。在制造业供应链上，制造企业和物流企业需要快速地进行供需信息对接，制造业物流信息平台可以快速地整合物流供需信息资源，通过网络和信息技术实现制造业供应链上企业进行信息共享，因此制造业物流信息平台的运营满足了制造业供应链上各个企业的需求。

（2）制造业供应链上异构系统集成的需求

在制造业供应链上存在着大量的异构系统，形成了一个个“信息孤岛”，阻碍了供应链各个环节的信息流，降低了整个供应链的效率。因此制造业供应链上各个企业迫切需要打破信息壁垒，使得供应链上成员企业之间能够信息交互与共享。运用SOA架构技术和系统集成技术构建的制造业物流信息平台具有很好的集成性，能够满足制造业供应链上异构系统集成的需求。

（3）制造业物流业务可视化的需求

随着现代物流的发展，物流过程的可视化、可控性成为衡量物流服务水平的重要标准。在制造业物流系统中，物流企业要求整个物流过程是透明的，便于对物流过程各个环节的控制，制造企业也要求物流过程是可追溯的。基于物联网技术构建的制造业物流信息平台，通过RFID技术、GPS技术、GIS技术可以实现物流过程的实时监控和实时追踪，能够满足制造业物流业务可视化的需求。

（4）制造业物流运作协同化的需求

制造业物流是由供应物流、生产物流、销售物流和回收物流组成的物流系统。它包含采购、存储、运输、包装、装卸搬运、配送、流通加工、服务和销售等众多环节，这些环节之间既相辅相成又相互制约。要保证整个物流过程高效运转，要求各个物流环节之间协同运作，而制造业供应链上物流运作的协同首先就是物流信息协同。制造业物流信息平台通过对制造业供应链上各个企业的物流信息的采集、筛选，汇集和整合了制造业供应链上大量的物流信息，促进了各个企业之间信息的高度集成、共享与协同，保证了制造企业与物流企业之间的业务协同，由此满足制造业物流运作协同化的需求。

8.1.2 从制造业物流信息平台的角度

制造业物流信息平台是一个开放的系统，它需要与外界系统进行对接，同时又要服务于产业链上的各方参与者。因此从制造业物流信息平台自身运营的角度，它应该满足外部系统对接的需求和平台运营自身的需求。

（1）外部系统对接的需求

运用信息技术建立高效的制造业物流信息平台，对各物流信息系统及相关信息系统中的信息资源，按一定的规范标准完成多源异构数据的接入、存储、处理、交换、共享等功能，从而实现了制造业供应链上各环节物流信息的共享。但是，制造业物流信息平台是一个开放的系统，它需要与政府管理系统、行业监管系统和现有的运营系统进行对接，如计费系统、网管系统、公众服务系统等。同时制造业物流信息平台还需要与自动化仓储管理系统、智能配送系统、物流过程控制系统、货物状态查询系统等物流智能应用系统实现对接。因此制造业物流信息平台在运营管理中需要制定相应的协议规范，便于新系统的顺利接入。

（2）制造业物流信息平台自身运营的需求

制造业物流信息平台服务于制造业供应链链上的各参与方，包括运营商、技术服务商及平台用户等，因此平台的运营必须满足各参与方的需求。

① 运营商的需求。第一，制造业物流信息平台需要为制造业供应链参与者提供统一的运营维护与管理；第二，制造业物流信息平台需要支持制造企业和物流企业的应用系统、社会公共服务系统的接人，为企业提供数据的存储、分析和挖掘，以实现物流信息资源整合与共享；第三，制造业物流信息平台需要具备可扩展性和兼容性，具有开放、灵活、异构的架构，能够与传感网、移动通信网络、无线通信网络及宽带接入网络等公共网络集成，同时还能够与运营商已有的承载网和业务网集成；第四，平台需要具备用户管理、业务管理、订单管理、认证授权管理等管理能力。

② 技术服务商需求。第一，制造业物流信息平台需要对提交的物流业务开发需求自动匹配适合的传感器资源，并对经传感器的信息进行对应登记、注册；第二，制造业物流信息平台需要提供标准的开发接口、开发传感器与平台的交互界面，以及设计详细的数据上传、下载、存储等业务交互流程，并根据需要激活相应工作流；第三，制造业物流信息平台需要为每个业务应用提供用户统计、业务统计、计费统计等功能，并提供符合自身业务需要的门户。

③ 用户需求。制造业物流信息平台用户有多个应用系统，用户希望能通过多种接入方式，方便地接受平台提供的各项服务。因此，制造业物流信息平台需要具有业务申请注册管理界面、费用结算界面、充值划账界面，具备鉴权管理、委托管理、查询统计等功能。

8.2　制造业物流信息平台运营机制

制造业物流信息平台的运营机制是指平台的运作机理和运作管理的方式，主要包括交易机制、信用机制和会员机制。

8.2.1　交易机制

交易机制是制造业物流信息平台运营机制的核心。制造业物流信息平台的一个重要功能就是整合制造业供应链上的物流资源，进行物流资源交易。制造业物流信息平台的交易机制是为制造企业和物流企业提供物流资源的供需信息，制造企业和物流企业在制造业物流信息平台上，匹配到合适的物流资源，即可进行交割，在平台上完成签约、履约、交付、结算等交易环节。制造业物流信息平台的交易机制可以为物流资源的需求者（制造企业）和物流资源的提供者（物流企业）提供最优的资源，降低双方的交易成本，同时带来更多的交易机会，因此交易机制是制造业物流信息平台最活跃的运营机制。

8.2.2　信用机制

制造业物流信息平台的信用机制就是要确保平台用户是具有诚信的用户，信用机制也是平台用户的准入机制。其运作方式是运用用户身份认证技术对平台用户进行身份鉴定，并借助平台已有的企业信用信息数据库和个人信用信息数据库中的大数据，对申请进入平台的用户进行信用评价，给用户标出信用等级。对于信用评价等级高的用户给予奖励，对于信用评价等级低的用户不予以接纳。制造业物流信息平台信用机制实施过程中的关键问题是建立平台的诚信体系和企业及个人的征信系统。

8.2.3　会员机制

会员机制是制造业物流信息平台最常用的一种运营机制。其运作方式是将平台的会员分为免费会员和收费会员，根据会员的类型和级别不同提供不同的信息服务和相应的增值服务。核心会员（VIP 会员）是最高等级的会员。对于核心会员，平台提供规范的管理制度，以确保核心会员按照制度进行操作，如核心会员企业操作人员管理制度、授权制度等。

8.3　制造业物流信息平台运营模式

8.3.1　运营模式类型及其特点

一般公共信息平台有两种形态：一种是封闭式信息平台，这种信息平台具有特定的服务对象，模式相对稳定，主要是为封闭式的系统提供信息服务。因此，系统与系统之间不存在激烈的市场竞争。另一种是公共信息平台，这种平台开放性高，属于门户类的信息平台，在服务内容上更多样化，信息传递和交换的范围更广泛。制造业物流信息平台是一个开放的行业性的公共信息平台，根据投资主体、运营机制和运作方式的不同，公用信息平台的运营模式分为“政府主导运营模式”“企业主导运营模式”“外包运营模式”三种模式。

（1）政府主导运营模式

政府主导运营模式是指由政府直接投资建设、管理运营制造业产业链物流信息化平台。一般是某个行政区域的政府为了促进当地制造业的发展，使得区域内的制造企业与政府管理机构、与制造产业上下游合作企业之间互联互通，投资建设统一的 IT 基础建设平台、应用平台、数据交换与共享平台，形成制造业物流信息数据库。平台建成后，由政府负责平台的日常运行、维护、数据更新和管理等工作。政府对平台公开相应的行业信息，在不影响机密信息的情况下，由政府通过平台向平台的使用者进行发布，提供无偿的物流信息服务。同时政府向平台使用者提供免费的基础设施服务。

这种运营模式特点如下：

① 由于具有政府背景，通常资金和资源雄厚。

② 由于政府对平台直接进行运营管理，为与政府部门管理部门、行业公共服务部门沟通提供了便利条件，能够快速形成规模。

③ 市场化程度较低，内部激励机制较僵化，很容易演化成行政命令式的执行，“造血”能力和生存能力较弱。

④ 政府承担较大的平台运营风险。例如柳州市制造业物流信息平台是典型的政府主导运营模式，具有得天独厚的政府资源优势，但是自 2011 年建成上线后，运营效果不如人意。

（2）企业主导运营模式

企业主导运营模式信息平台的投资建设及运营完全由企业自己负责。通过调研发现，在制造行业中大多数制造企业占有优势地位，由行业内的龙头企业在产业集聚区内以企业自身的生产运营系统和物流系统为基础，投资建设物流信息平台，建成后也由该企业自主运营。

这种运营模式特点如下：

① 完全是市场化运作方式，对市场需求把握更加敏锐。

② 运营管理机制比较灵活。

③ 由于运营主体自身的限制，缺乏整体的规划。

④ 对运营企业的技术条件、资金保障和运营团队的要求较高。

如目前比较常见的汽车产业的物流信息平台、钢铁产业的物流信息平台、家电产业的物流信息平台等，都是由行业内的大企业投资建设，以大企业为核心，在平台上集聚了大量配套生产企业、销售企业和物流企业，为平台企业提供有偿的物流信息服务。

（3）委托第三方运营模式

委托第三方运营模式是由政府或企业出资建设，并将运营管理的部分或全部外包给能够提供运营服务的第三方企业。在这种模式中，第三方企业一般是指具有先进 IT 技术和平台运营和维护经验的企业。这种模式与企业主导的运营模式类似，只是由政府或企业出资，运营主体是专业的平台运营企业。这是一种共赢的运营模式，一方面运营方可以利用投资方的资金优势提升自身行业经验价值，共享平台运营创造的利润；另一方面，投资方在由第三方参与而缓解资金压力的同时利用了运营方运营管理经验优势，可以降低投资风险。

这种运营模式特点如下：

① 外包运营模式可以有效地降低投资方在运营初期的成本费用。平台运营外包给第三方企业，第三方企业需要承担委托业务的运营费用，包括人力支出、日常运维支出、研发、推广等项目支出，极大地缓解了投资方的资金压力。

② 委托第三方企业运营平台，会涉及平台的投资方、运营企业和服务用户，会形成比较复杂的业务组织关系和利益关系。

8.3.2 制造业物流信息平台运营模式的选择

制造业物流信息平台是一个在一定区域（如产业集群区、行政区域）开放的行业性的公共信息平台，其运营方式也包括公共信息平台的上述三种运营模式。究竟哪种运营模式更适合制造业物流信息平台的长远发展，需要对三种运营模式进行分析比较，结合制造业物流信息平台建设发展的要求进行选择。

（1）三种运营模式的比较分析

综上所述，公共信息平台的三种运营方式各有特点，适用范围和时期也存在较大的差异。三种运营模式的比较分析见表 8-1。

表 8-1　三种运营模式比较分析

运营模式	优势	劣势	适用范围
政府主导运营模式	①易于获得政府的资源 ②易于与政府部门建立良好的协作关系 ③有利于促进地区的两业联动发展	①不利于市场化运作，“造血”能力和生存能力较弱 ②政府承担风险较大 ③政府缺乏管理经验，对操作流程不熟悉	①适用于市场化程度不高的区域 ②物流发展相对落后，市场与物流之间不能实现良好对接的地区
企业主导运营模式	①有利于市场化运作 ②运营管理机制比较灵活 ③能够较快地发挥平台的作用	① 缺乏整体规划 ② 对运营要素条件要求较高	具有良好运营要素的制造业供应链中的龙头企业
委托第三方运营模式	①各方参与者形成利益共同体，相互监督 ②运营方可以运用自身的优势，获得更多的利益 ③有利于缓解投资方运营初期的资金压力	①业务组织关系和利益关系复杂 ②投资方要与运营方进行利润分成，降低投资方的利润 ③长期合作会使投资方对运营方产生过度依赖	投资方资金、技术和客户资源受限，需要借助外力支持的情况

（2）制造业物流信息平台运营模式的选择

制造业物流信息平台是行政区域内或产业聚集区的产业物流信息平台，贯穿于整个制造业产业链，具有规模较大、环节多、平台用户多、涉及范围广的特点，因此在选择平台运营模式时需要考虑以下几个方面的问题。

① 制造业物流的发展状况。我国制造业物流发展相对比较落后，除一些大型装备制造业和能源类制造业以外，大部分制造业产业链上的制造企业和物流企业是以中小企业为主，“小、散、杂、乱”现象突出，没有龙头企业，资源亟待整合。因此政府必须介入其中，整合行业资源，降低物流成本。

② 制造业物流信息平台上涉及大量的商业信息，需要政府作为中立的第三方推动者，推动制造业物流信息平台的应用。

③ 制造业物流信息平台自身特点。由于制造业物流信息化平台建设及管理运营投资巨大，单纯地依靠政府或某个企业作为投资主体进行投资经营都不太现实，很难达到预期的规模和目标，也不能保证平台的顺利推广和应用。

基于以上的考虑，本书建议制造业物流信息平台的建设由政府和企业共同投资，在平台运营过程中采用“政府引导、企业运作”的运营模式。“政府引导”是由政府及相关行业协会等主管部门推动和引导信息平台的建设，规范业务流程，建立相关标准和政策法规以及制定信息平台的服务价格；“企业运作”是由制造业物流供应链上的制造业企业或物流企业作为运营主体，对平台的运营模式进行规划，根据政府相关的政策和行业协会制度，引入行业准入机制和会员管理机制，发展平台会员，对加入平台的会员企业可通过收取会费、用户服务费、租赁费、广告费等方式进行市场化运作的，综合提升平台运营效益。

这种运营模式是对政府主导运营模式和企业主导运营模式的扬长避短，比较符合我国制造业物流的实际情况和长远规划。

8.4 制造业物流信息平台运营保障

制造业物流信息平台运营不仅要涉及制造业供应链上的企业之间的信息共享，还要涉及与政府管理部门、职能部门、社会公众的信息传输与共享，完成多源异构数据的集成。在运营过程中会出现一系列风险，威胁着平台的正常运营。因此必须建立完善的运营保障机制，确保制造业物流信息平台安全、平稳地运行。

8.4.1 制造业物流信息平台运营安全问题

制造业物流信息平台运营过程中，对平台运营影响最大的是平台运营安全问题，包括信息安全、网络安全、交易安全、支付安全、访问控制等。

（1）数据安全问题

制造业物流信息平台用户在使用平台服务过程中，用户的信息有可能在传递过程中被非法用户截取，造成信息泄露。入侵者一旦攻破数据中心防御系统，大量数据信息的泄露将会给企业带来巨大损失。

（2）网络安全问题

制造业物流信息平台是基于互联网环境，在企业数据传输时必须通过 Internet 进行数据交换，而 Internet 的传输环境存在高度的危险性，互联网上的数据传输很容易被非法用户恶意篡改，造成信息失真。

（3）交易安全问题

制造业物流信息平台的运营商和用户在互不见面的情况下，通过移动通信网、企业局域网和行业专用网等网络技术完成交易，很容易出现非法用户冒充交易一方进行交易，窃取企业的商业机密，甚至大量套现，给交易另一方造成经济损失。

（4）支付安全问题

利用信息工具支付的过程中所产生的账号、密码等信息是高度敏感的信息，如果受到侵害，可导致个人在输入账号、密码等敏感信息时受到病毒、木马程序的攻击，威胁用户的银行账户安全，使用户蒙受很大的损失。

（5）访问控制问题

对于平台的安全来说，访问控制历来起到了非常重要的作用，它是为防止任何非授权用户进入平台系统进行非法操作和使用企业数据而设置的。制造业物流信息平台上，某个系统软件租用给不同的用户（实施 SaaS 模式的情境），在多用户的条件下，可能会出现企业的某一部门和其他部门共享同一服务，不同部门的访问设置也不尽相同，因此出现访问失控的状态。

8.4.2 制造业物流信息平台运营保障体系

制造业物流信息平台运营过程中，面临着诸多的运营安全问题。为了保护平台用户的经济利益，加强信息安全，必须建立适当的信息保障运营体系，保证平台运营的安全性。制造业物流信息平台运营保障体系分为运营环境、运营基础设施和信息安全技术三个层次，分别对平台用户、平台运营、账户和运营商实行不同的保障措施。制造业物流信息平台运营保障体系如图 8-1 所示。

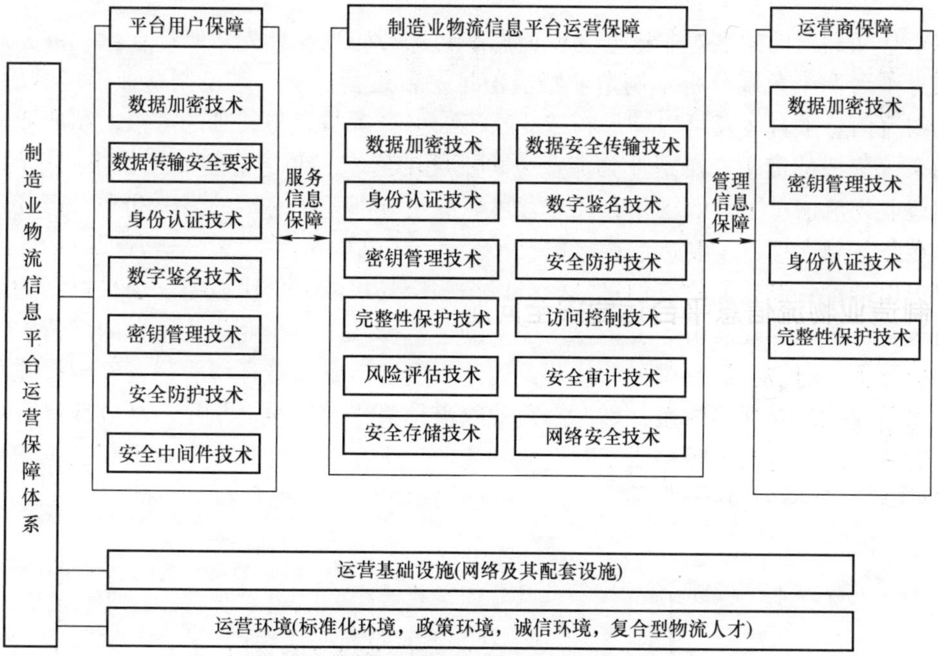

图 8-1 制造业物流信息平台运营保障体系

（1）建立信息安全技术体系

为了解决制造业物流信息平台所面临的信息安全问题，需要建立信息安全技术，这些技术涉及保护信息安全的数据加密技术和数据传输安全技术，保护交易安全的身份认证技术和签名技术，保护账户安全的密钥管理技术、风险评估技术、安全防护技术，以及解决访问控制问题的访问控制技术等。这些信息安全技术构成了一个立体的技术体系，全方位为用户、账户、运营商平台运营提供安全保障。

（2）建设安全运营基础设施

制造业物流信息平台信息资源的交换与应用依赖于良好的基础设施，因此，政府应该投入基础设施建设，整合基础网络资源，实现互联互通，为制造业物流信息平台的运营提供良好的基础。

（3）营造良好的运营环境

① 加强标准化建设。制造业物流信息平台的运营业务往来涉及一系列的信息标准和行业标准，因此需要制定规范的信息标准和行业标准。

② 制定相关的政策。制造业物流信息平台的运营需要依赖相关的政策，在政策引导下，降低运营风险。

③ 建立良好的诚信环境。由于网络的广泛性、公开性和匿名性，以及业务过程中存在信息真实性、机密性、完整性等行为，平台运营企业和用户需要在一个诚信的环境中开展业务活动。

④ 培养复合型物流人才。制造业物流信息平台的运营需要大量的既懂物流业务知识又通晓信息技术的物流人才，因此复合型人才是平台运营的重要支撑。

8.5 本章小结

本章是从运营的角度对制造业物流信息平台进行研究。首先从制造业供应链和制造业物流信息平台两个角度分析了制造业物流信息平台运营需求，基于制造业供应链的视角，制造业物流信息平台运营可以满足制造业物流信息资源整合与共享的需求、制造业供应链上异构系统集成的需求、制造业物流业务可视化的需求、制造业物流运作协同化的需求；基于制造业物流信息平台的视角，其运营可以满足外部系统对接的需求和平台运营自身的需求。在此基础上探讨了制造业物流信息平台运营机制、运营模式和运营保障的问题。通过研究得出结论：制造业物流信息平台可以按照交易机制、信用机制和会员机制的运营机制进行运营，采用“政府引导、企业运作”的运营模式，由企业作为平台的运营主体，在政府的引导下，对平台进行维护和运营，构建一套由运营保障环境、运营基础设施和信息安全技术组成的运营保障体系，确保制造业物流信息平台安全、平稳、高效地运行。运营机制、运营模式和运营保障构成了制造业物流信息平台运营保障体系，为制造业物流信息化的发展奠定了良好的基础。

第9章

制造业物流信息平台服务模式研究

制造业物流信息平台服务模式的选择是为平台用户提供高效优质服务的基础。制造业物流信息平台的服务对象主体是制造业供应链上的制造企业与物流企业。在我国制造企业和物流企业中，中小企业占大多数，尤其是物流企业中，中小企业占 60% 以上。基于这种考虑，在进行平台功能结构设计时，就将平台的业务系统划分为物流业务管理系统和物流业务交易系统，其中物流业务管理系统主要是针对大型制造企业提供服务服务，物流业务交易系统主要是为制造业企业和物流企业提供在线交易服务。系统按照 SAAS 服务模式进行设计，主要是为一些中小物流企业提供物流软件租用服务，企业只需要支付一定的租赁服务费用，通过互联网就可以获得相应的物流软件服务。因此本章将对基于 SaaS 物流服务模式进行讨论。

9.1 SaaS 模式的概念和特征

9.1.1 SaaS 模式的概念

SaaS（Software as a Service，软件即服务）模式是一种通过互联网提供软件服务的应用模式。SaaS 提供商为企业搭建信息化所需要的所有网络基础设施及软件、硬件运作平台，并负责所有前期的实施、后期的维护等一系列服务，企业无须购买软硬件、建设机房、招聘 IT 人员，即可通过互联网使用信息系统。在此种方式中，客户所使用相关软件的开发以及运维工作等均由网络服务提供商负责，然后通过租赁在线使用权限的形式向用户提供完备的软件服务，实现盈利。它使终端用户在任何可接入互联网的地点，均可使用模块化软件服务，实现企业的信息化管理。

9.1.2 SaaS 模式的特征

与传统软件相比，SaaS 服务依托于软件和互联网，不论从技术角度还是商务角度都拥有与传统软件不同的特性，表现在以下三个方面。

（1）互联网特性

一方面 SaaS 服务通过互联网浏览器或 Web Services/Web 2.0 程序连接的形式为用户提供服务，使得 SaaS 应用具备了典型的互联网技术特点；另一方面 SaaS 极大地缩短了用户与 SaaS 提供商之间的时空距离，使得 SaaS 服务的营销、交付与传统软件相比有着很大的不同。

（2）多租户（Multi-tenancy）特性

SaaS 服务通常基于一套标准软件系统为成百上千的不同客户（又称租户）提供服务。

这要求 SaaS 服务能够支持不同租户之间数据和配置的隔离，从而保证每个租户数据的安全与隐私，以及用户对界面、业务逻辑、数据结构等的个性化需求。由于 SaaS 同时支持多个租户，每个租户又有很多用户，这对支撑软件的基础设施平台的性能、稳定性、扩展性提出很大挑战。

（3）服务特性

SaaS 使得软件以互联网为载体的服务形式被客户使用，因此必须考虑到服务合约的签订、服务使用的计量、在线服务质量的保证、服务费用的收取等问题，而这些问题通常是传统软件没有考虑到的。

9.2　选择 SaaS 服务模式的原因

如前所述，我国物流企业发展趋势的预测是，未来几年中小物流企业数量将以每年 16% ~ 25% 的幅度增加。制造业物流信息平台作为平台经济的一种典型形态，其目的是吸引更多的用户使用平台。因此，平台的建设者和运营商应该充分考虑平台用户的特点以及需求，选择最适合用户的服务方式，为用户提供优质的服务，从而获得更多的利益。

9.2.1　中小物流企业信息化的状况

在“互联网 +”的大背景下，物流信息化飞速发展，从政府到企业都越来越重视物流信息化的建设，很多企业都建设了物流信息平台或是建立了企业物流信息系统。根据中国物流与采购联合会的数据显示，大约 74% 的物流企业都已经建立了信息管理系统，约 77% 的企业有自己的物流信息网站来实现物流信息化。但是很多中小型企业目前都面临着物流信息化平台的前期开发投资相对较大、平台后期维护费用较高，以及平台的数据安全性无法保证等多方面的问题。而且不同的物流企业采用不同的数据交换标准和数据通信接口，导致物流企业成为一个个“信息孤岛”，难以与供应链上下游合作企业进行互联互通。中小物流企业资金薄弱，不愿意对原有的系统进行改造，企业物流信息化的人才匮乏，物流信息化缺乏技术支持。因此中小企业信息化能力普遍较低。

9.2.2　SaaS 服务模式对中小物流企业信息化的适应性

通过对中小物流企业信息化的具体特征进行分析，了解中小企业 SaaS 服务模式的需求，以及服务模式对企业的适用性，为中小企业提供优质的信息化服务。

（1）中小物流企业一般业务种类较多，且复杂程度较高

企业对 SaaS 服务的需求程度主要依赖于业务种类的多少及其复杂程度。如果企业的业务类型多且较为复杂，需要实现多个信息化目标，则可以利用 SaaS 的灵活租用的优势来处理复杂交易。

（2）中小物流企业一般业务和销售区域分布比较广泛

业务和销售的区域分布是影响企业对 SaaS 需求的重要因素。物流企业业务发展很快，配送点办事处遍布全国，需要对庞大的网络进行管理，自建系统的难度较大且不经济，还会影响企业的发展速度。SaaS 能为物流企业提供灵活的移动接入式办公和数据管理，为企业带来低成本和高效益的信息化实现方式。

（3）中小物流企业普遍资金薄弱，信息化人才匮乏

由于缺乏人才和资金，中小物流企业自有的信息化能力普遍较低。如果从头进行建设需要大量的时间和投资，一般中小物流企业难以做到，采用 SaaS 方式可以较好地解决这一难题。

通过以上的分析，可以得出结论：SaaS 服务模式对中小物流企业信息化具有较强的适用性。

9.3　基于 SaaS 服务模式的制造业物流信息平台的应用

制造业物流信息平台是一个复杂的大系统，其实施涉及多种高技术的集成、物流企业的内部与外部、物流服务全生命周期以及大量的高层次人才、大量的硬件和软件、技术与管理的集成。SaaS 模式具有开发成本低、使用方便快捷、研发周期短、实施风险小等优点，已经成为中小企业实施信息化管理和优化制造企业物流系统的应用模式。

基于 SaaS 模式的制造业物流信息平台的应用模型如图 9-1 所示，应用主体主要有以下几类。

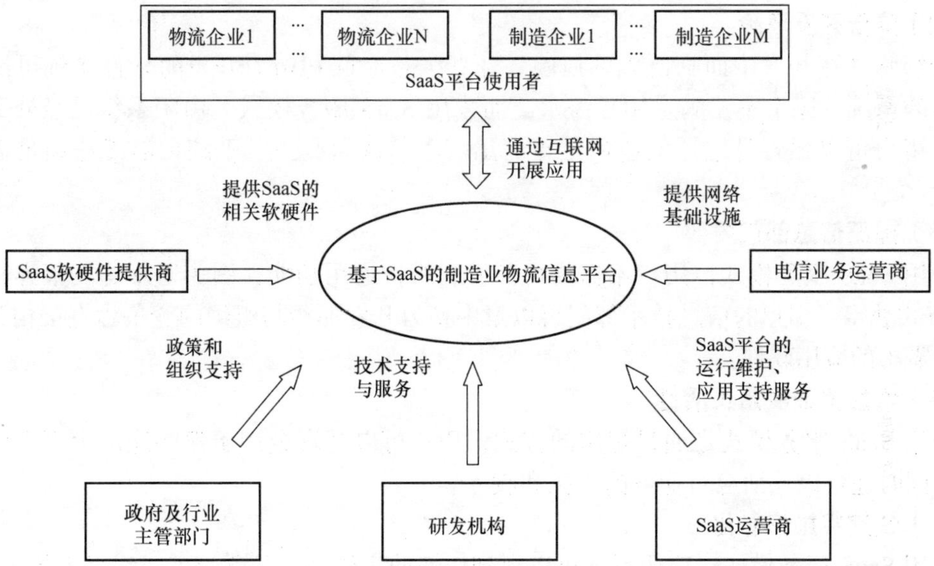

图 9-1　基于 SaaS 的制造业物流信息平台的应用模型

① 政府及行业主管部门。政府及行业主管部门给区域物流信息平台的运作提供有关的政策和组织支持。

② 研发机构。研发机构是制造业物流信息平台运行的中介服务体系，负责制造业物流信息平台的技术支持和服务，包括技术咨询、物流系统运作和优化的相关技术支持与服务。

③ SaaS 运营商。SaaS 运营商负责制造业物流信息平台的运行和维护，为物流企业和制造企业提供 SaaS 平台应用支持。

④ SaaS 软硬件提供商。SaaS 软硬件提供商为制造业物流信息平台提供平台所需的各类硬件设备（如网络设备、服务器、存储设备等）和软件平台（如操作系统、数据库管理系统、系统管理软件、应用软件等）。

⑤ 电信业务运营商。电信业务运营商为制造业物流信息平台的运行提供网络基础设施

支持。

⑥ SaaS 平台的使用者。SaaS 平台的使用者包括物流企业和制造业企业，物流企业通过制造业物流信息平台发布其物流服务能力，并通过平台为制造企业提供服务；而制造企业可以通过制造业物流信息平台查找物流服务信息和发布物流服务需求，并对物流服务的执行过程进行查询。

9.4 SaaS 服务模式给用户带来的收益和风险

9.4.1 SaaS 服务模式给用户带来的收益

SaaS 服务模式为用户带来的收益主要体现在以下多个方面。

（1）节约信息化投资成本

信息化成本包含软硬件网络设备购买、使用、维护等费用，往往需要大量的投资，采用 SaaS 服务模式，可以减少信息化成本，为用户节省大量的投资。

（2）降低开发风险

传统软件在开发中面临巨大的风险，花费大量时间和精力开发的软件系统可能是一个失败的系统，完全不能满足用户需求。而采用 SaaS 服务模式，由于系统已经处于运行状态，用户可以很容易地评估应用是否满足需求，从而避免了系统可能无法满足需求的风险。

（3）提高信息部门效率

采用 SaaS 服务模式，用户不需要再开发和维护通用功能，因为通用功能很容易通过 SaaS 方式获得，用户的信息技术部门可以集中精力开发那些与组织的竞争力直接相关的或有独特需求的应用软件。

（4）增加资金使用灵活性

采用 SaaS 服务模式是通过租用的方式，用户可以把资金用于那些能产生更大效益的项目，同时还可以灵活应对业务的扩张和收缩。

（5）快速实施信息化

采用 SaaS 服务模式，应用系统可以得到快速的实施，一旦部署就可以马上投入使用，可以把实施时间从 6 ~ 8 个月减少到几个星期甚至几天。

（6）获得高质量的信息服务

保证 SaaS 业务模式良性循环的前提是要保证用户持续使用，如果一个应用系统（模块）不能被用户长期使用，SaaS 服务提供商将面临巨大的风险。SaaS 服务提供商必须提供用户满意的服务，才能留住用户，由此用户可以获得优质的服务。

9.4.2 SaaS 服务模式给用户带来的风险

SaaS 模式的一个重要特点是多租户，因此应用中会给用户带来风险，这种风险威胁用户的安全，包括数据安全、网络安全和访问控制安全。

（1）数据安全问题

由于 SaaS 是一种多租户的应用模式，它的建立依托于 Internet 平台，这使得数据库的服务端同样是在互联网上提供给企业用户使用的。如某制造企业用户要启动“月计划管理”模块实例，首先要通过互联网登录 SaaS 物流系统，进入所要应用的服务实例进行具体操作，填写完基础信息之后要将所生成的新数据通过数据源代理服务器存储到数据库中。然而数据库中的信息并非由企业自己管理，而是由软件服务提供商统一管理，数据泄露的可能性增大，入侵者一旦攻破数据中心防御系统，大量数据信息泄露将会给企业带来灾难性后果。

（2）网络安全问题

在传统模式中数据传输是依赖企业内部的网络环境，而 SaaS 模式的数据传输是基于互联网使用的，在企业数据传输时必须通过 Internet 进行数据交换，而 Internet 的传输环境很复杂，存在高度的危险性，互联网上的数据传输更容易遭到攻击。因此 SaaS 服务的数据传输安全必须得到企业的高度重视。

（3）访问控制问题

对于平台的系统安全来说，访问控制历来都起着至关重要的作用，它是为防止任何非授权用户进入平台系统非法操作和使用企业数据而设置的。在传统模式的访问控制中，制造企业有自己独立的应用环境，其访问控制的设置比较简单，在多租户的条件下，本企业的某一部门和其他部门将会共享同一服务实例，不同部门的访问控制设置不尽相同，因此，必须建立一个既能保证访问安全又能提供可定制性门户的系统，来满足企业各部门用户的访问需求。

9.4.3　SaaS 服务模式下安全问题的解决方案

通过以上对 SaaS 模式给用户带来的安全问题的分析，SaaS 服务提供商可以采取以下解决方案防范安全问题给用户造成的损失。

（1）数据安全解决方案

基于 SaaS 模式的制造业物流信息平台上多租户的数据存储安全方面可以采用数据隔离的方式保证数据安全，一般采用以下方式。

① 独立数据库模式（IDII）。该模式给每个企业用户都建立完全隔离的信息数据库，这样，各个企业使用此完全隔离的数据库，各企业用户只能访问到自己的数据系统。这是确保数据独立最为简单的方法，可以满足不同用户的独立需求，若出现故障，数据恢复快。其缺点在于要为每个企业安装一个数据库，投资成本很高。独立数据库模式（IDII）如图 9-2 所示。

图 9-2　独立数据库模式

② 共享数据库，独立数据架构模式（SDIS）。该模式是将数据库共享但要把数据架构隔离起来，不同用户访问的是同一个数据库体系，每一个企业用户都有自己的表格，它存储着本企业独有的数据信息。这种模式的安全性较高，一个数据库可供多个用户使用。但若出现故障，数据恢复会牵扯其他用户，所以恢复速度较慢。共享数据库，独立数据架构模式（SDIS）如图 9-3 所示。

③ 共享数据库，共享数据架构模式（SDSS）。该模式是将数据库和架构完全共享，彼此互不隔离，使不同企业信息存储在同一个数据库和同一个数据库表格中。这种模式的投

资成本最低，数据库可最大限度地容纳用户的数量，但其安全性显然是最低的，数据恢复速度最慢，开发时对安全因素的考虑更高。共享数据库，共享数据架构模式（SDSS）如图 9-4 所示。

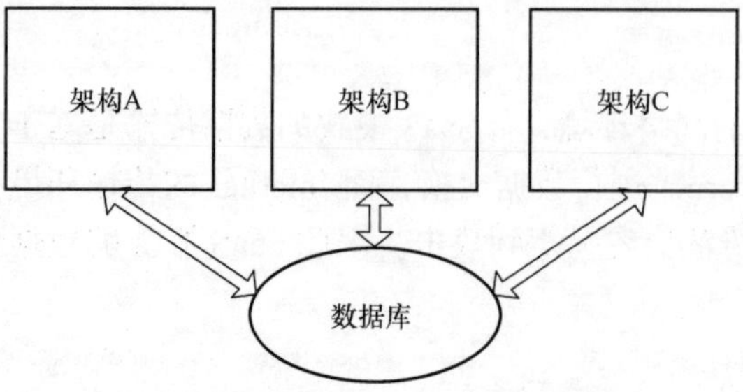

图 9-3 共享数据库，独立数据架构模式

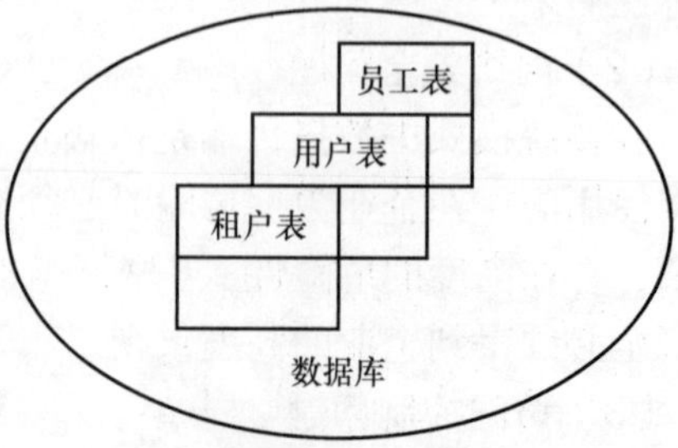

图 9-4 共享数据库，共享数据架构模式

通过以上三种方案的对比，其各自的优劣程度都很明确，我们要根据制造企业的自身情况及特点来选择最适合本企业的解决办法。对于大型制造企业来说，其规模程度较大，对信息的存储和调用量大，对数据安全性的要求最高，而且大企业的经济实力相对较强，所以独立数据库模式（IDII）是大型制造企业所选择的最佳方案。对于中小型制造企业，可以选择共享数据库，独立数据架构模式（SDIS），这是一个折衷的解决方案，既能够保证数据的安全，又可以节省开支。

（2）数据传输安全解决方案

在基于互联网的数据传输中，对于敏感的数据要采用安全超文本传输协议进行传输。利用该协议可以在其他应用协议中给数据传输的安全性提供保护。如果通信的双方之间要实现数据传输的目标，用户端和服务器可以通过协议来建立符合双方需求的超文本传输协议，但是，双方必须要首先进行身份验证，只有通过了验证服务才能开始。为了充分保证数据传输的安全性，密匙必须要定期更换，否则一旦遭到黑客的攻击，就会给企业带来致命的威胁。因此，超文本传输协议能充分保证制造企业数据的安全传输。安全超文本传输协议下的数据传输的过程如图 9-5 所示。

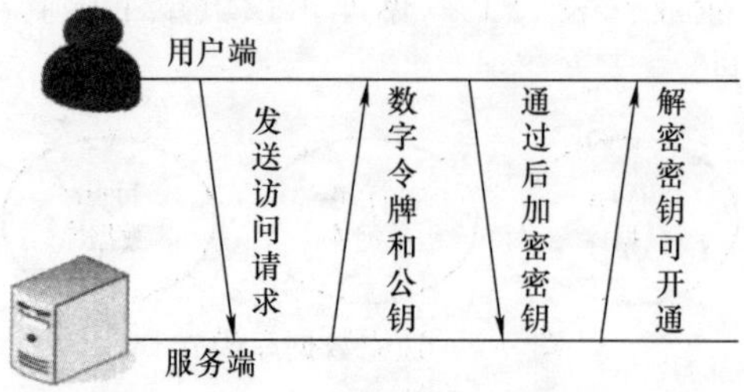

图 9-5 安全超文本传输协议下的数据传输过程

（3）访问控制安全解决方案

访问控制是系统信息安全的一个重要组成部分。基于角色的访问控制（Role-Based Access Control，RBAC）模式作为一种安全机制，正日益得到广泛应用。它将权限与角色相关联，用户通过成为适当角色的成员而得到这些角色的权限，这就极大地简化了权限的管理。RBAC 通过角色划分将角色和权限、角色和用户关联在一起，这样访问就更加灵活，

同时也便于管理，因此，这一控制方法已经被广泛应用于控制各种各样的场景当中，如图 9-6 所示。

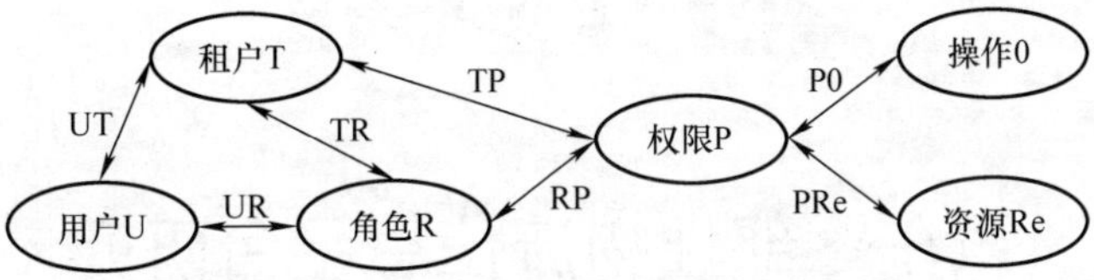

图 9-6 基于角色的物流信息访问控制模型

在基于 SaaS 模式的制造业物流信息平台中，制造企业内部角色的数量远远比用户数量小，授予角色权限要远远比授予用户的权限更牢固。对企业来说用户的变更速度较快，角色则变更得较慢，必须先给角色赋予指定的权限，然后根据用户的变更情况调整其与角色的对应关系，使得用户—角色—权限三者在变化中的复杂程度降到最低。

9.5 本章小结

本章对制造业物流信息平台的服务模式进行了研究。针对制造业物流信息平台的用户大部分是中小企业，尤其是中小物流企业，分析了选择 SaaS 服务模式作为制造业物流信息平台的主流服务模式的原因。SaaS 服务模式是一种基于互联网提供软件服务的应用模式，本章描述了基于 SaaS 服务模式的制造业物流信息平台的应用，分析了应用 SaaS 服务模式给用户带来的收益和风险。SaaS 服务模式具有开发成本低、使用方便快捷、研发周期短、实施风险小等优点，可以帮助用户节约信息化成本、降低开发风险、提高信息部门效率、增加资金使用的灵活性、快速实施信息化、获得高质量的服务等，但是也会给用户带来风险。这种风险主要威胁用户的数据安全、网络安全和访问控制，因此要制定一套安全措施加以防范，为用户提供一个良好的系统（软件）应用环境。

第10章

汽车零部件物流信息平台研究

10.1 我国汽车零部件工业发展状况

我国汽车工业的发展世人瞩目，我国已成为世界上最大的汽车生产国和汽车消费国，2015 年我国汽车销售量突破 2400 万辆。新车生产不断推动汽车零部件的需求，同时汽车保有量的不断增加，也加大了汽车售后服务备件需求量。汽车零部件后市场蓬勃发展，目前我国基本建立了较完整的汽车零部件配套供应体系和零部件售后服务体系。在汽车产业全球化的推动下，国内许多汽车零部件企业在技术研发和自主创新方面进行了积极探索，取得了较好成绩。

10.1.1 汽车零部件产业规模不断扩大，业务收入持续增加

随着汽车产销量的增长，零部件产业规模持续扩大，其产值占汽车工业总产值的份额持续增长，基本呈良好发展态势。2014 年，全国汽车零部件产业规模以上企业累计完成工业总产值 38551 亿元，预计 2020 年我国汽车零部件工业总产值将达到 114458 亿元，2010—2020 年汽车零部件工业总产值及其增长情况如图 10-1 所示。

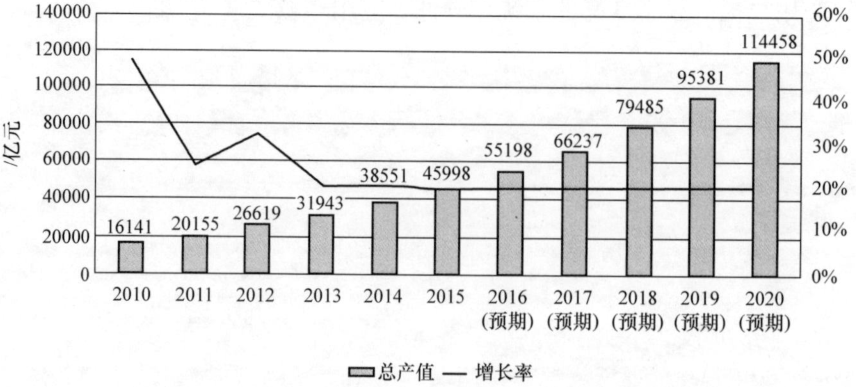

图 10-1　2010—2020 年汽车零部件工业总产值及其增长情况

数据来源 Booz Allen Hamilton

与汽车行业整体相比，汽车零部件制造业的经济指标稳步提升。2014 年我国汽车零部件制造业规模以上企业主营业务收入 29074 亿元，同比增长 7.3%，累计实现利润总额 2149.7 亿元，同比增加 16.12%。2015 年我国汽车零部件制造业规模以上企业主营业务收入 32117.23 亿元，同比增长 8.3%，利润总额 2464.8 亿元，同比增加 13.41%，固定资产投资 8203.43 亿元，累计增长 14.98%。

10.1.2　在整车进出口增势带动下，汽车零部件进出口不断增加

在整车进出口增加的拉动下，汽车零部件进出口也呈现上升趋势。2014 年我国汽车（含底盘，以下同）进口 142 万辆，同比增长 19.3%；进口额 607.77 亿美元，同比增长 24.4%；汽车零部件（含发动机、8708 系列零部件、摩托车及汽车轮胎、其他零部件，以下同）进口额 374.20 亿美元，同比增长 11.7%。汽车出口 90 万辆，同比下降 2.7%；出口额 126. 21 亿美元，同比增长 4.7%；汽车零部件出口额 646.18 亿美元，同比增长 8.02%。中国汽车零部件进出口贸易顺差达 271.98 亿美元，但出口额增速低于进口额增速。

随着零部件产业全球化的发展，国内零部件产业结束了面向单一汽车集团、面向单一配套市场或售后市场的局面，加大零部件的出口。2015 年，我国汽车零部件出口累计 619.17 亿美元，同比下降 4.18%，进口额累计 320.65 亿美元，同比下降 14.61%。2006—2015 年我国汽车零部件产品的进出口情况见表 10-1。

表 10-1　2006—2015 年我国汽车零部件产品进出口情况

（单位：亿美元）

年份	2006	2007	2008	2009	2010	2011	2012	2013	2014	2015
进口额	105.25	152.86	137.38	146.05	260.41	310.23	306.33	334.93	374.20	320.65
出口额	192.48	294.97	263.42	286.02	405.33	521.93	553.22	598.21	646.18	619.17
净出口额	87.23	142.11	126.04	139.97	144.92	211.70	226.89	263.28	271.98	298.52

数据来源：2006—2015 年数据来自相应年份的《中国汽车工业年鉴》

10.1.3　汽车零部件产业集群的形成，产生集聚效应

2009 年末，以柳州为龙头，辐射桂林、南宁、玉林的广西汽车零部件产业集群正式启动。随着吉林长春、湖北十堰、安徽芜湖、广东花都、京津冀环渤海经济圈等汽车零部件产业基地的崛起，我国已经形成了东北、京津、华中、西南、长三角、珠三角等六大汽车零部件产业圈，在这些汽车零部件生产区域内，形成了产业集群。除了大型汽车集团内部配套以外，国内汽车配件产业集群发展，主要表现为三种形态：第一种是依托于整车厂周围发展配件产业；第二种是依托于开发区、汽车城发展零部件产业；第三种是依托于县域发展零部件产业。据不完全统计，目前国内有以汽车零部件为主的各种产业园区 1000 个左右，其中关键的集群区域或地带 102 个。这些园区内集聚了上万家零部件企业，涵盖汽车产业链的各个环节，集群规模已经相当可观，园区内部的配套关系、资源互补已经初步体现。

10.1.4　缺乏核心技术使汽车零部件产业难以形成核心竞争力

汽车产业规模的扩大，使得内资、合资、独资企业能够并存发展，但是竞争格局的变化不容乐观。内资企业多以生产制造为主，平台研发型企业少，缺乏关键核心技术；外商独资、合资零部件企业快速涌现，基本垄断了核心技术，高技术、安全零部件等高端产品在其产品结构中占据主导地位。内资企业普遍存在着研发投入少的问题，缺乏自主创新能力。据统计，内资企业研发投入占销售收入的比重平均为 1.4%，外资企业平均水平为 6.6%，博世集团高达 10%。由于研发投入不足，导致技术创新能力不足，致使低端产品多，产品难以升级换代。面对未来汽车能源多元化的发展，以及节能、环保、安全要求的

不断提高，国内汽车零部件企业的核心竞争能力明显不足，阻碍其发展。

10.2 我国汽车零部件物流及其发展状况

10.2.1 汽车零部件物流的界定

汽车零部件物流是集现代运输、仓储、保管、搬运、包装、产品流通及物流信息于一体的综合性管理，是实现商品从生产到消费各个流通环节的有机结合的纽带。对于汽车制造企业来说，汽车零部件物流是由供应物流、生产物流和售后备件物流、维修备件和索赔件回收物流组成的。

10.2.2 我国汽车零部件物流的发展状况

（1）我国汽车零部件物流的发展现状

随着我国汽车工业的蓬勃发展，国内第三方汽车物流企业也获得了长足的发展，逐渐打破了汽车制造企业自营物流业务的落后模式，汽车零部件物流取得了突破性的进展。第三方汽车物流企业中具有代表性的包括：富田-日本仓储运（广州）有限公司，由日本本田技研与本田物流合资，主要客户是广汽本田，竞争优势在于信息管理技术、拥有稳定的客户。重庆长安民生物流，由长安汽车集团、民生实业和美集物流（APL）合资支持，利用仓储、公路、水运方面的资源优势，垄断重庆和南京基地的整车和零部件运输、仓储及排序上线，年承运16万辆商品车和汽车零部件及原材料约77万吨。主要客户为长安汽车、长安福特、长安铃木。大田捷富凯是由标致雪铁龙占资50%的合资公司，属专业的汽车物流公司，垄断武汉基地整车和零部件运输、仓储及排序上线。一汽陆捷物流有限公司隶属一汽集团，垄断一汽长春和天津等基地的公路运输和主要仓储资源，拥有轿运车和零部件专用车1200多辆，其客户主要是一汽大众和一汽轿车。中国远洋物流有限公司总部设在北京，与国外40多家货运代理企业签订了长期合作协议，在中国国内29个省市、自治区建立了300多个业务网点，形成功能齐全的物流网络系统。主要客户为海马汽车、一汽大众，竞争优势主要体现在与SYBASE合作，将自身的物流管理信息系统Lmis系统（Logistics Management Information System）和客户的ERP系统实施对接，从而实现实时的数据交换，为客户提供及时的响应和实时数据交换，内部各系统之间实现整合和对接。

这些汽车物流公司实力雄厚，均形成了自己的独立配送网络，拥有自己的配送中心、仓库和运输车辆，在全国的各个枢纽城市设有中转库。

（2）我国汽车零部件物流存在的问题

近些年，随着国内汽车物流的发展，汽车零部件物流也有了长足的发展，但是在发展过程中存在着一些问题。

① 宏观环境的制约。经过多年发展，我国物流的外部环境得到了一定程度的改善，但是与真正的汽车零部件物流发展要求还存在很大的差距，具体表现在：一是区域壁垒依然存在，汽车物流服务部门条块分割、各自为政的现象严重；二是汽车物流政策和法律法规还不健全；三是汽车零部件物流发展的设施设备基础条件和技术条件仍不完善；四是市场价格体系尚未建立，我国的许多汽车物流企业都与整车制造企业有着千丝万缕的联系，汽车生产厂商对其参股的物流企业在招标竞争中的照顾，以及地方政府的地方保护主义，国内汽车物流的价格未能实现完全市场化，价格差异很大，致使国内汽车物流市场秩序混

乱，形成恶性竞争。

② 物流业务外包发展滞后。近年来国内整车企业物流外包的比例逐年提高，但是与发达国家相比，比例仍偏低。据统计汽车制造业对供应商的采购物流、对分销商的销售物流、对最终用户的销售物流的外包比例分别为 33%、50% 和 33%，而欧美 80% 的汽车企业选择汽车零部件物流外包。我国汽车企业物流外包比例低的一个重要原因是物流企业对汽车零部件物流的支撑力度不够，另外汽车企业的自营物流也需要储备一定的物流能力，据估计我国几大汽车生产基地的过剩运力约为 20%，造成运力资源分散、发展不均衡。

③ 物流成本居高不下。我国汽车零部件物流成本一直居高不下，汽车物流成本占汽车生产成本的比重超过 20%，而欧洲为 10%，日本为 8%。偏高的物流成本主要集中在运输和仓储两个环节，具体表现为：返程空车率高，运输路线不合理，从而导致运输成本高；因“牛鞭效应”引起的需求放大，使得需求预测偏高，从而导致的高库存，加大了库存成本。据对美国物流业的统计与分析，以运输为主的物流企业 IRR（平均资产回报率）为 8.3%，以仓储为主的物流企业的 IRR 为 7.1%，综合物流企业的 IRR 为 14.8%，我国汽车物流企业的 IRR 仅为 1% 左右，其运输成本是欧美国家的 3 倍，车辆运输空驶率在 40%。

④ 行业标准体系尚未完全形成。我国汽车物流行业标准化工作滞后于汽车工业和汽车物流业的发展，虽然很多汽车物流企业根据实际运作情况总结出了符合自身需要的各类标准，但均未进行统一的筛选和必要整合，难以在广阔的领域中发挥作用。主要表现在：第一，服务质量评估机制尚未形成，缺乏对汽车物流企业公正、客观的评价标准；第二，汽车物流技术差异大，各大汽车企业的物流要求各不相同，各大汽车物流企业的技术能力又相差甚大，因而造成整个汽车物流行业技术差异甚大；第三，物流装备配套、兼容性差，降低了汽车物流企业间“协作物流”的可能性；第四，恶性价格竞争对原有的物流体系形成了极大冲击，加剧了物流运作的不规范性。

10.3　构建汽车零部件物流信息平台的必要性

10.3.1　汽车零部件物流信息平台界定

汽车零部件物流信息平台是以先进信息技术为手段，以物流信息为载体的物流公共信息平台。它可以将汽车供应链上的企业（如零部件供应商、主机厂、汽车备件分销商、汽车物流企业）进行信息资源整合，实现资源共享。它也可以为汽车供应链上的企业与政府管理部门、外部企业提供信息交互。

汽车零部件物流信息平台是物流企业与汽车零部件生产制造企业及上下游企业对接联动的电子商务平台、汽车零部件生产制造企业和上下游企业产品的交易展示平台、物流企业开拓增值服务功能的平台。汽车零部件物流公共信息平台还可以集成政府各级职能部门的有关政策资讯、法律法规和行业标准信息，促进电子政务的发展。

10.3.2　构建汽车零部件物流信息平台的必要性

汽车零部件物流信息平台是利用网络化、信息化的优势，通过对汽车零部件物流系统的优化，提供共享交互的平台，为企业提供高质量、高水平的物流增值服务，提高资源的利用率，实现汽车零部件物流系统的优化运作。

（1）汽车零部件企业与主机厂供需对接的需要

汽车零部件制造企业制订生产计划一方面要考虑整车厂的生产需求，另一方面还要考虑整车厂的配件需求和市场需求。市场需求的变化无法预测，而且整车厂一般要求配件厂采用准时供货制，因此零部件厂可以利用物流信息平台及时地获取整车厂的需求信息，准确地制订生产计划和物料采购计划。

（2）汽车零部件物流信息资源的整合与共享的需要

物流服务质量除了受到自身各环节的制约外，还会受到许多其他环境因素的影响，如交通状况、市场状况等，物流企业与客户要对这些信息进行全面的了解和动态跟踪。通过物流公共信息平台可以将一定范围内的汽车零部件企业的各类信息资源进行整合，完成各系统之间的数据交换，实现信息资源共享。

（3）降低汽车零部件物流成本的需要

对于汽车零部件企业来说，成本压力一方面来自于整车厂不断地要求降低采购成本，另一方面来自于自身物流成本的增加。构建汽车零部件物流信息平台，有利于提高物流信息化水平，提高物流信息的利用率。通过物流信息平台，汽车零部件企业可以合理地利用公共物流资源，以最短的流程、最快的速度和最少的费用完成物流信息传递，降低物流成本。

（4）提升物流服务水平的需要

汽车零部件的质量关乎整车质量。汽车零部件企业要确保竞争优势，就要不断提高产品质量，建立质量监控体系，确保零部件供应链各个环节的质量控制。构建汽车零部件物流信息平台，可以通过物流信息技术手段，对产品质量进行全程跟踪，提高物流服务水平。

（5）优化汽车供应链的需要

构建汽车零部件物流信息平台，汽车零部件生产企业可以逐渐借助信息平台将自己企业的信息系统在技术和功能上向外延伸，重新构造上下游企业之间的互动关系，形成战略合作关系，进一步优化汽车供应链。

10.4 汽车零部件物流信息平台需求分析

10.4.1 汽车零部件物流信息平台的需求主体分析

汽车零部件物流信息平台的需求主体包括企业、政府管理部门和物流相关政府职能部门。

（1）企业

企业主要包括汽车零部件生产企业、上下游配套企业、商贸企业与物流企业等。物流信息平台的建设主要是为了满足这些企业对物流的需求，企业在实际运营过程中需要了解与物流运作有关的各类信息。对于汽车零部件产业的各企业而言，企业都有各自的信息系统，但在与其他企业的信息交互中还很难实现电子化交易和无纸化办公，资源共享的障碍容易导致物流信息孤岛的产生，因此需要建设信息平台来实现企业间的资源共享，将资源使用最优化。

（2）政府管理部门

政府管理部门包括工业与信息化部、发改委等。物流管理部门主要的需求方向是希望通过平台实现电子政务，可以向相关行业发布政务信息、传递相关政策内容等。工业和信息化部对物流公共信息平台的需求主要表现在需要通过信息平台了解汽车零部件业的发展动态，并发布国家信息化建设相关政策战略等信息。产业的发展离不开发改委正确的规划引导，而规划的制定需要产业发展的相关数据，物流公共信息平台可以动态地反映汽车零部件产业总体的发展概况，包括区域内零部件产业的需求与供给信息、出口与进口信息等。

（3）物流相关政府职能部门

与物流相关的政府职能部门是对物流运作提供业务支持的部门，包括海关、工商税务、银行保险、交通部门、航空港口等。

10.4.2　汽车零部件物流信息平台的功能需求分析

汽车零部件物流信息平台是一个由相关企业、政府管理部门及与物流相关的政府职能部门共同参与构建的复杂的物流信息系统，物流系统中不同的参与者对信息需求明显不同。构建汽车零部件物流信息平台时，要充分了解不同需求主体的需求状况，由此确定信息平台的功能需求。

（1）相关企业的需求

在汽车零部件物流信息平台建设中，有物流企业、汽车零部件企业、上下游配套企业等的广泛参与。首先物流信息平台的基本功能就是提供信息，包括与汽车零部件物流运作相关的各类信息，比如行业政策法规、物流市场供求、海关、公共物流基础设施资源、交通运输等。企业可以对这些信息进行查询操作，而且还能通过平台发布需求或供给信息。企业能够通过物流信息平台实现在线交易和货物运输功能。此外，大量的中小零部件企业也要求平台能够提供物流业务信息管理功能，如订购过程管理、运输管理、仓储管理、配送管理、进出口报关服务、货物跟踪、客户服务等。

（2）政府管理部门的需求

政府是物流行业的管理者，与物流相关的政府管理部门主要的职责就是对行业的发展进行规划和指导。因此，政府管理部门的需求主要在于分析相关产业发展的总体概况，利用信息进行科学的分析和规划，以此制定相关政策，为行业发展提供指导，促进产业的科学发展。政府管理部门要求能够从信息平台获得汽车零部件物流系统的总体运作情况、物流基础设施的使用状况等信息。同时，各级政府部门和主管单位希望通过信息平台发布信息，为企业提供相关的政策法规、管理办法、规划等内容。

（3）物流相关政府职能部门的需求

物流相关政府职能部门可以借助信息平台来发布相关政策信息，比如海关优惠政策、进出口相关政策等信息；同时也可以通过信息平台获取信息，如汽车零部件企业或者是物流企业的运营状况等，为银行部门提供放贷依据。各职能部门可以利用信息平台实现各子信息系统的集成和共享，加强部门间的协调与合作，相关审核手续可以直接通过系统实现，节约资源的同时也提高了办公效率。根据以上分析，不同需求主体对物流信息平台的功能需求见表 10-2。

表 10-2 不同需求主体对汽车零部件物流信息平台的功能需求表

平台用户功能	物流企业	客户企业	公众	政府管理部门	相关职能部门
信息发布	√			√	√
信息浏览	√	√	√	√	√
信息咨询	√	√	√	√	√
交通状况查询	√	√	√		
物流资源查询	√	√	√	√	√
物流状况查询	√	√			
订货过程管理	√	√			
采购管理	√	√			
电子交易管理	√	√			√
保险综合管理	√	√			√
运输设计与管理	√	√			
配送管理	√	√			
仓库管理	√	√			
库存状况查询	√	√			
车辆调度管理	√	√			
货物跟踪管理	√	√			
其他物流作业管理	√	√			
财务管理	√	√			
客户管理	√	√			
物流数据挖掘	√	√		√	√
市场信息环境分析	√			√	√
市场规范制度管理				√	√
职能部门信息管理	√				√
综合评价分析	√	√		√	√
行政管理支持	√			√	√
行业发展规划				√	√
紧急信息管理	√			√	√

10.5 汽车零部件物流信息平台的构建

10.5.1 汽车零部件物流信息平台的体系结构

根据平台用户的需求，采用分层结构法设计汽车零部件物流信息平台的体系结构，将平台从下到上依次设计为基础设施层、数据层、应用支撑层、应用层、表现层、用户层六个层次，如图 10-2 所示。

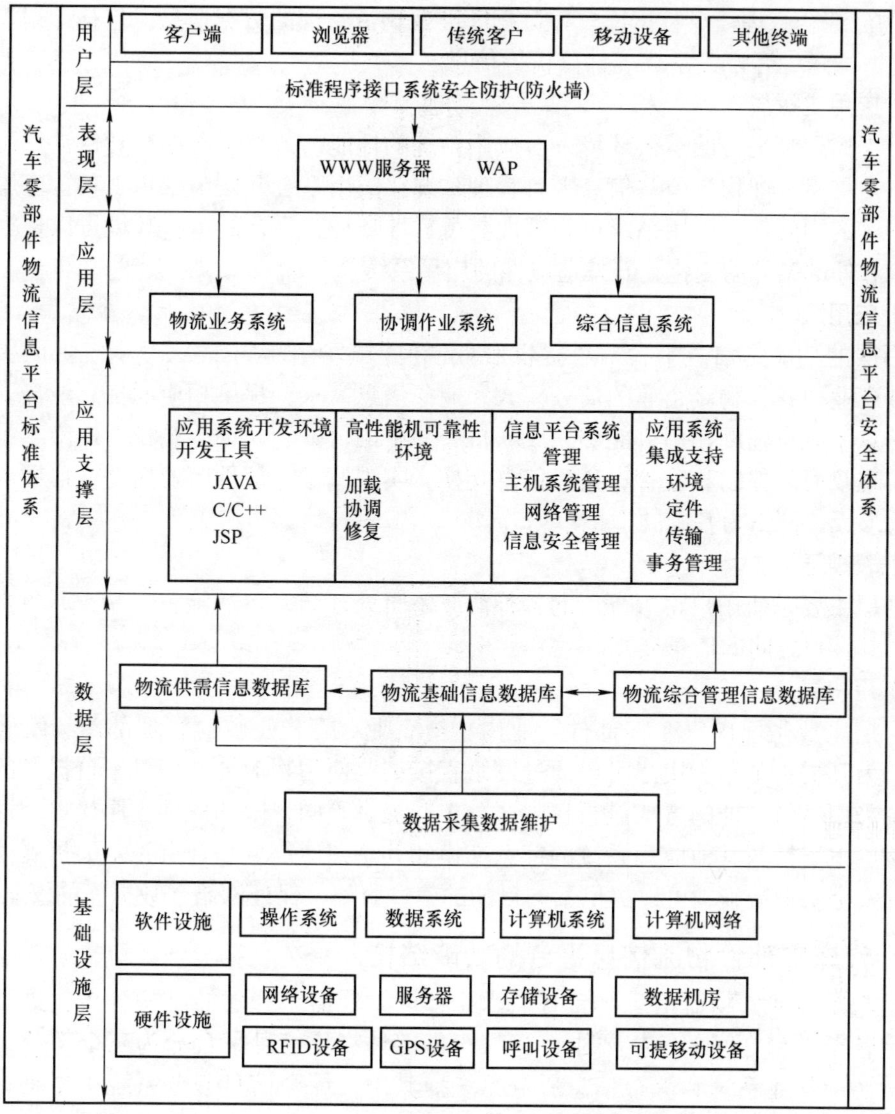

图 10-2　汽车零部件物流信息平台体系结构

（1）基础设施层

基础设施层主要提供信息平台的运行环境，主要包括计算机、网络等硬件环境，操作系统、数据库管理系统等软件环境，以及一些网络协议。

（2）数据层

数据层主要是对信息平台内发生的各类物流信息资源进行数据收集、整理、存储和加工。主要是以数据库的形式存在，包括以下三个数据库。

① 物流基础信息数据库。该数据库包括综合交通运输信息、城市或区域配送路线信息、城市或区域物流设施基本信息、物流企业基本信息、汽车零部件企业基本信息、政策法规信息等。

② 物流供求信息数据库。该数据库包括车辆供求信息、原材料供求信息、商品供求信息、仓库供求信息等。

③ 物流综合管理信息数据库。该数据库涉及物流管理的数据信息，包括计划控制、仓储、运输、配送、客户关系、统计分析等信息。

（3）应用支撑层

应用支撑层是平台的运行环境，对应用系统的性能、效率、数据起到保证作用。主要有四个基本支持，即物流公共信息平台管理系统、应用系统开发与维护工具、应用系统集成和互操作的中间件、应用系统可管理性与可靠性环境。平台的运行环境可以根据客户需求的变化和外部条件的变化，开发适应性的应用系统。

（4）应用层

应用层的功能是信息平台对外提供服务，包含框架结构中的三个系统。该层针对汽车零部件产业内各类物流企业的商务模式和业务信息需求，提供相应的信息业务支持。它对其他信息系统有辅助作用，能够完成联机交易中的付款、认证、纳税、保险、报关等过程，并实现政府的控制和监管；通过信息交换，实现汽车零部件产业内企业协同合作，最大限度地形成以网络为基础的虚拟市场。

（5）表现层

表现层主要是使用户将服务层的各种商务逻辑处理结果传达给客户端，并负责实现信息平台与其客户之间的信息交互。

（6）用户层

用户层主要是面向汽车零部件行业内物流企业、客户、政府管理部门、政府相关职能部门，为其提供服务。用户可以通过网络直接浏览使用物流公共信息平台提供的相应功能，系统采用身份认证的方式进行权限区分，并提供不同权限的标准程序接口和通信服务机制。该层也支持与其他应用系统的信息交换和共享，使信息平台有一定的扩展性；通过设置系统安全防护措施，可以提供不同目的的信息服务，保证网络、数据库的安全。

10.5.2 汽车零部件物流信息平台的功能结构

基于汽车零部件物流信息平台各需求主体的功能需求和功能结构分析，进行技术分解，确定各子平台之间的衔接要求，将汽车零部件物流信息平台分为三个部分：物流业务系统、协同作业系统和综合信息服务系统。其中，综合信息服务系统主要是对外开放的，收集的信息可以为物流业务系统和协同作业系统服务，协同作业系统和物流业务系统所采集的数据又为综合信息服务系统所用，展示给客户和公众。这三个部分按照信息系统的层次结构相辅相成，形成一个有机的整体。汽车零部件物流信息平台的功能结构如图 10-3 所示。

（1）物流业务系统

该系统主要是针对物流企业的业务活动进行建设，物流企业作为物流公共信息平台建设的主要成员，物流业务的实现就需要通过物流业务系统来完成。物流业务系统可以为物流企业和相关的汽车零部件企业提供一个高效的沟通界面，对所涉及范围内的物流需求信息和资源进行整合。

物流业务系统由与物流业务活动相关的所有信息资源整合而成，根据具体的物流业务活动划分物流功能模块，主要包括仓储管理、运输管理、配送管理、客户管理、结算管理、统计分析等。

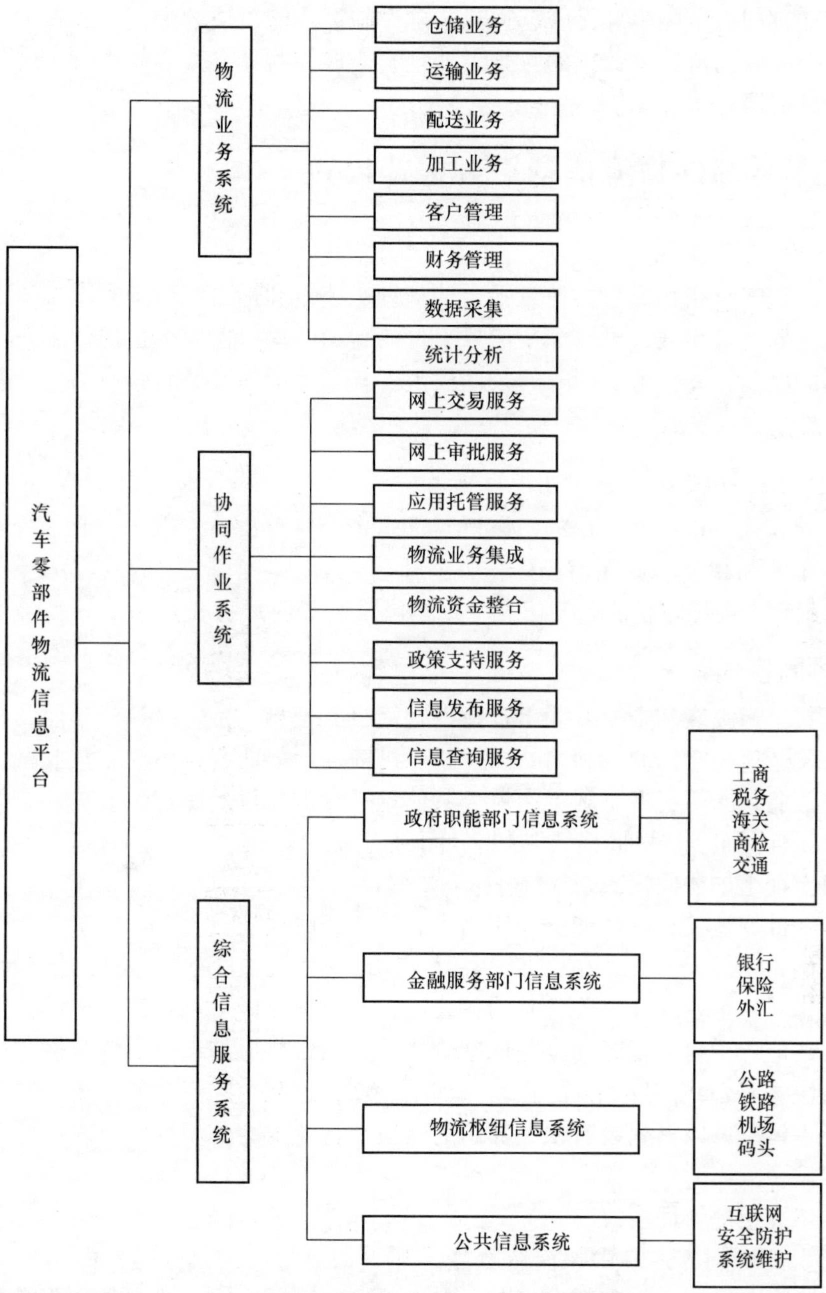

图 10-3　汽车零部件物流信息平台的功能结构

（2）协同作业系统

协同作业系统是为了保证汽车零部件产业内各参与者、需求主体之间信息资源的整合和管理协作，提供网上交易、网上行政审批、公共信息发布、应用托管、物流业务集成和整合等服务功能。

（3）综合信息服务系统

综合信息服务系统是信息集成度最高的物流信息系统。它以公用信息系统为基础，通过与政府职能部门、金融服务设施、物流基础设施等功能模块的衔接，及各物流信息技术的应用，可以实现物流相关数据的收集、处理、交换和共享，为协同作业系统和物流业务系统提供信息资源。

10.6 汽车零部件物流信息平台运营模式

10.6.1 政府主导模式

政府主导模式是指物流公共信息平台的规划、建设和运营都由国家直接负责。虽然该模式下政府主导力量很强，可以加快信息平台的建设效率，但弊端也比较多，如容易造成产业与市场的脱节，并且需要国家的长期投入。汽车零部件产业对政府的过度依赖会制约物流公共信息平台的发展。

10.6.2 企业主导模式

企业主导模式是指信息平台的建设运营都由企业自身负责。虽然企业自主运营信息平台会使物流企业和相关产业在市场运作方面比较灵活，但企业的行为会有一定的局限性。整体规划不完善，会导致物流公共信息平台建设难以实现预期规模。

10.6.3 协同模式

协同模式是指政府和企业共同出资建设物流公共信息平台，该模式集前两种模式的优势于一体，又避免了它们的不利之处。就我国目前的形势而言，单纯靠企业融资会非常困难，政府与企业共同融资将有利于物流公共信息平台的建设。在实际的规划建设中，该模式又可分为“自上而下的协同模式”和“自下而上的协同模式”。

（1）自上而下的协同模式

汽车零部件物流信息平台的资金压力大，投资回收期长，资金回收缓慢。自上而下的协同模式开始是由政府以股份制的形式注入初始启动资金，邀请行业协会一起牵头规划、引导和吸引相同的企业同样以股份制的形式注入资金。政府可以行使宏观调控职能，帮助制定物流公共信息平台运营时的服务标准价格，并出台相应的市场引导政策。由于政府主导，可以加快物流公共信息平台的建设，到了后期，进驻的物流企业就成为物流公共信息平台的运营主体，可以根据政府相关部门的政策和行业协会的制度，引入行业准入机制等管理运营方式。

（2）自下而上的协同模式

自下而上的协同方式是由物流企业主导建设信息平台的模式，先由物流企业自发形成，比如物流企业融入汽车零部件产业，自发地形成产业联盟，要求各企业的物流信息系统进行整合、资源共享。这样的情况下政府参与进来，进行适当的引导和支持，承担信息平台公共信息的中转功能，从而满足不同层次客户的需求，实现资源共享，提高信息系统的使用效率。自下而上的协同模式具有很强的市场操作特征，特别符合我国物流信息化建设和行业发展的现状，是比较适合产业集群环境或者经济圈内部环境的物流公共信息平台运营模式。

10.7　本章小结

本章总结了近年来我国汽车零部件和汽车零部件物流的发展状况，指出了我国汽车零部件物流发展中存在的问题。从强化汽车零部件企业与主机厂供需对接、整合和共享汽车零部件物流信息资源、降低汽车零部件物流成本、优化汽车零部件供应链的角度，阐述了构建汽车零部件物流信息平台的必要性。从汽车零部件物流信息平台的需求分析入手，运用制造业物流信息平台的构建理念和技术，构建了汽车零部件物流信息平台的体系结构和功能架构，并进一步探讨了汽车零部件物流信息平台的运营模式。由此使制造业物流信息平台构建的理论与方法在汽车零部件物流行业中得到运用。

第11章

钢铁物流信息平台研究

11.1　我国钢铁产业的发展状况

钢铁行业是以从事黑色金属矿物采选和黑色金属冶炼加工等工业生产活动为主的工业行业，包括金属铁、铬、锰等的矿物采选业、炼铁业、炼钢业、钢加工业、铁合金冶炼业、钢丝及其制品业等细分行业，是国家重要的原材料工业之一。此外，钢铁生产还涉及非金属矿物采选和制品等其他一些工业门类，如焦化、耐火材料、碳素制品等，因此通常将这些工业门类也纳入钢铁工业范围中。

钢铁行业在我国国民经济中占据重要地位，是支撑国民经济快速发展的产业之一。我国是世界钢铁生产大国，从1996年钢产量首次突破1亿吨开始，一直稳居世界钢产量排名第一的位置，2008年中国粗钢产量达到了5亿吨，超过位居第二位到第八位的国家的粗钢产量的总和。我国钢产量的增长也推动了全球粗钢产量的增长。全球粗钢产量由2005年的11.5亿吨增加至2015年的16.2亿吨，增长4.7亿吨，增幅为41.4%。同期，中国粗钢产量由3.6亿吨增加至8.0亿吨，增长4.5亿吨，增幅高达125.9%；而全球（除中国）粗钢产量由7.9亿吨小幅增加至8.2亿吨，增长2681万吨，增幅仅为3.4%。2008—2009年期间受全球金融危机影响，全球粗钢产量同比出现负增长，仅有中国粗钢产量同比增长。2014年，全球和中国粗钢产量触及近十年峰值，2015年中国粗钢产量小幅回落，全球及全球(除中国)粗钢产量也同样出现下滑，全球、全球（除中国）及中国钢产量的情况如图11-1所示。

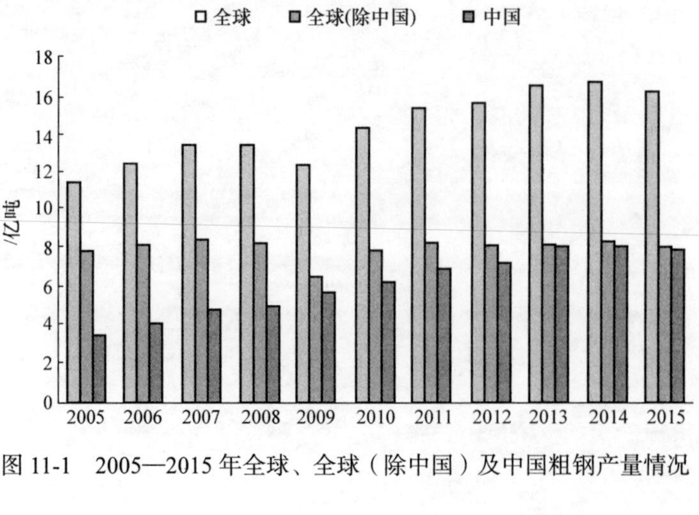

图11-1　2005—2015年全球、全球（除中国）及中国粗钢产量情况

由于受到世界钢铁行业需求不振的影响，2015 年我国粗钢产量下滑，消费量也大幅削减，这就意味着我国钢铁生产和消费已过峰值，进入了弧顶下行区，钢铁行业出现了产能过剩和高库存的现象。国家十三五规划提出“供给侧结构性改革”和“去产能、去库存、去杠杆、降成本、补短板”的任务，钢铁行业成为化解过剩产能的重点领域。2016 年初，国务院印发了《关于钢铁行业化解过剩产能实现脱困发展的意见》，明确了今后一个时期压减粗钢产能的具体目标。2016 年一季度，我国粗钢产量 1.9 亿吨，同比下降 3.2%，降幅扩大 1.5 个百分点，化解过剩产能政策初见成效。

11.2　我国钢铁物流及其发展状况

11.2.1　钢铁物流的界定

钢铁物流行业是以“钢铁”为载体，以“物流”为运作，以“信息”为核心，集钢材贸易、电子商务、三方物流为一体，客户流、资金流、信息流、物流相互促进、相互融合，涵盖建筑行业、冶金行业、信息产业、现代物流四大行业的交叉行业。具体而言，钢铁物流主要包括钢材（及其原材料）的运输、仓储、装卸、搬运、包装、加工、配送、信息平台和电商商务等环节。钢铁物流系统包括供应采购物流系统、生产流程物流系统、销售物流系统和回收再生系统。

11.2.2　钢铁物流供应链

钢铁供应链是指钢铁产品从供应链的上游经过多个环节向下游流动的过程，主要由运输、仓储、装卸搬运、加工配送及信息管理等基本功能构成，是钢铁供应链上各个环节有效衔接起来的物流系统，是商流、物流、信息流、资金流的有效统一。

基于对钢铁供应链的界定，从钢铁物流全产业链的视角，对钢铁物流的上下游进行梳理，形成了钢铁物流全产业链的基本架构，如图 11-2 所示。

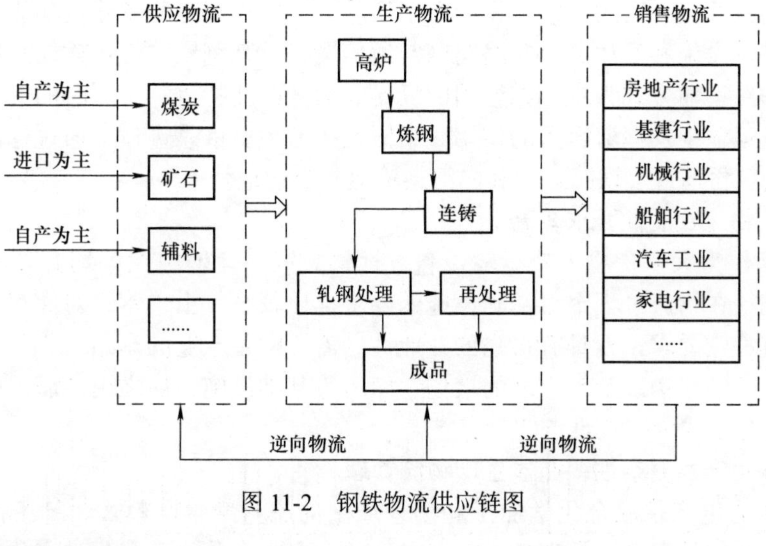

图 11-2　钢铁物流供应链图

（1）原材料供应物流

钢铁主要经由铁矿、煤炭和辅料加工而成。由于国内铁矿砂比较缺乏，矿石主要通过海外进口获得，而煤炭和辅料则以国内生产为主。钢铁企业所需要的铁矿砂主要通过海运方式运到国内港口，一般会直接在港口进行分拨、装卸、搬运，再通过内河运到钢铁企业的生产基地进行生产。

（2）钢铁生产物流

钢铁生产物流是指原材料及半成品在企业生产基地内部及各个不同的生产工序之间搬运装卸的过程，从高炉生产工艺到炼钢工艺到连铸工艺，然后再经过轧钢处理等最终变成产成品。

（3）产品销售物流

钢铁企业通过物流加工配送将产成品销售给下游行业，主要包括汽车行业、建筑行业、家电行业、造船业、石化业、交通业等。相关调研显示，国内拥有的钢铁加工配送中心超过 400 家，并且呈现出逐年增加的趋势。得益于汽车行业、家电行业、建筑业等行业的发展，带动产成品销售物流量持续增加，产成品销售物流主要表现为干线运输 + 区域配送的模式。

（4）废钢铁回收物流

废旧钢铁可以百分之百回收，可以无限地被重新加工成相同品质的相同材料。回收利用 1 吨废钢铁，可节约超过 1400 千克的铁矿砂、740 千克的煤炭和 120 千克的石灰石。从长远来看，废钢铁回收物流将成为钢铁物流供应链的重要环节。

11.2.3 钢铁物流的特点

钢铁作为大宗商品，历来是物流业的主营业务。由于钢铁生产的固有特点和钢铁产品的自有属性，使钢铁的流通方式也不同于其他物资，呈现出自身的一些特质。钢铁企业的物流具有以下特点。

（1）钢铁物流需求量巨大，运输以水路和公路运输为主

据统计，钢铁生产所需要的原材料和钢材成品是钢铁产量的 4~6 倍，按照目前的钢铁产量计算，钢铁物流量巨大。钢铁作为大宗商品，一般以海运和铁路运输为主。国外依靠完善的港口基础设施和发达的公铁路路网与通信网络，其钢铁物流运输模式以洲际远洋航运和内陆公铁路运输方式为主，如德国的汉堡、荷兰的鹿特丹、比利时的安特卫普等港口均在钢铁物流运输中发挥着巨大的作用。中国铁矿砂主要依靠进口，通过远洋航运的运输方式运到国内，再通过公铁路运输和内河运输运到目的地。

（2）钢铁物流专业性要求较高

钢铁产品作为大宗货物，对运输设备、运输方式、运输组织等均有较高的专业化要求。此外，钢铁在物流过程中对基础设施的要求也比较高。由于钢铁对储存、起吊、运输等各环节均有特殊要求，且具有很强的专业性，需要配备专业的车站、码头、起重机、铲车、大型载重运输车辆以及承重好的堆场、库房等基础设施，加之用户需求的多样性，使得钢铁的配送加工成为一大难点。

（3）钢铁生产的复杂性，凸显生产物流管理

钢铁企业的生产是混合化学加工和物理加工的流程型生产模式。基于钢铁制造流程长、工序多、在制品需高温处理且于流程中形状会出现显著物理和化学变化的特点，与此对应的钢铁生产物流是一个复杂的系统。因此，在生产全过程中要按照钢铁生产各个工序的特点来安排和组织物流活动，不断进行物料调度优化和实时物流跟踪，同时还要针对生产过程中不同的物流需求来解决问题。

（4）钢铁行业高能耗，回收物流成为关注的焦点

钢铁行业是一个主要资源消耗产业。近年来，随着我国可持续发展战略的实施与相关法律法规的制定，通过发展循环经济，提高资源利用率、改善生态环境成为钢铁行业发展的重点问题。钢铁物流中，在供应物流、生产物流、回收物流阶段的低碳化、节能减排成为关注的焦点。在钢铁回收物流系统中，对废弃物的采集回收、拣选分类以及加工处理是确保降低污染和实现资源再利用的关键。研究表明，与铁矿石作为原材料相比，废钢铁作为原材料可节约能源 60%，节约水 40%，减少废物排放 80%。同时利用废钢进行生产，所产生的废气、废水和废渣的排放量大大降低，利于清洁生产和节能减排。

11.2.4　我国钢铁物流的发展状况

（1）我国钢铁物流的发展状况

我国是世界上钢铁物流规模最大的国家。钢铁物流业不仅总体规模庞大，而且在传统钢铁物流基础上发展了许多具有现代服务功能的新领域，涌现了一批集钢材仓储、运输和交易等为一体的现代化钢铁物流园区，钢铁电子商务也得到不断的完善、创新和推广，有利于提升现代钢铁物流服务，改善钢铁流通格局。

① 钢铁物流行业出现拐点。随着钢铁行业发展，钢铁物流量以年均 10% 以上的速度增长。2011 年，我国钢铁生产量增幅回落，但物流规模仍很大，钢铁物流总额约达 6.3 万亿元，同比增长 23.5%，增幅提高 2.1 个百分点，处于工业行业较高水平。 近几年，由于全球经济低迷以及我国经济增速放缓，钢铁产能过剩现象严重，市场需求骤减，融资困难，钢铁物流业跌入了低谷。

② 钢铁物流企业主要的服务对象是钢贸商。目前钢铁物流业态主要是钢材现货交易市场、钢铁企业自营物流和第三方物流。钢材现货交易市场是钢铁物流贸易规模最大的一种形态，据 Mysteel 发布的不完全统计，全国具有一定规模的钢材现货市场有 231 家，主要分布地区是，华东地区占 55%，华北地区占 16%，东北地区占 10%。各地区钢材市场发展程度不同，在业务形态上、交易方式上、管理模式上、功能服务上还未形成统一的服务标准。钢铁物流企业主要集中于钢材交易市场，为钢铁贸易企业提供物流服务。

③ 钢铁电商物流发展迅速。自 2000 年以来，国内各钢铁企业开始建设钢铁电商平台，钢铁网、中国钢铁网、欧浦钢网、东方钢铁网、找钢网等钢铁行业 B2B 电子商务网站陆续崛起，我国钢铁电商数量越来越多，以钢厂、钢贸、物流、第三方资本及资讯为主体背景的平台多达上千家，可称做电商者不少于 200 家。

（2）我国钢铁物流存在的主要问题

我国钢铁物流经过多年发展，取得了长足的进步，但是在发展过程中暴露了一些问题，集中表现在以下几个方面。

① 钢铁物流企业体量较大，多数为中小企业，钢铁物流业务过度集中，服务水平较低。据统计，全国相关企业超过 30 万家，前 100 名企业经营总量也仅占全国总量的 14%，行业前 3 名企业的经营总量仅占全国钢材流通消费总量的 3.2%。中小型物流企业的业务形式大部分是简单的物流基本业务，增值物流业务较少。随着物流金融等新的业态出现，中

小物流企业缺乏有效的安全和技术措施来保障业务开展。

② 钢铁物流以自营物流为主，物流组织形式单一。国外的钢铁物流组织形式以外包和物流共同化为主导，既能有效利用物流资源，又能提高物流效率。我国仍然以钢铁企业自营模式为主，钢铁物流运输方式比较单一，基本上是公路运输和铁路运输。在公路运输中，货车返程过程中经常会出现空载现象；在铁路运输中，采用的装卸搬运设备比较简单。此外，企业内部运输方式也比较少。

③ 钢铁流通环节多，流通成本高。钢铁产品从钢厂到终端客户，需要经过多层代理商分销，每吨的中间代理成本在 50~60 元之间，造成物流成本增加。我国物流成本一直在高位运行，据统计，2013 年我国钢铁行业物流成本约占制造成本的 10.7%，相比日本的 7.7% 高出 3 个百分点。我国钢铁行业物流成本远远高于日本，如图 11-3 所示。

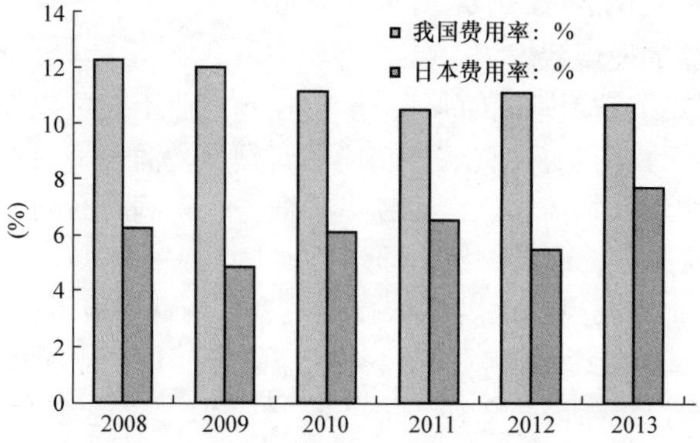

图 11-3　我国与日本钢铁物流费用率对比图

④ 钢铁物流资源共享程度低，规模效应难以形成。受到钢铁行业集中度低的影响（截至 2014 年，我国钢铁产业集中度为 19.44%），钢铁物流企业规模较小，信息化程度较低，各自为政，不能进行有效的资源共享，难以进行大范围的整合，在物流中难以形成规模效应。

⑤ 信息标准化建设滞后。主要表现在两个方面：一是钢铁企业对钢铁规格及材质的描述、钢铁贸易的单据没有一个统一的标准，不同企业对钢种的定义和种类的划分不尽相同，在交易过程中，对于合同、提单等单据的控制也有很大的不同。二是钢铁物流数据的采集技术不统一，因此钢铁物流的基础数据采集比较困难，数据的传递和处理具有一定的滞后性，而数据的共享就更加困难。一些大型钢铁企业各自为政，在企业内部都有自己的条码编码体系用于基础数据的采集，但是与其他企业互不兼容；而且这些企业的编码体系都是按照钢铁制造企业的需要设计的，并不能满足钢铁供应链上其他企业的需求。钢铁供应链具有跨地区和跨行业的运作特点，信息标准化水平关系到钢铁供应链上各环节之间的高效连接和信息化的应用。如果钢铁物流基础数据不能标准化，就难以实现信息的采集、传输与共享。

11.3　构建钢铁物流信息平台的必要性

11.3.1　钢铁物流信息平台的界定

钢铁物流信息平台是以钢铁供应链信息化为核心，以钢铁物流行业的信息共享和物流高效化为目的，凭借先进的信息技术和物流技术，为整个钢铁行业提供支持和服务的物流信息平台。

钢铁物流信息平台是现代物流企业收集和整合资源的重要手段，是为其他企业提供专业化物流服务的重要场所。企业通过钢铁物流信息平台可以快速地掌握供应链上不同环节的供求信息和物流信息，实现对不同的物流环节的远程控制和实时监控。

11.3.2　构建钢铁物流信息平台的必要性

从以上的分析可以看出，我国钢铁物流面临着产业集中度低、物流企业之间各自为政、信息化程度低、资源不能共享、规模效应难以形成等一系列问题，制约着钢铁物流信息化的发展。在“互联网 +”的环境下，运用互联网思维、先进的信息技术，构建钢铁物流信息平台，是有效解决问题的途径。因此，构建钢铁物流信息平台的必要性可以从以下几个方面认识。

（1）钢铁物流行业自身发展的需要

钢铁物流行业存在着经营管理模式落后、物流成本高、产业集中度低、物流创新服务不够等问题，制约着行业发展，需要从钢铁物流供应链的角度整合物流资源，优化市场要素结构，增强整体服务功能。钢铁物流信息平台能够促进钢铁供应链上的企业形成战略联盟，实现供应链上各个环节之间的无缝连接；方便政府部门和行业协会规范行业制度，制定统一规范的行业标准；以信息化带动物流业的发展。因此，建立公共物流信息平台是钢铁物流行业发展的需要。

（2）钢铁物流资源整合与合理配置的需要

钢铁物流行业集中度较低，物流资源分散，通过建设钢铁物流信息平台，促进钢铁物流企业与钢铁供应链上的其他企业形成战略联盟，将物流资源整合起来，获得规模效益，从而使物流企业及时地通过物流信息平台发现物流需求，有效地利用物流资源，以最低的成本快速响应企业的需求，提供专业化、个性化的物流服务。钢铁物流信息平台便于社会物流资源的整合，可以提高社会上大量闲置物流资源的利用率，合理分配物流资源，减少资源的浪费，例如提高仓库的利用率和车辆的配载率、减少空车返程的现象，从而降低钢铁物流成本，节省大量资源，符合绿色物流的需要。

（3）钢铁物流供应链企业信息共享

钢铁物流信息平台是所有信息的交互中心，能够与其他相关系统进行数据传递和交换，按照行业标准将供应链上各个节点的基础数据标准化，把所有的物流信息汇总到信息平台的数据库中，再根据用户的不同需求，将数据反馈给用户。因此，钢铁物流信息平台能将所需要的物流信息集中到数据库，完成不同系统之间的信息转换，实现信息的共享。钢铁物流供应链上的任何企业都可以根据使用权限，快速获取所需要的信息，满足供应链上不同客户的信息需求，提高钢铁供应链的信息透明度。

（4）优化钢铁物流供应链的需要

应用钢铁物流信息平台可以提高物流信息的传递效率和正确率，减少物流信息的滞后性，从而提高钢铁供应链上各个环节的衔接效率，真正地做到无缝连接，实现钢铁供应链的优化。首先，钢铁物流信息平台可以使物流企业运用先进的物流信息技术快速地响应市场的需求，为客户提供更多的增值服务；其次，钢铁制造企业可以通过物流信息平台实现对钢铁的实时监控，及时地获得准确的物流信息为生产运营活动的决策提供依据；最后，钢铁供应链的末端用户也可以实时地了解钢材的仓储信息、加工配送信息和运输信息。因此，钢铁物流信息平台解决了供应链上下游信息不对称、企业之间无法实现信息共享、企业与客户间信息交流不畅等问题，优化了钢铁供应链，提高了钢铁物流的效率和服务水平。

（5）钢铁行业电子商务发展的需要

目前，网上钢铁电子商务交易量已经超过了钢材市场销售量的10%，而且交易数量还在快速增长中。钢铁电子商务的发展，分流了传统钢材销售渠道，降低了钢铁物流成本。特别是越来越多的消费者通过电子商务平台采购钢材，可以降低企业库存和采购成本，形成了钢铁电子商务的采购模式。钢铁市场电子商务的出现无疑为钢铁物流模式创新注入了新的活力。钢贸企业走出区域市场，以合理库存，通过电子商务平台和资本融合，实现同当地仓储、加工企业战略合作或资源要素整合，实现以电子商务模式，进行低成本、跨区域市场的钢材经营。

但是钢铁物流信息化的滞后，已经成为制约钢铁电子商务发展的重要因素。建设钢铁物流信息平台能够解决电子商务中物流信息不畅通的问题，通过钢铁物流信息平台，可以使信息流和物流更协调，从而为电子商务提供专业高效的物流服务，促进钢铁行业电子商务的快速发展。

11.4 钢铁物流信息平台需求分析

现代钢铁物流活动综合集成包装、装卸搬运、仓储、运输、配送、流通加工、信息等活动，已经成为一个复杂的大系统，对信息依赖性很大。因此，钢铁物流信息的采集、处理、分类管理与反馈显得尤为重要。

11.4.1 钢铁物流信息平台信息需求分析

钢铁物流信息平台是利用网络、通信技术和物流信息技术将钢铁供应链上的所有参与者，包括钢铁生产企业、钢铁物流服务提供企业、钢铁需求企业、行业协会及政府相关部门等有机地联系起来，协同运作的一个信息支撑体系。

钢铁物流信息平台可以通过规定的标准数据规范和通信协议，实现各信息系统的无缝对接。因此，平台企业可以在信息平台上广泛地搜集所需要的物流数据，进行加工和处理，支持公司的管理决策，并获得专业化的物流服务。钢铁物流信息平台作为钢铁行业的公共信息平台，为钢铁供应链上下游的企业提供服务，处于钢铁供应链上不同位置的企业对物流信息的需求也各不相同，他们将根据各自的需要筛选出所需的信息。

（1）钢铁物流信息平台的信息需求特点

钢铁供应链上不同企业对于钢铁物流信息平台的信息需求具有以下特点。

① 对物流信息的依赖性。钢铁供应链上的物流企业对于物流系统的外部信息具有很强的依赖性，希望通过物流信息平台获得更多的有关物流基础性设施设备、运输网络以及加工配送中心的信息，能够减少信息的获得成本，提高信息的准确性。

② 物流信息需求的差异性。物流信息需求的差异性主要体现在时间差异、内容差异和程度差异。钢铁供应链的上下游企业对物流信息的需求是不同的，对于不同的钢铁物流信息平台使用者需要进行区别化的信息需求分析。

③ 物流信息交换的复杂性。钢铁供应链上的不同企业在管理信息系统、物流技术的应用以及企业文化等方面存在着许多差异，不同模式不同系统的数据结构、储存形式及协议都是不同的，直接导致了物流信息交换的复杂性。

④ 物流数据共享的有限性。钢铁供应链上的有些企业采用的是封闭式的系统，信息共享的范畴是有限的。钢铁物流信息平台需要根据用户的需要和使用权限，为不同的用户提供不同的接入方式和接入权限。

（2）钢铁物流信息平台用户的信息需求分析

钢铁物流信息平台用户包括钢铁生产企业、钢铁物流企业、钢铁供应链末端的钢铁使用企业、相关行业协会以及政府相关职能部门等。根据平台用户发挥的作用，将钢铁物流信息平台的用户分为物流服务提供方和物流服务需求方，他们处于供应链的不同环节，对物流信息的内容、信息的广度、信息的深度的要求也各不相同。以下分别讨论钢铁物流服务提供方与钢铁物流服务需求方的信息需求。

① 钢铁物流服务提供方的信息需求。钢铁物流服务提供方主要是指钢铁物流企业、信息平台运营商、公共服务机构及相关政府管理部门。

a）钢铁物流企业信息需求。钢铁物流企业主要是指钢铁运输企业、钢铁仓储企业、钢铁加工配送企业等。对于钢铁物流企业来说，钢铁物流信息平台是其提高效率、降低物流成本、优化资源配置的关键。一方面，钢铁物流企业可以通过钢铁物流信息平台了解物流需求，及时与钢铁供应链的上游企业和下游企业沟通，快速地响应市场需求，为客户提供综合、专业、个性化的服务。另一方面，物流企业可以通过钢铁物流信息平台整合社会物流资源，了解物流资源的动向和利用率，实现资源的优化配置，并获得规模效益，从而提高钢铁供应链的效率，降低钢铁供应链的物流成本。

b）信息平台运营商信息需求。信息平台运营商对物流信息的需求主要包括物流基础设施资源信息、交通运输网络信息和环境信息等；还包括运营商自身管理的信息需求，包括数据统计汇总、成本管理、财务管理以及物流运作过程中的若干关键绩效指标考核等。

c）公共服务机构信息需求。公共服务机构主要包括银行、保险及证券外汇等部门，他们提供各企业的财务信用信息、企业信用信息、货物托运保险、上市公司的股票及外汇牌价等信息。

d）政府职能部门信息需求。与钢铁行业及物流管理相关的政府管理部门包括工商、税务、海关等部门，他们发布政策法规信息，为企业提供国家、行业、省、市等各级政府部门和主管单位相关的政策法规、管理办法、规划等信息，为各类企业提供交通、国土等公共信息。他们还负责物流发展的宏观管理与决策研究，对信息的需求在于把握和分析物流发展的总体情况，利用信息进行科学的预测、分析和规划，进而制定相关政策，促进物流业发展。

钢铁物流服务提供方是钢铁物流信息平台的主要使用者，对于物流信息的依赖程度较高，既要了解客户的物流信息需求，及时地发布相关物流信息，又要深度挖掘数据，为客户提供个性化的增值服务。因此钢铁物流服务提供者对信息的需求主要集中在公共物流基础设施资源信息需求、物流运作信息需求和其他物流咨询服务信息需求三个方面，其中，物流运作信息是钢铁物流服务提供方最为关注的信息。钢铁物流服务提供方的信息需求见表 11-1。

表 11-1 钢铁物流服务提供方的信息需求

信息类别	信息内容	信息需求目的
公共物流基础设施资源信息	运输网络信息（覆盖范围、路况等）	① 整合社会资源，实现物流资源跨区域使用 ② 避免资源的闲置和浪费，降低物流成本
	仓储网点（仓库地址、仓库分布等）	
	钢铁配送加工中心（加工能力、配送范围等）	
	钢铁物流园区（园区规模、经营范围等）	
物流运作信息	仓储类业务信息： 钢材周转速度、仓储服务水平、钢材需求预测、库存分析（安全库存、订货周期、订货批量等）、占用资金、钢材库存积压情况等	① 快速响应客户需求，提供专业化服务 ② 对信息深度挖掘，提供创造性的物流服务
	运输类信息： 运力资源、运输工具跟踪管理、在途钢材管理、配载管理、运输服务水平、运输事故分析等	
	加工配送类信息： 深加工要求、加工方式、配送规模、配送方式、配送路线等	
	增值服务类信息： 物流金融、信用评价、物流金融相关政策	
物流咨询服务信息	物流战略合作伙伴的资质信息	① 了解钢铁市场动态，及时做出战略调整 ② 把握政策法规
	钢铁行业的发展前景（GDP、PMI 等经济指标）	
	物流相关的标准和法律法规	

② 钢铁物流服务需求企业的信息需求分析

钢铁物流服务需求企业主要是钢铁制造企业和钢铁供应链末端的用钢企业。这些企业希望能够通过钢铁物流信息平台进行网上洽谈和交易，能够以较低的成本在信息平台上快速地获得各种类型的物流信息，为企业的经营管理做出合理的决策。

对于钢铁物流的需求企业来说，钢铁物流信息平台是一个综合性的、专业化的物流信息平台，能够为他们提供专业、高效、多样的一体化物流服务。钢铁物流信息平台通过优质的服务和准确及时的物流信息，能够吸引更多的企业使用钢铁物流信息平台。

钢铁物流服务需求企业根据钢材的业务流程，对于钢材的运输、仓储等信息的需求程度与物流企业是有所不同的，他们主要关注货物的安全存放与及时运输。他们对信息的需求主要侧重于对货物的监测数据，通过信息平台与物流企业的系统连接，实时进行监控和发布调运信息。钢铁物流服务需求企业的信息需求主要包括以下几个方面：

a）仓储信息。仓储信息主要包括钢铁仓储状态和仓储类型、仓储价格、仓位信息、钢铁的库存数量、具体规格、钢铁的出入库信息、堆场情况以及与仓储相关的法律法规及政策等。

b）运输信息。运输信息主要包括运输工具的选择信息（可用运输工具的信息、运输价格等）、运输工具的配载信息（运输工具的起运时间和到达时间、运输工具上装载的钢材信息等）、钢材运输的在途信息（位置信息、路线信息和路况信息等）、运输单证的处理信息、运输行业的市场信息及行业统计信息（运输行业的发展现状及趋势、相关统计数据等），以及运输相关的法律法规及政策等。

c）物流增值服务信息。增值服务信息主要包括流通加工信息（加工方式、边角余料信息、加工配送费用、配送情况等）和物流金融信息（担保信息、仓单质押信息、信用评级信息、物流金融相关政策等）。

钢铁供应链上涉及的企业众多，不同的企业对于信息的要求也各不一样，对不同的用户分别进行信息需求分析，可以更好地了解供应链上各个企业的物流信息需求，消除供应链上的信息不对称现象，实现真正的信息共享。

为了更好地对钢铁物流信息平台进行规划，划分功能模块，根据对供应链上不同企业的信息需求分析，现将不同的需求信息进行了归类整理，钢铁物流信息平台信息需求分析见表 11-2。

表 11-2　钢铁物流信息平台的信息需求分析

信息类型	信息内容	信息提供者
管理调度信息	公共物流基础设施信息 物流市场需求信息 物流业务运作信息 其他物流咨询服务资源 运营商自身管理的信息	平台运营商 货主企业 运输企业 加工企业 仓储企业
货物信息	联运货物信息 普通托运货物信息 实时货物信息	货主企业 运输企业
运输信息	可用运载工具信息 运载工具到达信息 在途驾驶员信息 托运价格信息	运输企业 货代企业
仓储信息	基本信息（地址、类型、面积、配套设备等） 仓储要求（仓储方式、装卸要求） 仓储价格 进出库作业信息 钢材在库实时监控信息	仓储企业
配送信息	配送价格 货源供应信息 质量检验、结算、交接信息	配送企业
加工信息	加工价格 加工要求、加工方式、加工时间 加工量、加工流程	加工企业
交易信息	交易主体、交易时间、交易金额、 交易方式、结算方式	物流服务提供商 银行
钢材信息	钢材基本信息（规格、材质） 钢材库存信息（仓位、重量、数量、出入库、时间） 钢铁运输信息（运输工具、运输路线） 钢铁质量检验信息	钢铁企业 运输企业 仓储企业 商检机构
行业信息	钢铁行业的发展前景及统计数据 物流市场调研数据和预测数据 行业标准、行业法律法规	政府管理机构

（续）

信息类型	信息内容	信息提供者
金融信息	财务信用信息 企业信用信息 货物托运保险信息 股市行情 外汇牌价	公共管理机构
其他服务信息	交通路况 天气预报	信息平台管理者

11.4.2 钢铁物流信息平台功能需求分析

为了满足用户的信息需求，钢铁物流信息平台应具备信息管理功能、物流管理功能、电子商务功能和综合管理功能。

（1）信息管理功能

信息管理功能是钢铁物流信息平台的基础功能，是信息共享的技术支撑，主要包括数据交换功能和信息发布与查询功能。

① 数据交换功能。数据交换功能主要是指电子单证的翻译、转换和通信，包括网上报关、报检、许可证申请、结算、缴（退）税、客户与商家的业务往来等与信息平台连接的用户间的信息交换。

② 信息发布与查询功能。钢铁供应链上下游的企业通过互联网登录钢铁物流信息平台上，就可以根据权限发布或共享信息平台上的物流信息。供应链上下游的企业可以发布钢铁贸易信息或货源信息以及物流服务信息，如钢铁的价格、钢铁的仓储或运输需求、运输价格、钢铁的流通加工信息、钢材的运输和仓储信息；查询行业的相关统计数据以及相关法律法规等。

钢铁物流企业还可以在信息平台上查询钢铁出入库的预报信息，提前做好钢材的出入库准备，安排运输车辆和路线，钢铁生产企业和用钢企业则可以随时查询钢材的库存信息和在途信息，并根据库存信息做出合理的经营决策。

（2）物流管理功能

物流管理功能是钢铁物流信息平台的核心功能，是钢铁物流信息平台的主体，是根据钢铁行业的物流信息需求设计的，主要包括仓储管理功能、运输管理功能和物流增值功能等。

① 仓储管理。仓储功能主要是通过对信息平台上的仓储信息进行管理，满足钢铁仓储作业流程的信息需求。利用仓储管理系统能够使钢铁供应链上下游的企业清楚地了解钢铁的库存数量、钢材的规格和仓位信息，方便企业做出合理的经营决策；仓储企业也可以利用资源，合理安排仓储作业，从而提高钢材出入库的速度，减少钢铁出入库的差错率。

② 运输管理。运输管理功能主要包括：运输方式的选择、运输工具的调度、运输工具的合理配载、运输过程的监控等一系列的运输活动。通过运输管理功能模块，将钢铁运输的物流信息整合到钢铁物流信息平台上，可以方便企业的查询和远程控制。钢铁生产企业及钢铁的末端用户也可以运用运输管理模块，利用全球定位系统（GPS）、地理信息系统（GIS）、无线射频识别技术（RFID）、智能运输系统（ITS）等现代信息技术，对钢铁的运输进行全程的监控，根据运输情况对企业的经营管理及时做出决策。

③ 物流增值服务。物流增值功能主要包括流通加工、实时监控以及物流金融等子功能模块。流通加工是对钢材产品进行深加工，根据客户对钢铁规格和类型的不同需要，对钢铁进行重新加工。将加工方式相同的钢铁进行集中加工，可以减少重复劳动率，使钢铁加工企业能够集中资源，优化资源配置，既减少了加工时间又节省了物流成本，提高了钢铁物流企业的效率。实时监控是将物流技术与钢铁物流信息平台相结合，利用先进的物流技术和信息技术，实现物流服务的可视化操作，对物流的远程控制和实时监控。物流金融服务主要是指通过信息平台同银行、担保机构等第三方金融服务机构，以信息平台为核心，整合物流系统，为用户提供可靠的质押融资和担保融资业务。

④ 物流应用软件服务（SaaS）功能。在钢铁物流行业中，中小企业的数量众多，且规模较小、实力较弱，不具备单独开发物流信息服务系统的能力。因此，平台与应用服务提供商（ASP）合作，提供若干类型的 SaaS 平台企业物流管理通用软件，如普通运输通用软件、集装箱通用软件、仓储通用软件、货代通用软件、物流基地通用软件等，为中小企业提供物流应用软硬件设施租赁服务。

（3）电子商务功能

电子商务功能丰富了钢铁物流信息平台的内涵，更加方便用户的使用，使钢铁行业的业务流程更加顺畅和便捷。钢铁物流信息平台的电子商务功能主要包括网上交易功能、在线支付和资金结算功能。

① 网上交易。网上交易功能可以使企业快速把握商机，快速地完成交易。企业可以通过信息平台获得所需的商务信息和物流信息，并与对方进行在线洽谈，还可以在达成交易后选择网络支付。企业也可以在信息平台上发布信息和广告，进行商业推广吸引更多的客户，进行在线的磋商谈判，并通过互联网完成交易。

② 在线支付与结算功能。在线支付与资金结算功能能够支持物流费用的在线支付、电子商务的网上交易结算、会员企业的资金结算等，还可以根据物流金融服务的需要，提供在线融资、物流金融结算等增值服务。

（4）综合管理功能

综合管理功能支撑着整个钢铁物流信息平台的发展和运营，维护整个信息平台的正常运作，保证数据的安全性和平台的正常运行。综合管理功能主要包括信息平台的会员管理功能和信息平台的运营管理功能。

① 会员管理。会员管理功能主要是对会员进行分类管理，审核会员的资质，并规定会员的访问权限和浏览信息的权限，根据会员的不同需要向他们提供服务，能够实现会员的注册管理、资质管理、交易管理和统计、广告服务以及行业信息发布等。

② 信息平台运营管理。信息平台的运营管理功能主要包括平台的日常维护、数据管理以及平台的安全管理等。运营管理功能主要是实现信息平台的行政功能，维护信息平台的日常运营，保证用户的信息安全、数据安全和交易安全，对信息平台进行全方位的管理，努力为用户提供一个专业、安全和高效的交易环境。

11.5　钢铁物流信息平台的构建

钢铁物流信息平台的重要作用就是通过整合各物流信息系统的信息资源，完成各系统之间的数据交换，实现信息共享。钢铁产业链上的企业以及政府职能部门通过信息平台实现系统之间的信息交换和信息传递，提高物流效率。为了实现钢铁供应链信息资源的整合与共享，提高钢铁行业的信息化水平，有效地对钢铁供应链的物流活动进行管理和控制，构建钢铁物流信息平台应该从钢铁物流信息化的长远规划和钢铁物流的业务特点出发，设计平台的总体架构和功能架构，以满足平台用户的不同需求。

11.5.1 钢铁物流信息平台的体系结构设计

钢铁物流信息平台的体系结构是一个开放的信息系统，按照软件开发的思路，对信息平台的体系结构进行分层设计，将钢铁物流信息平台自下而上划分为五个层次，依次为基础设施层、应用支撑层、应用层、展示层和用户层，其中每个层次从底向上提供服务和支持。钢铁物流信息平台的体系结构如图 11-4 所示。

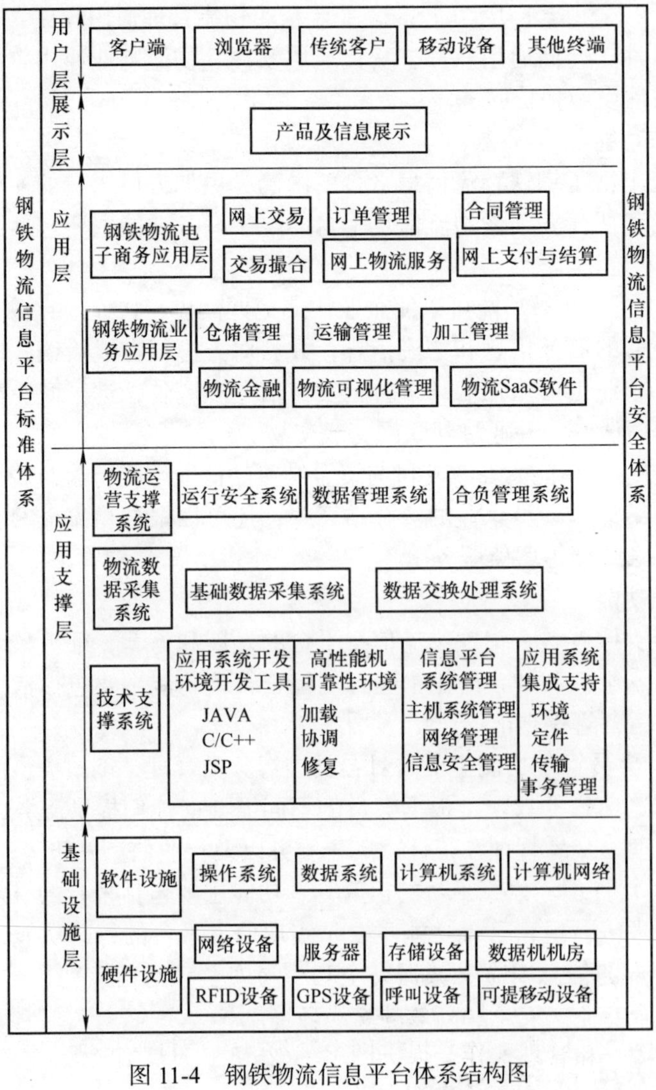

图 11-4 钢铁物流信息平台体系结构图

平台的基础设施层主要是为平台提供运营环境。应用支撑层是对平台系统的应用提供支撑环境，主要有三个支撑系统：技术支撑系统、数据采集和交换系统以及物流运营支撑系统，保证平台系统的运行。应用层主要分为钢铁物流电子商务应用层和钢铁物流业务应用层。其中电子商务应用层主要面向用户以及产业链上的相关参与方，网上交易主要根据供需意向，由买卖双方就交易细节进行磋商；合同管理主要实现合同条款细节的沟通、合同的签订与传输、合同执行状态的跟踪；网上支付主要提供支付方式、支付过程、支付状态等服务；订单管理主要是管理企业对多个订单的处理；交易撮合主要是信息撮合与交易撮合，如通过信息传递、竞价招标、电子交易合同生成等服务来促进交易的达成。钢铁物流业务应用层主要面向钢铁物流企业，主要提供仓储监管、运输追踪、加工配送等网上物流服务、物流 SaaS 软件服务、钢铁物流金融服务（如质押物资产处置、存货担保、贷款保险、仓单流转交易、在线融资等业务）以及对钢铁企业和用钢企业进行信用评级服务。展示层是产品及信息展示，主要提供供需信息、产品服务以及相关综合资讯的发布，便于顾客对相关信息进行查阅和做出决策。用户层主要是面向钢铁产业链的物流企业、钢铁生产企业、用钢企业、政府管理部门、政府相关职能部门，为其提供服务。

11.5.2　钢铁物流信息平台的功能结构设计

通过对钢铁物流信息平台功能需求的分析，将钢铁物流信息平台划分为五个系统，以满足平台用户不同的功能需求。钢铁物流信息平台的功能结构如图 11-5 所示。

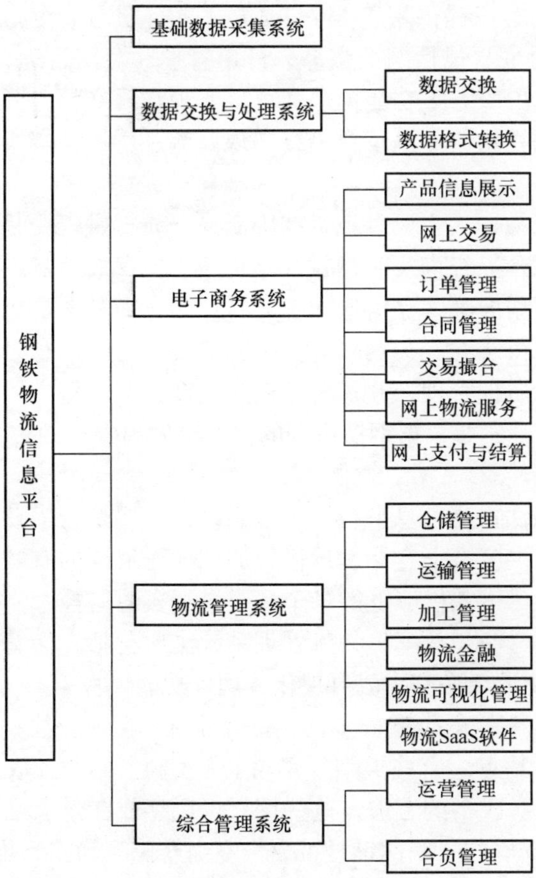

图 11-5　钢铁物流信息平台功能结构图

（1）基础数据采集系统

通过利用自动识别专用数据采集和通信终端、增值服务平台和客户端软件，为钢铁物流企业提供相关数据信息的采集、数据信息的传输（包括下达和查询等功能）的全面解决方案。

（2）数据交换与处理系统

数据交换是通过钢铁物流信息平台，运用 XML/EDI 技术进行异构数据的传输，实现钢铁供应链上下游各企业之间的低成本的数据交换。数据交换与处理系统具备以下三个功能：

① 数据交换。数据交换功能是为信息平台提供各种不同格式的文件传输和不同数据库之间的信息传输，并提供基于网页的用户操作界面，对数据交换的过程进行监管，保证信息交换的一致性和完整性。

② 数据格式转换。数据格式转换时通过数据规范化定义，支持各类不同格式和系统之间数据的转换与传输，实现各种格式之间的相互转换。

③ 实现物流电子商务中交易双方的无缝对接。在交易双方进行查询报价、网上磋商、订单签订等活动中，传输和转换数据，并确保交换数据的可读性、可靠性和安全性。

（3）电子商务系统

电子商务子系统为客户提供基于 Internet 方式进行的网上交易、货物状态查询等全面的服务。电子商务系统主要包括网上交易，订单管理、合同管理、网上支付、交易撮合、网上物流服务、在线金融服务等功能模块，可以实现在线交易，开展网上报价和在线磋商等。电子商务系统是钢铁物流信息平台最终实现商流、物流、资金流、信息流紧密结合的重要保障和手段。

目前，钢材电子交易方式主要有现货挂牌交易、质押融资交易及网络竞价交易。卖方商务会员可以在信息平台上查询实时钢材的存货信息（存放地点、库存数量、钢材的详细规格等）和质押量，根据准确库存信息挂牌交易；买方商务会员可以在信息平台上搜寻钢材资源，与卖方在线进行磋商。买卖双方在线完成交易后，信息平台将根据交易方式，利用物流系统发货或进行质押管理，并及时将信息反馈给买卖双方，买卖双方可以根据各自的权限查询所需的信息，然后根据钢铁市场的情况，做出合理的贸易决策。

（4）物流管理系统

物流管理系统是钢铁物流信息平台的核心系统，主要是为钢铁供应链上的各类企业提供物流服务，实现钢铁供应链上仓储、运输、加工配送资源的有效整合，提高钢铁物流的效率，降低物流成本，对钢铁供应链的各个环节进行实时监控，实现产品从出厂到客户接收的全过程控制和信息透明与共享。物流管理系统主要包括仓储管理、运输管理、加工管理、物流 SaaS 软件、物流金融和物流可视化管理等功能模块。

① 仓储管理模块。钢铁的类型很多，主要有板材、型材、线材、钢卷等，规格也是千差万别。根据这些规格特点，有些类型的钢材（如型材、板材）放在露天环境下，不会对其品质产生影响，基于对成本的考虑，这些钢材可以存放在露天堆场内；而有些类型的钢材（如钢卷）必须放在仓库内。因此钢材可分为室内仓储型和露天堆放型两大类。

对于露天堆放的钢材应建立室外仓库管理系统。此管理系统的主要功能包括基础数据信息管理、进场作业管理、出场作业管理、场内作业管理等。对于室内仓储型的钢材要建立仓储管理子系统。此系统的功能要满足一个完整的钢材仓储作业过程的信息管理需要。

钢材的仓储作业过程主要包括入库预报、钢材的验收入库、仓储作业、拣货、出库预报和出库作业等业务流程，因此仓储管理模块主要包括入库管理、库存管理、出库管理和报表管理。入库管理主要包括单证处理、码盘、收货确认、质量检验和上架确认，系统提供方便的单证处理功能，同时支持使用采购订单生成预期收货通知。库存管理是系统将库存余量、库存交易、库存移动、库存调整、库存冻结、库存转移和循环盘点等信息及时地反馈给钢铁制造企业和钢铁供应链的末端用户，使其及时了解库存钢铁的仓储类信息。出库管理主要包括单证处理、订单分配、补货、拣货和发货。系统对出货过程中可能使用的单证进行管理，还可根据客户设置的补货标准进行动态补货。报表管理是系统内含多种标准报表，所有报表支持按照不同的货主、时间段、产品等条件生成并可直接输出。

钢铁物流信息平台运用条码技术采集信息，对出入库信息、移库信息和库存管理等信息通过条码扫描，实施现场实时录入，这些信息一方面用于物流企业内部操作，另一方面便于与其他企业分享信息，用于钢铁制造或交易管理。

② 运输管理模块。钢铁物流信息平台可以实现运输工具的最优路线规划及实时调度、物流资源的优化配置、在途钢材的实时监控，并且使相关企业能够在信息平台上查到收发货的地点、收发货的时间、钢材的规格和数量、钢材的在途状况等有关钢材运输的信息，使运输信息更加透明，便于物流企业同客户进行沟通，从而在保证客户满意度的前提下降低了钢材的运输成本。

运输管理模块主要包括基本数据管理、订单管理、运输调度、跟踪查询、成本管理与费用结算和绩效考核等。基本数据管理主要是对运输组织、相关人员、运输工具的信息进行管理。订单管理主要包括配送单的生成或接收、确认、安排配车船计划和配货计划、车船调度、路线安排、中途换车、回单确认等。运输调度主要是运用现代信息技术采集车辆的状态，进行合理的调度管理。跟踪查询是利用现代信息技术（GPS、GIS）和互联网，对运输工具和运输货物进行实时监控。成本管理及运费结算主要包括成本类型、成本模式、成本设定账期、车辆和人员设定、车辆动态和静态成本、成本指标的定义、输入和调整等，对运输系统中发生的相关业务进行物流费用的结算记录，并将费用信息转至财务结算系统中的物流业务核算。绩效考核主要用于对运输人员和组织进行指标考核，以提高客户满意度。

③ 加工管理。钢材加工是对钢材产品进行进一步加工，使其满足用户需求。钢铁物流企业将多个企业的钢铁加工业务集中在一起，并整合加工能力，为最终用户提供简单加工和深度加工。在加工前通过扫描钢材上的条码可以准确了解钢材信息，并根据该钢材的加工要求进行加工，减少加工的错误率；加工完成后重新贴上新的条码，获得钢材加工后的准确信息。每件钢材加工后重新生成新的条码并更新钢材的加工信息，方便统计出与该类钢铁加工的有关信息，为以后提高钢铁的加工服务提供数据支持。

④ 物流金融。通过信息平台同银行、担保机构等第三方金融服务机构相对接，以信息平台为核心，整合物流系统，可以为用户提供可靠的质押融资和担保融资业务。钢材交易双方完成网上交易后，将钢材存放在协议监管的仓库内，买卖双方可以通过仓储管理系统提供的信息准确地了解质押钢材的相关信息，并可以利用仓储管理系统实现实时监管功能，为用户提供可靠的质押授信监管服务。

⑤ 物流 SaaS 软件服务。由于中小企业规模较小、实力较弱，不具备单独开发物流信息服务系统的能力，平台与应用服务提供商（ASP）合作，提供若干款 SaaS 软件，如小件快运通用软件、普通运输通用软件、集装箱通用软件、仓储通用软件、货代通用软件、物流基地通用软件等，为中小企业提供物流应用软硬件设施租赁服务。

⑥ 可视化管理。钢材上的条码信息与 GPS/GIS 相结合，可以实现钢铁物流的实时追踪和追溯，又可以随时掌握钢铁物流的动态信息，也可以使用户及时追溯到问题钢材的源头。用钢企业一旦发现所用的钢材有质量问题，可以根据钢材上贴的条码找到问题源头。

（5）综合管理系统

综合管理系统的作用是保障平台的顺利运行，主要包括信息平台运营模块和会员管理模块。

① 运营管理模块。该模块保证平台的正常运行和数据的安全性，它主要包括平台的运行安全管理、数据管理和行政管理等功能。平台的运行安全管理功能是通过数据加密技术和数字签名技术来保证数据传输的安全。数据管理功能是通过数据备份、数据恢复和导出历史数据等手段对系统应用中产生的各类数据进行妥善的处理和保存。行政管理功能是降低平台的办公成本，提高平台的办公效率，通过对信息平台会员的管理、合同的管理、日常事务的管理以及其他信息平台的行政管理，为钢铁物流信息平台的行政管理提供综合、专业和高效的办公环境。

② 会员管理模块。该模块主要是提供会员的注册服务，对不同类型的用户进行资质评估，确保信息平台上所有的会员都是真实可靠有信誉的。钢铁物流信息平台作为行业内的公共信息平台，可以采用会员制的管理方式进行运作，并把钢铁供应链上的不同企业划分为不同类型的会员。信息平台将根据不同用户对信息的需求，向不同类型的会员提供不同的信息服务。

11.6 钢铁物流信息平台运营模式

在物流信息平台的建设规划中，根据投资主体的不同、运营机制的差异性以及作业方式的区别，物流信息平台的运营模式可以分为政府模式、企业模式和协同模式。政府模式是由政府主导投资并构建的物流信息平台，企业模式是由企业独立经营的，这两种模式各有利弊。协同模式则融合了政府模式和企业模式的优势，避开了两者的不足，由政府和企业共同投资规划，既具有灵活性，又能做到目标明确规划统一。协同模式又分为“自上而下”和“自下而上”两种形式。

钢铁物流信息平台是以钢铁物流行业的信息共享和物流高效化为目的，凭借先进的信息技术和物流技术，为整个钢铁行业提供支持和服务的物流信息平台。单纯地由政府或企业作为投资主体进行投资经营都不太现实，很难达到预期的规模和目标，也不能保证平台的顺利推广和应用，因此采用协同模式在实践中比较容易成功。根据我国经济建设的发展和钢铁物流的特点分析，钢铁物流信息平台适合采用“政府推动，市场操作”的自下而上的协同模式：“政府推动”就是由政府及相关行业协会等主管部门推动和引导信息平台的建设，规范业务流程，建立相关标准和政策法规以及制定信息平台的服务价格；“市场操作”是钢铁供应链上的企业作为运营主体，对平台的运营模式进行规划，根据政府和行业协会制定的准入机制发展会员，对加入物流信息平台的会员企业进行评估和综合管理，以会员制的方式进行市场运作，通过为客户提供专业化和个性化的物流信息服务收取一定的会员费用、服务费、租赁费以及广告费等获取盈利。

11.7　本章小结

本章界定了钢铁物流和钢铁物流供应链，基于钢铁物流自身的特点，分析了我国钢铁物流行业的发展现状和存在的问题，提出了构建钢铁物流信息平台的必要性。从软件系统开发的角度，进行了钢铁物流信息平台的需求分析，重点分析了平台的信息需求和功能需求，在此基础上设计了包括基础设施层、应用支撑层、应用层、展示层和用户层的五层结构的钢铁物流信息平台体系，以及由基础数据采集系统、数据交换与处理系统、电子商务系统、物流管理系统和综合管理系统构成的功能架构，由此形成了钢铁物流信息平台的总体框架。最后探讨了钢铁物流信息平台的运营模式，提出了钢铁物流信息平台适合采用“政府推动，市场操作”的自下而上的协同模式。

第12章

结论与展望

12.1 本书结论

本书以制造业物流信息化为研究范围，以制造业物流信息平台为研究对象，从构建、运营、服务的角度对制造业物流信息平台进行了理论与实证研究，得出以下结论。

① 制造业物流信息平台是面向制造业供应链全过程，运用计算机网络技术、通信技术和物联网技术，连接供应链上下游企业，整合制造业供应链的物流信息资源，对制造业供应链的物流信息进行采集、加工、传输、储存、交换的公共信息平台。它的构建是以制造业与物流业的联动发展为基础。从价值链的角度，物流服务嵌入到制造业价值链网络中，物流企业与制造企业在制造业供应链上形成互动与相互促进的协同关系，逐步演变为制造业供应链与物流供应链之间的协同。制造业物流信息平台作为供应链之间信息协同的载体，通过信息资源的整合、交互、共享，实现供应链信息协同。

② 制造业物流信息平台是以应用于制造业的物流信息化技术为支撑，通过对物流信息的采集、处理和交换，帮助企业物流信息系统实现各项功能。制造业物流信息平台的关键技术是由架构技术、信息技术、集成技术和安全技术组成的技术体系。运用 SOA 架构技术构建一个基于 SOA 的制造业物流信息平台；运用物联网、云计算、大数据等信息技术完成信息的识别、采集、传输、发布和处理，实现了制造业物流信息平台的信息服务功能；运用集成技术解决企业物流信息系统异构问题，构建制造业物流信息集成平台；应用数据安全技术和网络安全技术，确保制造业物流信息平台安全可靠。

③ 制造业物流信息平台采用 B/S 结构，运用 SOA 架构技术构建一个面向服务的，包括基础设施层、数据库层、应用支持层、应用层和展示层的五层体系结构。根据平台用户的功能需求和业务需求，构建由物流业务管理系统、物流业务交易系统、物流信息发布系统组成的功能架构，三个应用系统架构在平台的应用层，为平台用户提供不同功能服务。制造业物流信息平台还包括安全机制和标准体系。

④ 制造业物流信息平台按照交易机制、信用机制和会员机制的运营机制进行运营，采用“政府引导，企业运作”的运营模式。由企业作为平台的运营主体，在政府的引导下，对平台进行维护和运营，构建一套由运营保障环境、运营基础设施和信息安全技术组成的运营保障体系，确保制造业物流信息平台的安全、平稳、高效运行。

⑤ 制造业物流信息平台采用以 SaaS 模式为主流的服务模式。这种模式可以帮助用户企业节约信息化成本、降低开发风险、提高信息部门效率、增加资金使用的灵活性、快速实施信息化、获得高质量的服务。由于这种模式具有多租户的特点，会给用户企业带来数

据安全、网络安全和访问控制安全等风险，可以通过建立平台的安全机制加以防范，为用户提供一个良好的系统（软件）应用环境。

⑥ 以汽车零部件物流信息平台和钢铁物流信息平台为对象，运用 SOA 的架构技术为两个行业设计了符合行业特点和需求的物流信息平台总体架构和功能架构。这两个行业同属于国家的支柱产业，平台的建设是由政府投资，因此它们的运营模式都可以采用协同运营模式。研究这两个行业物流信息平台的建设与运营，使制造业物流信息平台构建和运营的理论与方法在具体行业中得到运用。

12.2　研究展望

本书从理论和实证两个方面对制造业物流信息平台进行了全面的研究，但是还存在着一些不足，需要今后进一步研究。

① 本书只是对制造业物流中最基本的运输、仓储、配送功能进行了系统开发与设计，对其他的物流增值业务未涉足。但是，随着制造业向智能制造转型，要求物流业提供更高级别的物流服务，或者衍生出新的物流业务种类，加之物流行业的降本增效，物流企业的增值服务会更多，因此新的功能模块和关键技术有待于进一步研究。

② 本书对制造业物流信息平台的服务模式研究得不够深入。随着智慧物流的发展，平台提供更多的服务，如移动化服务、智能化服务等，将会有多种服务模式供平台用户选择。制造业物流信息平台的商业模式将成为一个研究问题。

③ 制造业物流信息平台是一个开放的系统，安全问题是制约该平台得到广泛应用的瓶颈问题，本书中对安全机制和安全技术的研究还远远不够，因此需要进一步研究制造业物流信息平台的安全策略问题。

④ 由于制造业物流信息平台是一个汇集众多用户的集成平台，为了保证平台用户能够顺利地完成信息的交换与共享，应该重点研究物流信息分类与编码标准、数据接口标准和服务功能调用标准，以及安全管理标准，建立制造业物流信息平台的标准体系。

参考文献

[1] Andy Gordon.Web Service security : theory and practice. Microsoft Research Fourth Crash Course for Faculty and PhDs Saint John's College，Cambridge，March 25-28，2003.

[2] Cooper.J.C.Logistics Strategies for Global Business [J]. International journal of physical Distribution and Logistics management.1995.23（4）.

[3] David L.Brock，Integrating the Electronic Product Code(EPC)and the Global Trade Item Number（GTIN），AUTO-ID CENTER work paper.

[4] Eric Newcomer，Greg Lomow.Understanding SOA with Web Services [M]. 徐涵，译. 北京：电子工业出版社，2006.

[5] Jorg Becker，Martin Kugeler，Michael Rosemann. 业务流程管理 [M]. 北京：清华大学出版社，2004.

[6] Karmarkar U. Will you Survive the Services Revolution [J]. International Journal of Physical Distribution Logistics Management，2005(6).

[7] Maurizio L.Data Integration : A Theoretical Perspective [C]. Proc. of the ACM SIGCT-SIGMOD-SIGART Symposium on Principles of Database Systems 2002.

[8] Mats Abrahamsson，Niklas Aldin，Fredrik Stahre. Logistics Platforms for Improved Strategic Flexibility [J]. International Journal of Logistics 2003（3）.

[9] Octavio Martin-Diaz，Antonio Ruiz-Cortes，Rafael Corchuelo，Miguel Toro. A Framework for Classifying and Comparing Web Services Procurement Platforms [C]. Proceedings of the Fourth International Conference on Web Information Systems Engineering Workshops. 2004.

[10] Ole Mortensen, Olga W. Lemoine. Integration between Manufacturers and Third Party Logistics providers [J]. International Journal of Operations Production Management. 2008，28(4).

[11] Parichat Pasatcha，Komrhon Sunat. A Distributed E-Education System Based on the Service Oriented Architecture [C]. Proceedings of International Conference on Web Services. 2008.

[12] Park S H，Chan k S. A Cross-country input-output analysis of intersectional relationships between manufacturing and service and their employment in plications [J]. World development, 1989, 17（2）.

[13] 白晓娟. 制造业物流外包机理及价值网运作模式研究 [M]. 北京：经济管理出版社，2013.

[14] 包慧丽. 基于汽车产业链平台的零配件协同物流系统研究与实现 [D]. 成都：西南交通大学，2012.

[15] 曹磊，陈灿，郭勤贵，等. 互联网+：跨界与融合 [M]. 北京：机械工业出版社，2015.

[16] 柴国君，李文豪，魏晶国，等. 内蒙古现代物流业与制造业联动关系研究 [J]. 物流科技，2012（6）：34-37.

[17] 陈智刚，马俊生. 云南制造业与物流业的产业关联分析 [J]. 物流技术，2011，30（11）：79-82.

[18] 陈春晖. 基于灰色关联的福建省制造业与物流业联动发展研究 [J]. 中国市场，2012（2）：15-18.

[19] 陈琳琳，陈平，范家春. 零部件拣配系统 SPS 的规划与设计 [J]. 汽车与配件，2016（15）：76-79.

[20] 陈磊 . 制造型企业供应链信息共享研究 [D]. 北京：北京交通大学，2009.
[21] 陈逸，Ethan Cerami. Web Services 精髓 [M]. 北京：中国电力出版社，2003.
[22] 陈画 . 基于云计算的物流信息平台设计与实现 [J]. 计算机与现代化，2013 (3)：121-123.
[23] 陈火全，郭东强 . 发达国家和地区物流信息化平台商业模式研究 [J]. 华中师范大学学报：人文社会科学版，2010 (3)：28-31.
[24] 陈鹏，薛恒新 . 面向中小企业信息化的 SaaS 应用研究 [J]. 机械设计与制造工程，2008，37 (1)：10-13.
[25] 陈波 . 基于 SaaS 的软件服务链研究 [D]. 武汉：武汉理工大学，2008.
[26] 陈晓 . H 公司汽车零部件领导型物流信息平台的优化研究 [D]. 西安：西安电子科技大学，2011.
[27] 程旭，赵刚，曾博才 . 数据库中三维模型的内存显示方式 [J]. 四川理工学院学报：自然科学版，2011，24 (2)：182-185.
[28] 崔晓迪. 基于 DEA-GRA 双层模型的制造业与物流业联动效果分析—以天津市为例 [J]. 科技管理研究，2011，31 (23)：96-100.
[29] 代俊雅 . 基于 B/S 模式构造数据库系统 [J]. 山西经济管理干部学院学报，2001，9 (1)：64-66.
[30] 邓子云，杨晓峰，黄婧 . 基于 ESB 的 SOA-BPM 系统集成平台关键技术研究和实现 [J]. 科学技术与工程，2010，10 (3)：798-803.
[31] 董萍萍 . 基于 XML 技术的物流信息系统平台研究 [J]. 物流技术，2011，30 (1)：123-125.
[32] 邓子云 .SOA 实践说：分布式环境下的系统集成 [M]. 北京：电子工业出版社，2010.
[33] 邓子云，黄友森，杨晓峰，等 . 基于 SOA-BPM 的物流信息系统集成平台设计与实现 [J]. 物流科技，2009，32 (11)：63-65.
[34] 邓子云，杨晓峰，陈玉林，等 . 基于 SOA-BPM 组合架构的第三方物流企业系统集成平台 [J]. 计算机系统应用，2010，19 (3)：1-6.
[35] 丁俊发. 中国物流业首先从制造业突破 [J]. 中国物流与采购，2008，22 (8)：14-18.
[36] 丁治国 .RFID 关键技术研究与实现 [D]. 合肥：中国科学技术大学，2009.
[37] 董耀华，佟锐，孙伟，等 . 物联网技术与应用 [M]. 上海：上海科学技术出版社，2011.
[38] 杜澈 . SaaS 模式的研究与应用 [D]. 南京：南京邮电大学，2013.
[39] 樊敏. 中国城市群物流产业效率分析及发展策略研究—基于产业运作及联动发展视角 [J]. 软科学，2010，24 (5)：11-16.
[40] 方秋诗，王崎峰 . 基于 SaaS 的运输云物流平台及运作模式创新研究 [J]. 软件导刊，2013，12 (5)：24-26.
[41] 冯耕中，吴勇，赵绍辉 . 物流公共信息平台理论与研究 [M]. 北京：科学出版社，2014.
[42] 冯华，何桂莉，刘洋 . 供应链物流能力绩效评价体系的调研分析 [J]. 中南财经政法大学学报，2014 (1)：113-118.
[43] 甘卫华，汪娟. 江西省物流业与制造业发展关系实证研究 [J]. 商业经济研究，2010 (17)：27-28.
[44] 高晓婷 . 数据挖掘在物流管理中的应用研究 [D]. 苏州：苏州大学，2012.
[45] 葛金田，刘利红，陈宁宁. 制造业与物流业联动发展的实证分析 [J]. 物流工程与管理，2012，34 (1)：19-21.

[46] 郭淑娟，董千里．基于制造业与物流业联动发展的合作模式研究［J］．物流技术，2010，29（13）：13-16.

[47] 郭显堂，蔡文学．基于 ebXML 的公共物流信息平台构建的探讨［J］．物流科技，2007，30（3）：5-9.

[48] 顾明．软件工程中几种常用的软件开发方法的概述和比较［J］．计算机科学，1999（1）：89-92.

[49] 顾宁，刘佳茂，柴晓路．Web Services 原理与研发实践［M］．北京：机械工业出版社，2006.

[50] 桂华明，马士华．基于供应驱动的供应链协同运作模式［J］．湖北大学学报：哲学社会科学版，2012，39（1）：82-87.

[51] 桂华明．面向供应链物流绩效的供需协调问题研究［D］．武汉：华中科技大学，2007.

[52] 桂华明，马士华．供应链物流能力及提升途径研究［J］．当代经济管理，2007，29（4）：24-28.

[53] 韩晓鸣．对建设铁路集装箱物流公共信息平台的探讨［J］．铁道货运，2010，28（6）：4-7.

[54] 韩超．基于物联网的港口物流信息平台建设解决方案研究［D］．大连：大连海事大学，2010.

[55] 何鑫．汽车零部件产业集群与物流公共信息平台建设［D］．武汉：武汉科技大学，2012.

[56] 贺讯．几种软件开发方法及其比较［J］．军事通信技术，2000（4）：79-81.

[57] 侯红昌．河南制造业和物流业联动发展分析［J］．区域经济评论，2010（4）：10-14.

[58] 胡蔚波．制造企业物流联盟模式研究［D］．武汉：武汉大学，2005.

[59] 胡宝宝．基于 EPC 物联网的 IT 制造业物流信息化管理研究［D］．重庆：重庆理工大学，2011.

[60] 胡海涛．烟草工商物流信息资源整合与决策研究［D］．北京：北京交通大学，2010.

[61] 曾学军．浅析 B/S 和 C/S 结构的开发与应用［J］．电脑知识与技术，2007，2（8）：121-122.

[62] 胡文海．基于物联网的企业物流信息平台的构建［J］．物流技术，2012，31（21）：431-433.

[63] 黄晓恩，刘石磊．装备制造业第三方物流与物流信息化建设［J］．中国高新技术企业，2008（13）：31-32.

[64] 黄永斌．区域物流信息平台理论与实证［M］．杭州：浙江大学出版社，2010.

[65] 黄花叶．基于 TPL 的集群式供应链协同及绩效评价研究［D］．武汉：华中科技大学，2011.

[66] 黄小花 .SQL Server 2005 的文件及文件组［J］．软件导刊，2012，11（5）：136-137.

[67] 黄敏．基于供应链的钢铁物流信息平台研究［D］．南京：南京大学，2012.

[68] 姬中英．物流业态认知与创新［M］．北京：中国财富出版社，2013.

[69] 姜进成，李文宏．SQL Server 数据库在数据采集与监视控制系统（SCADA）系统中的应用［J］．煤矿现代化，2012（2）：52-54.

[70] 焦烈焱，冯兴智，杨洪波 .SOA 中国路线图［M］．北京：清华大学出版社，2009.

[71] 孔丽娟，高文海．河北省构建区域物流信息平台的政策与建议［J］．科技创新导报，2009（9）：188.

[72] 孔卓．公共物流信息平台功能体系结构研究［D］．成都：西南交通大学，2010.

[73] 乐美龙．供应链服务物流、贸易高端服务［M］．上海：复旦大学出版社，2015.

[74] 李向文．汽车物流信息化［M］．北京：北京理工大学出版社，2013.

[75] 李蜀湘．SaaS 模式下物流园区公共信息平台的构建［J］．商业经济研究，2010（24）：29-30.

[76] 李修海．我国医药企业信息化与电子商务商业模式应用研究［D］．济南：山东大学，2006.

[77] 李徽．供应链信息协同绩效评价［D］．大连：大连理工大学，2013.

[78] 李琪，毕敏刚 .BUTCH CLARK. Enterprise Application Integration Using.NET［M］．北京：电子

工业出版社，2007.
［79］李彦辉 . 基于 Web Services 的现代物流信息平台的构建与研究［D］. 大连：大连海事大学，2004.
［80］李信利 . 临沂商贸物流信息平台建设研究［M］. 西安：西安交通大学出版社，2015.
［81］李美羽，苗泽华，朱艳新 .“互联网 +”视域下河北省钢铁物流业发展策略［J］. 中国流通经济，2016，30（10）：56-65.
［82］李凯丰 . 多租户模式下的信息系统安全问题研究［D］. 西安：西安电子科技大学，2011.
［83］李晓利 . 基于物联网的智能汽车供应链物流集成平台研究［D］. 武汉：武汉理工大学，2012.
［84］梁柯，李秉毅，胡音，等 . 物联网 RFID 中间件技术及其在电力通信标识管理中的应用研究［J］. 计算机科学，2015，42（1）：355-358.
［85］缪立强 . 物流综合信息平台中的信息安全性设计与实现［D］. 成都：电子科技大学，2012.
［86］刘娟. 物流服务业与制造业协调发展问题研究［J］. 中国储运，2007（2）：111-113.
［87］刘一霖. 生产性服务业与制造业协同创新研究—以第三方物流业为例［D］. 杭州：浙江大学，2008.
［88］刘丹. 制造业与物流业协调发展的实证研究［J］. 福州大学学报，2012（3）：27-30.
［89］刘刚 . 需求导向的制造业物流服务创新研究［D］. 天津：天津财经大学，2012.
［90］刘利军 . 我国制造业物流发展策略研究［J］. 山东工商学院学报，2009，23（4）：49-52.
［91］刘雯 . 制造业与物流业联动发展探析［J］. 中国流通经济，2011，25（10）：36-40.
［92］刘适 . 面向离散制造的供应链信息协同及其敏捷化策略研究［D］. 成都：成都理工大学，2012.
［93］刘强，崔莉，陈海明 . 物联网关键技术与应用［J］. 计算机科学，2010，37（6）：1-4.
［94］刘春月 . 淮安公共物流信息平台需求分析与平台功能设计［D］. 成都：西南交通大学，2009.
［95］刘亚妹 . 区域物流信息平台运营模式研究［D］. 石家庄：石家庄经济学院，2013.
［96］刘叔起 . 钢铁闭环供应链信息协同研究［D］. 沈阳：辽宁科技大学，2012.
［97］柳青 . 基于 SOA 的供应链信息共享平台研究［D］. 北京：北京交通大学，2007.
［98］ 吕希艳，张润彤 . 浅谈 SaaS 服务模式对中小物流企业信息化的作用［J］. 物流技术，2009，28（6）：126-127.
［99］ 罗人述 . 智慧物流信息平台的构建［J］. 物流工程与管理，2014（1）：80-81.
［100］毛佳，张振花，姚为民 . 汽车物流信息化的研究［J］. 工业技术经济，2003，22（2）：89-90.
［101］倪帅 . 基于 B/S 的公共物流信息平台的研究与实现［J］. 电脑开发与应用，2010，23（5）：64-65.
［102］彭本红，冯良清. 现代物流业与先进制造业的共生机理研究［J］. 商业经济与管理，2010（1）：18-25.
［103］曲荣成 . 基于 SaaS 服务模式的中小企业运输物流信息平台研究［J］. 物流技术，2014（18）：70-73.
［104］任宏波，刘红军，白旭 . 基于业务流程管理框架的企业敏捷性研究［J］. 中国管理信息化，2008，11（21）：64-68.
［105］尚鸿雁，刘小东，白永江 . 物流信息平台的区分及规划运营模式研究［J］. 西北农林科技大学学报：社会科学版，2008，8（4）：72-76.
［106］沈羚茵，熊静，张旭 . 基于 Web 服务的第四方航空物流信息平台研究［J］. 科技信息，2012

（29）：7-8.
［107］史春乐．制造业物流信息化的作用及发展策略研究［J］．经济师，2012，7（2）：44-45.
［108］宋亚萍．基于SOA的现代铁路货运物流信息平台研究［J］．物流技术，2007，26（3）：107-110.
［109］宋红梅．钢铁物流园区信息平台规划及设计研究［D］．武汉：武汉理工大学，2009.
［110］苏秦，张艳. 制造业与物流业联动现状及原因探析［J］．软科学，2011，25（3）：61-64.
［111］隋艳辉．基于物联网的物流园区信息平台规划研究［D］．成都：西南交通大学，2012.
［112］唐成伟，王华，董昕灵．南京都市圈物流信息平台规划研究［J］．物流工程与管理，2009，31（6）：33-35.
［113］唐辉．物流公共信息平台标准体系解析［M］．北京：电子工业出版社，2016.
［114］汤银英，钱健，杜文宏．南宁市公共物流信息平台运营及实施策略探讨［J］．铁道货运，2009，（1）：30-31.
［115］田博，莫海平，齐金平.SaaS模式的铁路物流信息平台安全技术研究［J］．现代计算机，2012（12）：27-30.
［116］田冉．基于云平台的汽车物流服务价值链协同技术研究［D］．成都：西南交通大学，2015.
［117］陶莹．区域性公共物流信息平台的构建与运营策略研究［D］．成都：西南交通大学，2011.
［118］汪长斌，王虎，陈莉．基于AHP的汽车产业物流信息化评价研究［J］．武汉理工大学学报，2009，31（5）：792-795.
［119］王成林，王宏琴，蒲峰，等．区域国际物流现状及问题分析研究［M］．北京：中国物资出版社，2012.
［120］王东方．基于LLP的汽车物流信息平台应用系统建设研究［J］．河北经贸大学学报：综合版，2012，12（3）：67-71.
［121］王辉，邵贝恩．用SOA和BPM组合架构实时企业［J］．计算机应用研究，2007，24（6）：220-223.
［122］王见喜. 我国物流业与制造业联动发展模式研究［D］．武汉：武汉科技大学，2010.
［123］王建，刘丹，魏忠德．制造业与物流业联动发展理论与实践［M］．上海：同济大学出版社，2010.
［124］王健，梁红艳. 物流业发展对制造业效率的影响—基于地区和行业面板数据的分析［J］．中国流通经济，2012，26（2）：27-32.
［125］王进．B /S模式下的三层架构模式［J］．软件导刊，2011，10（3）：30-31.
［126］王亮．基于供应链理论的钢铁企业物流管理优化研究［D］．天津：天津大学，2010.
［127］王美虹．云计算环境下供应链信息协同风险控制研究［D］．海口：海南大学，2015.
［128］王茂林．我国制造业与物流业联动研究［M］．北京：中国财富出版社，2015.
［129］王文，刘伟. 生产性物流服务队制造业市场竞争力的价值贡献分析法［J］．软科学，2010，24（6）：15-19.
［130］王翔．基于SOA的物流园区信息服务平台设计与运营模式研究［D］．武汉：武汉理工大学，2010.
［131］王喜富，陈建广.基于B/S与C/S模式的铁路运输安全管理信息系统［J］．中国安全科学学报，2004，14（3）：73-76.
［132］王喜富．物联网与物流信息化［M］．北京：电子工业出版社，2011.

［133］王喜富．物联网与智能物流［M］．北京：清华大学出版社，2014.

［134］王喜富，高泽．智慧物流物联化关键技术［M］．北京：电子工业出版社，2016.

［135］王喜富．大数据与智慧物流［M］．北京：清华大学出版社，2016.

［136］王孝坤，杨东援，张锦，等．物流公共信息平台需求分析及其系统定位研究［J］．交通信息与安全，2007，25（2）：55-58.

［137］王晓艳．制造业与物流业联动发展的机理和模式研究［J］．物流技术，2009，28（7）：6-8.

［138］王颐中．制造企业的物流信息化概况［J］．物流技术与应用，2008，13（9）：55-59.

［139］王艳．基于核心竞争力理念的制造业物流成本控制研究［D］．成都：西华大学，2013.

［140］王永才，宋才华．中间件技术在数据交换中的应用研究［J］．自动化与仪器仪表，2015（11）：3-5.

［141］王佐．制造业与物流业联动发展的本源和创新［J］．中国流通经济，2009，23（2）：16-19.

［142］王珍珍，陈功玉．制造业与物流业联动发展的竞合模型研究［J］．经济与管理，2009，23（7）：28-34.

［143］王珍珍，陈功玉．我国制造业不同子行业与物流业联动发展协调度实证研究［J］．上海财经大学学报，2010（3）：67-76.

［144］王珍珍，陈功玉．制造业与物流业联动发展的演化博弈分析［J］．中国经济问题，2012（2）：88-99.

［145］王珍珍．我国制造业与物流业联动发展的时空分异探析［J］．福建师范大学学报，2012（3）：37-45.

［146］王珍珍．制造业与物流业联动发展：机理、模式及效率评价［M］．北京：社会科学文献出版社，2015.

［147］韦琦．制造业与物流业联动关系演化与实证分析［J］．中南财经政法大学学报，2011，184（1）：115-119.

［148］魏凤，刘志颖．物联网与现代物流［M］．北京：电子工业出版社，2012.

［149］翁心刚，邬跃，刘丙午，等．区域性国际物流信息服务体系构建研究［M］．北京：中国物资出版社，2011.

［150］翁心刚．对我国物流成本的再认识［J］．中国流通经济，2016，30（5）：5-11.

［151］温琳．煤炭智能物流园区平台运营模式研究［D］．北京：中国地质大学，2013.

［152］吴群．制造业与物流业联动共生模式及相关对策研究［J］．经济问题探索，2011（1）：72-75.

［153］吴学军．钢铁企业的新型营销模式［J］．中国物流与采购，2004（13）：38-40.

［154］邬志华．基于 SaaS 模式的中小型航运企业物流信息平台关键技术［J］．水运工程，2011（12）：36-39.

［155］肖智清．基于 SOA 的物流信息系统集成平台 LESB 的研究与实现［D］．长春：吉林大学，2012.

［156］谢天保，巨莹．供应链物流协同模型［J］．物流工程与管理，2010，32（9）：100-102.

［157］谢磊，马士华，桂华明，等．供应物流协同影响机制实证分析［J］．科研管理，2014，35（3）：147-154.

［158］徐炜．次发达地区区域物流信息平台建设研究［J］．物流科技，2010，33（6）：26-28.

［159］徐莉莉，孙亦峰，张涛．物联网环境下的供应链信息协同研究［J］．物流技术，2015（3）.

[160] 徐世友. 面向服务的企业应用集成的研究与实现 [D]. 合肥：合肥工业大学，2009.
[161] 徐姝. 代理键技术及其在信息集成中的应用 [D]. 重庆：重庆大学，2007.
[162] 杨杰，宋马林. 中国物流业静态效率测算与 TFP 动态变化研究 [J]. 广西财经学院学报，2011，24 (3): 32-39.
[163] 杨晓峰，阳春华. 基于 SOA 集成架构的第三方物流企业信息系统集成平台的研究 [J]. 物流工程与管理，2011，33 (5): 12-13.
[164] 杨明. 基于 Web Service 技术的物流平台架构的研究 [J]. 长江大学学报: 自然科学版，理工卷，2010，7 (1): 238-240.
[165] 杨涛，杨晓云，Scott Seely. SOAP : XML 跨平台 Web Service 开发技术 [M]. 北京：机械工业出版社，2002.
[166] 杨永刚. 数据挖掘在物流领域中的应用 [D]. 武汉：武汉理工大学，2006.
[167] 杨斌，张卫东，张利欣，等. 基于 SOA 的物联网应用基础框架 [J]. 计算机工程，2010，36 (17): 95-97.
[168] 杨鹤宇. 一力钢铁物流信息平台优化研究 [D]. 长沙：中南大学，2013.
[169] 杨志强. 钢铁企业路企直通协同平台系统设计与实现 [D]. 长沙：湖南大学，2013.
[170] 石学刚，尹纯建. 基于服务供应链的第四方航空物流信息平台建设研究 [J]. 综合运输，2016 (3): 118-125.
[171] 尹传忠，霍云福，龙海泉，等. 制造业物流信息化发展策略研究 [J]. 物流技术，2010，29 (11): 125-127.
[172] 余林. 制造业物流信息化绩效评价及其实证研究 [D]. 厦门：华侨大学，2012.
[173] 袁克珠. 长三角制造业与区域物流联动发展研究—基于灰色关联分析 [J]. 经济与社会发展，2007，5 (10): 65-70.
[174] 威廉姆·A.R. 企业应用集成 [M]. 张博，杨丽君，等译. 北京：机械工业出版社，2003.
[175] 张方风，李俊韬，刘丙午. 云计算架构下的物流公共信息平台设计探讨 [J]. 商业经济研究，2011 (22): 31-33.
[176] 张贺，王祖锦，江宏.《企业物流外包运作倾向》调查报告 [J]. 物流技术与应用，2012 (10): 56-60.
[177] 张华娣. 基于 SOA 的物流企业信息化网络平台构建模型研究 [J]. 物流科技，2008，27 (6): 107-108.
[178] 张翼英，张茜，西莎，等. 智能物流 [M]. 北京：中国水利水电出版社，2012.
[179] 张莉莉. 面向汽车供应链的异构系统集成平台研究 [D]. 武汉：武汉理工大学，2012.
[180] 张宁，贾自艳，史忠植. 数据仓库中 ETL 技术的研究 [J]. 计算机工程与应用，2002，38 (24): 213-216.
[181] 张彤，于澎田. 汽车零部件供应物流模式的分析 [J]. 中国流通经济，2010，24 (7): 39-42.
[182] 张彤. 物联网环境下制造业物流信息化发展策略研究 [J]. 商业经济研究，2013 (1): 50-52.
[183] 张彤. 价值链嵌入视角下的制造业与物流业互动升级 [J]. 中国流通经济，2016，30 (5): 18-24.
[184] 张晓娟. 供应链信息协同机制及其分析 [D]. 北京：华北电力大学，2010.
[185] 张媛. 供应链环境下制造业物流成本控制研究 [D]. 西安：长安大学，2013.

[186] 张宇 . 智慧物流与供应链 [M]. 北京：电子工业出版社，2016.

[187] 章威，谢振东，周英武，等 . 区域物流公共信息平台建设设计与实现 [M]. 北京：人民交通出版社，2012.

[188] 赵群，张翔，杜呈信 . 基于物联网时代的我国制造业信息化发展趋势 [J]. 机械制造，2012，50 (4)：1-5.

[189] 赵晓云，王耀球 . 区域物流信息平台对区域物流的影响力研究 [J]. 物流工程与管理，2009，31 (2)：16-19.

[190] 赵云鹏 . 信息协同在供应链中的价值研究与体系构建 [D]. 北京：北京交通大学，2009.

[191] 郑永清 . 云计算环境面向 SaaS 多租户的可伸缩数据放置研究 [D]. 济南：山东大学，2013.

[192] 朱杰，李俊韬，张方风 . 物流公共信息平台建设与运营模式 [M]. 北京：机械工业出版社，2014.

[193] 朱琳. 物流业与制造业的协同发展研究 [D]. 大连：大连海事大学，2010.

[194] 邬志华 . 基于 SaaS 模式的中小型航运企业物流信息平台关键技术 [J]. 水运工程，2011 (12)：36-39.

[195] 曾传华 . 物流管理与信息系统 [M]. 北京：清华大学出版社，2007.